KB058604

정진홍의 사람공부—두 번째 이야기

정진홍의 사람공부

두 번째 이야기 **사람이 기적이 되는 순간**

정진홍 지음

21세기북스

사람이 기적이다!

"스스로 기적이 되게나"

짐 캐리와 모건 프리먼이 주연했던 영화 〈브루스 올마이티(Bruce Almighty)〉에 이런 대사가 나옵니다.

> 자네, 기적을 보고 싶나? 그러면 스스로 기적이 되게나!
>
> (You want to see a miracle, son? Be the miracle!)

오래전 영화지만 지금도 그 대사를 잊을 수 없습니다. 그렇습니다! 우리는 너나 할 것 없이 자신의 삶에서 기적을 보길 원합니다. 아니 날마다 기대하고 또 기다립니다. 하지만 기적은 여간해서 오지 않습니다. 그렇다고 실망할 이유는 없습니다. 오지 않는 기적을 애써 기다릴 게 아니라 스스로 기적이 되면 되니까요! 물론 이런 말엔 누구라도 곧장 쏘아붙이듯 되물을 겁니다. "그게 말처럼 쉽냐!"고. 혹은 "'기적이' 누구네 집 아이 '기저귀'냐!"고. 하지만 그렇게 흥분하지 말고 찬찬히 생각해봅시다. '스스로 기적이 된 사람'들이 여기 있으니 말입니다. 그 중 한 사람을 여기 소개합니다.

지난 2월 23일 68세를 일기로 유명(幽明)을 달리한 전(前) 미국 백악관 국가장애위원회 위원(차관보급) 강영우 박사의 삶은 한 편의 드라마였습니다. 그는 14세 때 눈을 다쳐 실명하고 말았습니다. 공교롭게도 그 일을 전후해 아버지와 어머니가 차례로 돌아가셨습니다. 그러자 17세이던 누나가 어린 세 동생을 부양하느라 학교를 그만두고 봉제공장에 취직해 일했는데 16개월 만에 과로로 쓰러져 세상을 뜨고 말았습니다. 결국 남은 3남매는 뿔뿔이 흩어져 강영우는 맹인재활원으로, 13세이던 남동생은 철물점 직원으로, 9세이던 여동생은 보육원으로 가야 했습니다. 참으로 기구한 운명이 아닐 수 없었습니다.

하지만 맹인재활원에 들어간 강영우는 기를 쓰고 공부해 1968년 서울 맹학교 고등부를 졸업한 후 연세대학교 교육학과에 입학했습니다. 입시도 힘들었지만 그보다 더 힘들었던 것은 "맹인이 무슨 대학?" 하는 당시 우리 사회의 편견과 차별이었습니다. 하지만 그 편견과 차별의 시선을 뚫고 그는 마침내 1972년 각고의 노력 끝에 단과대 차석으로 연세대학교를 졸업한 후 한미재단과 국제로타리재단의 장학금을 받아 미국으로 유학을 떠났습니다. 사지 멀쩡한 사람도 유학 가기가 하늘의 별따기였던 시절이었고,

게다가 그 당시엔 문교부가 아예 '장애'를 해외 유학의 결격사유로 규정하고 있던 때였습니다. 그러나 강영우는 결국 그 벽을 뚫고 유학에 성공함으로써 장애인으로서는 우리나라 최초의 정규 유학생이 되는 기록도 세웠습니다.

마침내 1976년 강영우는 피츠버그대학교에서 교육철학 박사학위를 받았습니다. 그 후 강영우 박사는 1977년부터 1999년까지 22년 동안 미국 인디애나 주 정부의 특수교육국장과 노스이스턴 일리노이대학교 특수교육학 교수 등으로 재직한 뒤 마침내 2001년 차관보급인 미 백악관 국가장애위원회 위원으로 임명됐습니다. 말 그대로 'Impossible(불가능한)'이란 단어에 점 하나를 찍으면 "I'm possible"(나는 할 수 있다)로 바뀌듯이 그는 삶의 숱한 고비고비마다 그냥 점이 아니라 땀방울과 핏방울을 찍어가며 기적 같은 삶의 길을 열어갔던 겁니다.

뿌리고 거둬지는 '기적의 씨앗'

물론 강영우 박사의 뒤에는 항상 아내 석은옥 씨가 있었습니다. 두 사람은 강 박사가 다니던 맹학교에서 처음 만났습니다. 당시 강 박사는 학생이었고 석 씨는 그곳에 봉사를 나온 여대생이었습니다. 강 박사는 누이 같은 그녀에게 프러포즈를 했고 결국 결혼해서 두 아들을 뒀습니다. 큰아들 폴(진석)은 하버드대학교를 졸업하고 조지타운대 안과 교수로 일하면서 역대 미 대통령을 진료해온 '워싱턴 안과의사연합' 8인 멤버 중의 한 사람이자 〈워싱턴 포스트〉가 선정한 2011년 최고의 의사 '슈퍼 닥터'에 선정됐습니다. 둘째 크리스토퍼(진영)는 변호사로 미 민주당 원내총무실의 최연소 수석법률비서관을 거쳐 현재는 백악관의 선임법률고문으로 활동하고 있습니다.

이처럼 남부러울 것 없던 강영우 박사에게 지난 2011년 연말 시한부 선고가 내려졌습니다. 췌장암이었습니다. 길어야 두 달 정도밖에는 생명을 이어갈 수 없다는 절망적인 소식이었습니다. 강영우 박사는 그 당시 췌장암으로 세상을 떠났던 스티브 잡스를 떠올리며 이것이 수술을 한다고 해결될 문제가 아님을 직감했습니다. 그리고 자신의 기적 같은 삶을 남은 주어진 시간 동안 정리하기로 마음먹었습니다. 12월 16일, 그는 지인들에게 담담하게 이 메일을 보냈습니다. 다름 아닌 감사편지였습니다.

"……전쟁이 휩쓸고 가 폐허가 된 나라에서 어린 시절을 보내고 두 눈도, 부모도, 누나도 잃은 고아가 지금의 이 자리에 서 있을 수 있는 것은 하나님의 인도하심 덕분입니다. …… 두 눈을 잃고 저는 한평생을 살면서 너무나 많은 것을 얻었습니다. …… 여러분들이 저로 인해 슬퍼하시거나 안타까워하지 않으셨으면 하는 것이 저의 작은 바람입니다. 아시다시피, 저는 누구보다 행복하고 축복받은 삶을 살아오지 않았습니까? 끝까지 하나님의 축복으로 이렇게 하나둘 주변을 정리하고 사랑하는 사람들에게 작별 인사할 시간도 허락받았습니다. 한 분 한 분 찾아뵙고 인사드려야 하겠지만, 그렇게 하지 못하는 점 너그러운 마음으로 이해해주시기를 바랍니다. 여러분으로 인해 저의 삶이 더욱 사랑으로 충만하였고, 은혜로웠습니다. 감사합니다."

그의 이메일은 사람들의 심금을 울렸습니다. 심지어 평소에 그에 대해 별로 좋지 않은 감정을 가지고 있던 이들마저 강영우 박사를 다시 보게 만들었습니다. 그것은 또 한 번의 기적이나 마찬가지였습니다. 더구나 강영우 박사는 40년 전 자신에게 미국 유학의 길을 열어주었던 국제로타리재단에 20만 달러를 장학금으로 내놨습니다. 그리고 그의 두 아들도 함께 5만 달러를 보탰습니다. 아들들은 이구동성으로 말했습니다. 그때 만약 그 장학금이 없었다면 오늘의 자신들도 없지 않았겠냐고! 그렇습니다. 이제 그 25만 달러는 또 누군가에게 '기적의 씨앗'이 될 겁니다. 그렇게 해서 세상은 쉼 없이 기적의 씨앗을 뿌리고 그 누군가는 그 기적의 열매를 추수합니다. 그럼으로써 그의 삶도 기적이 됩니다.

지금도 어디선가 기적의 씨앗은 뿌려지고 있습니다. 그것을 누가 추수해 거두어들일지는 알 수 없습니다. 하지만 누군가 기적의 열매를 거두어들인 이는 결국 또다시 기적의 씨앗을 뿌리고 또 누군가는 그 기적을 추수하면서 우리의 세계는 나아가고 진화하며 발전하는 것 아닐까 싶습니다.

기적 이상을 이룬 '사랑의 기적'

그 후 삶의 시한을 다한 강영우 박사는 자신의 임종을 앞두고 두 아들에게도 편지를 썼습니다.

"……내가 너희들을 처음 품에 안은 지가 엊그제 같은데 벌써 너희들과 이별의 약속을 나눠야 할 때가 되었다니. 좀 더 많은 것을 나누고, 좀 더 많은 것을 함께하지 못한 아쉬움이 밀려온다.

하지만 너희들이 나에게 준 사랑이 너무나 컸기에, 그리고 너희들과 함께한 추억이 내 맘 속에 가득하기에 난 이렇게 행복한 마지막을 맞이할 수 있단다. 해보기 전에는 결코 포기하지 말라는 나의 말을 가슴속 깊이 새긴 채로 자라준 너희들이 고맙고, 너희들의 아버지로 반평생을 살아왔다는 게 나에게는 축복이었다. 내가 떠나더라도 너희들은 혼자가 아니기에 너희들 곁에 사랑하는 사람들이 늘 항상 함께할 것이기에 아버지는 슬픔도, 걱정도 없다. 나의 아들 진석, 진영이를 나는 넘치도록 사랑했고 사랑한다."

이 편지를 읽으며 이 글을 쓰는 저 자신이 얼마나 울었는지 모릅니다. 아마도 강영우 박사는 더했을 겁니다. 편지지가 눈물로 얼룩졌을지도 모릅니다. 사실 누구나 누군가의 자식이었고 또 대부분은 누군가의 어버이가 됩니다. 우리는 그것을 '천륜(天倫)'이라 말합니다. 하늘이 맺은 인연인 셈이죠. 수많은 인연 속에서 한 남자와 한 여자가 결합해, 그것도 수억의 경쟁자를 물리친 하나의 정자(精子)가 하나의 난자(卵子)와 만나 생명은 만들어지고 그것이 어미의 자궁 안에서 10개월을 채워 세상 밖으로 나와 삼칠일, 백일, 돌을 거쳐 비로소 사람이 되어가는 것. 이것이 기적이 아니고 무엇이겠습니까?

특히 강영우 박사에게 두 아들은 기적 이상이었을 겁니다. 그는 두 아들의 얼굴은 볼 수 없었지만 그 누구보다도 더 많이 두 아들의 얼굴을 더듬었을 겁니다. 그리고 마침내 기적 같은 인생을 마감하며 강영우 박사는 그 기적의 산물, 아니 기적 그 자체인 아들들에게 "너희들의 아버지로 반평생을 살아왔다는 게 나에게는 축복이었다"고 고백하듯 말했습니다. 참으로 가슴 뭉클하게 다가오는 아름다운 진짜 기적의 모습이 아닐 수 없습니다.

누군가에게 아니 가장 가까이 있는 사람들에게 이렇게 말할 수 있다는 것은 결코 쉬운 일이 아닙니다. "내가 당신의 남편으로 혹은 아내로 살았다는 게 축복이었다" 혹은 "내가 너의 스승으로, 상사로, 선배로 살았다는 게 행복이었다"고 고백하듯 말할 수 있는 가정과 사회는 결코 무너지지 않습니다. 거기 작지만 분명한 기적이 있기 때문입니다.

그리고 강영우 박사의 진짜 마지막 편지는 언제나 '나의 어둠을 밝혀주는 촛불'이라 부르던 아내 석은옥 씨에게 전하는 편지였습니다. 그는 이렇게 편지를 남겼습니다.

"당신을 처음 만난 게 벌써 50년 전입니다. 햇살보다 더 반짝반짝 빛나고 있던 예쁜 여대생 누나의 모습을 난 아직도 기억합니다. 손을 번쩍 들고 나를 바래다주겠다고 나서던 당돌한 여대생, 당신은 하나님께서 나에게 보내주신 날개 없는 천사였습니다. 앞으로 함께할 날이 얼마 남지 않은 이 순간에 나의 가슴을 가득 채우는 것은 당신을 향한 감사함과 미안함입니다. 시각장애인의 아내로 살아온 그 세월이 어찌 편했겠습니까. 항상 주기만 한 당신에게 좀 더 잘해주지 못해서, 좀 더 배려하지 못해서, 너무 많이 고생시킨 것 같아서 미안합니다. 지난 40년간 늘 나를 위로해주던 당신에게 난 오늘도 이렇게 위로를 받고 있습니다. 미안합니다. 더 오래 함께해주지 못해서 미안합니다. 내가 떠난 후 당신의 외로움과 슬픔을 함께 해주지 못할 것이라서……. 나의 어둠을 밝혀주는 촛불. 사랑합니다. 사랑합니다. 사랑합니다. 그리고 고마웠습니다."

자고로 부부로 만난다는 것은 대단한 인연이 아니고서는 불가능한 일입니다. 여대생 석은옥 씨는 봉사 나갔던 맹학교에서 한살 아래의 시각장애인 강영우를 만난 후 평생 그의 눈이 되어주길 자원했습니다. 정말이지 강영우 박사의 고백처럼 그것은 '하늘이 보내준 날개 없는 천사' 그 자체였을 겁니다. 그도 그럴 것이 세간에서는 멀쩡한 명문대 여학생이 앞을 보지 못하는 시각장애인과 결혼한다는 것을 당시나 지금이나 그리 쉽게 이해하긴 어려웠을 겁니다. 무슨 말 못할 사연이 있다고 여기거나 너무 일방적인 희생처럼 보이기도 했을 겁니다. 하지만 석은옥 씨는 바라지 않고 주었습니다. 바로 그것이 기적을 만들었습니다. 강영우 박사가 이뤄낸 삶의 기적은 어쩌면 석은옥 여사가 빚어낸 더 큰 삶의 기적의 어느 한 부분이었는지도 모릅니다.

강영우 박사는 앞을 보지 못했지만 그 누구보다 세상을 밝게 비추는 촛불이었습니다. 하지만 이때 강영우 박사가 불을 밝히는 촛불의 심지였다면 석은옥 여사는 그 촛불의 심지가 계속해서 불을 밝힐 수 있도록 해주는 초의 몸통이었다고 해야 옳을 겁니다. 앞을 볼 수 없는 이가 더 밝게 세상을 비춘 기적은 그렇게 만들어졌던 겁니다.

내 삶의 트로피는 바로 '내 인생의 기적'

강영우 박사는 생전에 로널드 레이건 전 미국 대통령의 어머니 넬 윌슨 레이건이 아들에게 심어준 한마디 즉 "오늘 너에게 생긴 나쁜 일이 내일의 좋은 일이 될 거다"라는 말을 늘 가슴에 새겼다고 합니다.

또 그는 생전에 "'nowhere'란 단어에 띄어쓰기를 한 번 하면 'now here'로 바뀐다"는 말을 입버릇처럼 했습니다. "어디에도 (돌파구가) 없다"는 말이 "지금 여기"로 바뀌듯이 그는 그 어떤 절망과 역경에도 포기하지 않았습니다. 그에게 포기란 암보다 더 무섭고 나쁜 것이었기 때문입니다. 그래서 강영우 박사는 이렇게 말합니다.

"제가 살아온 인생은 보통사람들보다 어려웠습니다. 하지만 결과적으론 나쁜 일 때문에 내 삶에는 더 좋은 일이 많았습니다. 그러니 포기하지 마세요."

이제 두 눈 멀쩡히 뜬 채 살아 있는 우리가 삶으로 응답할 차례입니다. 우리도 그 어떤 상황, 그 어떤 난관 속에서도 포기하지 않고 기적을 만들어야 하지 않겠습니까!

사실 조금만 찬찬히 살펴보고 생각해보면 압니다. 살아 있음 자체가 얼마나 놀라운 기적이고 축복인지를! 하지만 우리는 그 살아 있음의 고마움, 소중함, 위대함, 감격스러움을 아니 그 기적을 너무나 자주 잊고 삽니다. 아니 으레 당연시합니다. 정말이지 병원에라도 가서 누워봐야 비로소 확실히 알고 느낍니다. 잘 먹고 제대로 소화시킬 수 있다는 것이 얼마나 큰 축복인지를! 아울러 잘 싸고 잘 잘 수 있다는 것이 그 얼마나 황홀한 경험인지를! 또 자기 두 발로 걸을 수 있다는 것이 세상을 다 얻은 것처럼 위대한 일이며, 굳이 헬렌 켈러의 〈단 사흘만 볼 수 있다면〉이란 글을 인용하지 않더라도 자기 두 눈과 귀로 보고 들을 수 있다는 것이 그 얼마나 황홀하고 경이로운 경험인지를! 아니 그 모두가 기적 그 자체임을! 하지만 우리는 너무나 자주 이것들을 잊고 살기 일쑤입니다. 아예 망각하고 사는지도 모르겠습니다.

결국 살아 있음은 그 자체로 경이요 감격이며, 황홀이요 축복이고, 또 기적입니다. 그리고 그 살아 있음의 주체인 사람 역시 저마다 예외 없이 기적입니다. 사람 자체가 기적인 것이죠. 하지만 우리는 스스로가 기적이며 또 나와 마주하는 타인이 또 다른 기적이란 생각을 아예 잊고 삽니다.

하나의 생명이 얼마나 놀라운 기적 그 자체인지를 깨닫는다면 우리는 결코 사람에게 함부로 할 수 없습니다. 거기서 인권도, 배려도, 화합도, 소통도 모두 나옵니다. 사람이 소중하고 사람의 인격과 권리가 중요한 까닭은 관념의 소산이 아닙니다. 사람이 기적임을 아는 순간부터 세상은 바뀝니다.

물론 사람은 단박에 완성되지 않는 존재인가 봅니다. 영어표현으로도 그저 '휴먼(human)'이 아니라 '휴먼 비잉(human-being)'인 것을 봐도 알 수 있습니다. 그만큼 끊임없이 형성되어가는 존재가 곧 사람입니다. 다름 아닌 기적 속에서 날마다 기적과 더불어 말이죠. 내가 태어남 자체가 수억 겁의 세월 속에 기적같이 형성되고 진화해온 유전자의 대물림이요 그 결정입니다. 내가 자람 역시 매 순간 순간 기적 아닌 것이 없습니다. 우리가 그것을 미처 깨닫지 못하고 느끼지 못할 뿐이죠. 그리고 인생의 마지막 결승라인을 통과할 때 우리가 쳐들어야 할 트로피 역시 각자 '자기 인생의 기적'입니다. 결국 모든 삶은, 그리고 모든 사람은 기적이며 기적의 수행자입니다. 이 점을 잊어선 안 됩니다.

〈정진홍의 사람공부—두 번째 이야기〉는 바로 이 점을 주목합니다. '삶이 기적이고 사람이 기적'이라는 단순하지만 너무나 분명한 명제를 바탕으로 한 겁니다. 일상의 반복이 삶의 기적을 희석시키고 삶의 단조로움이 사람이 기적이며 생이 기적임을 덮어버리기 일쑤이지만 그럼에도 불구하고 우리는 직시해야 합니다. 우리 삶의 안팎으로 도처에 기적이 있다는 점을!

기적, 날마다 차이를 만드는 것

우리가 사람공부를 하는 진짜 이유는 그 사람이 빚어낸 크고 작은 기적들을 확인하기 위해서입니다. 그리고 그 확인 위에서 나 또한 기적이 되기 위해서입니다. 기적은 차이에서 시작됩니다. 어제와 다른 오늘, 그것은 기적입니다. 오늘과 다른 내일, 그것 또한 기적입니다. 그 안에는 차이라는 것이 숨어 있습니다. 그 차이의 지속과 차이의 온축을 통해 기적은 자랍니다. 차이란 내 지문만큼 하는 겁니다. 나답게 하는 겁니다. 거기서 기적은 잉태되고 또 빚어집니다. 거기서 기적은 만들어지고 기적은 태동합니다. 그렇습니다. 날마다 차이를 만드는 것! 그것이 기적을 만드는 첩경입니다. 그러니 날마다 차이를 만들기 바랍니다. 거기서 기적은 꽃피고 기적은 열매를 맺습니다.

사람의 진정한 존재이유는 살면서 날마다 기적을 만들고 그것을 나누는 겁니다. 자연이 그러하듯이! 물론 위대한 인간만 기적을 만드는 것이 아닙니다. 우리네 평범한 사람들도 날마다 기적을 만들 수 있고 빚을 수 있습니다. 그럼으로써 우리도 자신의 몸을 일으켜 세우고 자신의 뜻을 바로 세워 위대해질 수 있습니다. 그 출발은 다름 아닌 내 일상의 기적입니다. 〈정진홍의 사람공부-두 번째 이야기〉에서 만나는 숱한 사람들의 이야기는 바로 '기적의 생산'입니다. 그 한 사람 한 사람들이 어떻게 기적을 만들었는지 유심히 살펴보시길 바랍니다. 거기에 우리 인생의 답도 있습니다.

한강의 기적, 라인강의 기적! 그것은 기계가 만든 것이 아니고 자본이 빚은 것도 아닙니다. 사람이 만든 겁니다. 강영우 박사는 볼 수 없었습니다. 헬렌 켈러 역시 볼 수 없었습니다. 아니 말할 수도 들을 수도 없었습니다. 하지만 우리는 볼 수 있습니다. 말할 수 있고 들을 수 있습니다. 하물며 걸을 수 있고 팔 다리를 움직일 수도 있습니다. 그렇다면 의당 그들이 했던 것보다 더 많은 기적을 만들어야 하지 않을까요? 물론 기적은 양으로 측량할 수 없습니다. 그것은 저마다의 가치를 담고 있으니까요.

기적은 먼 데 있지 않습니다. 아주 가까이에 있습니다. 날마다 일상 속에서 차이를 만들어내는 것, 어제와 다른 오늘을 만들어내는 것, 그래서 내일을 오늘보다 낫게 만드는 것! 그것이 다름 아닌 기적입니다. 그 기적을 만들어 스스로 기적이 되는 사람들의 이야기를 우리 함께 나눠보시죠. 여기 사람이 기적인 까닭이 숨어 있습니다. 그 발견의 기쁨을 함께 누릴 수 있고 그것을 통해 나 스스로 기적이 되는 사람이 될 수 있기를 진심으로 바랍니다.

차례

04 바로 이 순간, 완전한 나로 살다

05 파격과 혁신,
그 숭고한 자유의 삶

빽기완 구로야니

밀러드 풀러 부

리콴유 박병선

월터 크롱카이트

조 버닝햄 하춘

클린트 이스트우

01

꿈은 결코 늙지 않는다

아름다운 삶의 파격

마지막 재야의 영원한 '불쌈'

2009년 10월 26일 저녁 대학로의 원더스페이스 세모극장에서는 매우 특이한 공연이 있었습니다. 요즘 세상에 공짜가 어디 있겠는가 싶은데 진짜 무료공연이었습니다. 공연을 보겠다고 소극장 앞에 줄 선 사람들은 요즘 세상을 쥐고 흔든다는 십대도 아니고 젊은 대학생들도 아니었습니다. 용산참사의 당사자인 전철연 사람들, 그 옛날 전노협 의장이란 양반, 얼마 전까지 문화예술위원회 위원장이었던 분 등 다양했습니다. 그리고 저도 있었습니다.

그 공연무대의 주인공은 바로 백기완(白基琓)!

시대의 양달만을 보고자 하는 이에게 그의 존재는 없거나 거추장스런 것인지 모릅니다. 하지만 양달이 있으면 응달이 있는 법. 그는 늘 시대의 응달에 서 있었고 그것 때문에 그 존재가치가 더 있지 않았나 싶습니다. 그는 "길을 잃었을 때마다 노래를 불렀다"

며 헤어진 지 64년이 넘어 이젠 그 얼굴조차 기억나지 않는다는 엄마 생각에, 장질부사에 폐병까지 겹쳐 다 죽게 된 아들에게 "고기한 점 먹으면 다 나아" 하며 고기 구하러 간다 하곤 열흘 보름 종무소식이었던 아비 생각에, 시래깃국에 조밥을 숭숭 말아먹고서도 달리기 1등하면 곡마단 구경시켜주고 솜사탕 사달라고 조르던 철없던 여동생 생각에, 함께 통일운동하던 장준하가 죽은 후 "준하는 어찌 하고 혼자 왔냐"며 "죽은 장준하를 업고 오든 통일을 업고 오든 하라"고 호통치던 술집여주인 생각에 갈라진 목을 쥐어짜며 노래하고 또 했습니다. 일흔이 훌쩍 넘어 여든을 향해가던 백기완이 마치 길을 다시 찾으려 몸부림치듯 말입니다.

무대 위에서 두 시간이 넘게 삶을 이야기하고 노래하던 백기완은 "아 나에게도 / 회초리를 들고 네 이놈 / 종아리를 걷어 올리거라 이놈 / 그러구선 이 질척이는 항로를 / 살점이 튕기도록 내려칠 그런 / 어른이 한 분 계셨으면……"이라는 시 한 편을 목청 다해, 온몸으로 읊고서는 무대 한복판에 주저앉았습니다. 그리고 이내 머리를 움켜쥐듯 쓸어올렸습니다. 그 순간 침묵하던 관객들이 하나둘 '임을 위한 행진곡'을 부르자 마침내 너나 할 것 없이 모두 함께 불렀습니다. 그것은 백기완 선생이 직접 지은 곡이었습니다. 그러자 주저앉았던 백기완 선생 자신도 다시 불뚝 일어서 팔을 쳐들고 함께 불렀습니다. "사랑도 명예도 이름도 남김없이 / 한평생 나가자던 뜨거운 맹세……."

백기완 선생은 그즈음 펴낸 저서 《사랑도 명예도 이름도 남김없이: 나의 한 살매》에서 이렇게 말합니다. "나를 키운 것은 밥도, 책도 아니야. 그렇다고 깨우침이나 철학도 아니야. 좌절과 절망이 날 키웠어. 좌절만 먹고 자랐으니 내 몸뚱이는 파행적이야. 그걸 글로 쓰는 것은 좋지 않다고 생각했어. 그래도 쓴 건, 지금 젊은이들의 모습이 더 절망적으로 보여서야." 그는 계속 말을 이어 갑니다. "젊은이들에게 꼭 하고 싶은 말이 하나 있어. 역사는 언제나 긴장을 요구하지. 긴장을 먹거리로 삼으면 키가 크지만 그렇지 않으면 키가 크지 않아. '발육부진'이 된다 이거야. 좌절과 절망투성이인 내 이야기를 글로 쓴 까닭이 여기에 있어."

백기완의 몸으로 쓴 자서전은 오롯이 한국의 애절한 현대사를 담아내고 있습니다. 1933년 황해도 은율, 구월산 아래서 태어나 일제 강점기에 처절하리만큼 배고픔과 싸워야 했던 어린 시절, 가난 때문에 초등학교에서 멈춘 배움길, 구월산 자락을 누비던 황해도 맨발소년이 축구선수가 되겠다는 일념에 무작정 상경한 뒤 해방과 전쟁을 겪으며 사회와 역사에 눈 뜨고, 뜨거운 가슴과 단단한 주먹 하나로 현실변혁운동에 뛰어들기까지 그의 역정은 곧 그의 시대였습니다.

그는 백범 김구 선생의 가르침을 본받아 함석헌, 장준하, 문익환 등과 함께 통일운동, 민중운동에 몸바쳐왔습니다. 1973년 유신철폐를 외치다 긴급조치 위반으로 옥고를 치른 것을 시작으로 군부독재에 항거한 민주화 운동에 앞장섰고, 1987년과 92년 대선 때는 '민중후보'로 추대받아 진보진영의 정치세력화에도 힘썼습니다. 그리고 여전히 통일운동과 민중운동에 앞장서고 있는 여든 살의 현재까지 그의 인생은 '좌절과 절망을 먹으면서도 결코 포기할 수 없는 꿈과 희망을 토해내온 삶' 그 자체였습니다.

백기완, 그는 입버릇처럼 말합니다. "새벽은 한 살매(=한평생) 어둠 속을 걷는 이의 발끝에서 열린다"고. 그렇습니다. 여명이 동 터오를 때가 가장 어둡듯이 그 신새벽은 어둠속을 묵묵히 걷는 이 의 발끝에서부터 열리는 법입니다. 사람들은 한때 그를 혁명가라 고 불렀습니다. 하지만 백기완에게 혁명이란 거창한 사회주의 이 론을 떠벌리는 것이 아니라, 그저 무지랭이 같은 이들의 불난 속이 내뿜는 '불쌈'일 뿐입니다! 그래서 그는 '혁명'을 '불쌈'이라 말하 는지도 모릅니다.

권력과 분열에 취한 양달의 사람들은 알 수 없습니다. 그가 평생을 끌어안고 울부짖었던 민중과 통일의 응달진 삶의 가치를! 백기완, 그는 평생 가난했습니다. 그러나 가난을 외면하기보다는 가난한 이들의 맘을 알고 그들의 아픔에 함께 울고 분노하며 한 살 매를 질펀하게 살아왔습니다. 백기완. 그는 깨지고 부서졌을지언 정, 결코 지지 않았습니다. 그는 늙고 지쳐 주저앉았을지언정 결코 잘못 가지 않았습니다. 이제 그를 좋아하든 싫어하든 그의 시대를 향한 포효를 들을 날도 그리 많이 남지 않은 느낌입니다. 하지만 질곡을 헤치며 기적처럼 살아온 백기완은 비록 숨을 거둘지언정 결코 늙지는 않을 겁니다.

오감의 힘, 감성의 파워

《창가의 토토》라는 책을 기억하십니까? 일본 출판계 사상 최대 판 매부수를 기록해 기네스북에까지 오른 화제의 책이었죠. 출간 8개월 만에 무려 500만 부가 팔려나간 슈퍼 베스트셀러이자, 전 세계 32개국에서 번역되어 잇따라 '토토짱 신드롬'을 불러일으킨 일본 대중문화의 신화 같은 존재로 평가받는 작품이기도 합니다.

이 책의 주인공 토토는 8세 때 소학교 즉 우리의 초등학교 1학년에 입학해 처음 마주한 책상이 신기해 그 책상뚜껑을 열었다 닫았다 한 것이 주위 친구들을 방해한다는 이유로 퇴학당했습니다. 남에게 폐 끼치는 것을 죽기보다도 싫어하는 일본인들의 '스미마센' 문화가 작용한 것인지 모릅니다. 그 어린 나이에 영문도 모른 채 문제아로 낙인찍혀 다른 학교로 전학 가야 할 처지가 된 토토에게 입학을 허락해준 곳은 일종의 대안학교인 도모에 학원이었습니다.

전교생이 50명밖에 되지 않는 작은 학교인 도모에 학원에 처음 갔을 때 토토는 고바야시라는 이름의 교장선생님과 만나 아침 8시부터 점심시간이 다 된 12시까지 장장 4시간을 이야기했습니다. 비록 시시콜콜한 내용일지라도 초등학교 1학년생이 4시간 동안 자신의 심정을 이야기했다는 것도 놀라운 일이었지만 그것을 지루한 표정을 짓거나 하품 한 번 하지 않고 아이 눈높이에 맞춰 허리를 굽혀 들어준 교장선생님은 더욱 놀라운 분이었음에 틀림없을 겁니다. 그도 그럴 것이 고바야시 교장선생님은 "아이들이 제각기 몸에 지니고 태어나는 소질을 주위 어른들이 손상시키지 않고 어떻게 잘 키워줄 수 있을까?"라는 문제의식 속에서 문자와 숫자를 많이 아는 아이보다는 마음으로 자연을 보고 영감을 느끼는 아이로 자라도록 가르치겠다는 교육철학을 마음 깊이 지닌 분이셨던 겁니다.

실제로 도모에 학원에서는 모든 아이들이 벌거벗고 수영했습니다. 서로의 몸이나 성격이 다르다는 것은 차이일 뿐 차별의 이유가 되지 않았습니다. 게다가 시간표로 꽉 짜여진 책상머리 수업 대신 밥먹기, 산책하기, 음악에 맞춰 춤추기가 공부였습니다. 오래된 전철을 재활용해 만든 아기자기한 도모에 학원의 교실에서 토토는 진짜 자신이 좋아하는 것이 무엇이며, 타인과 어떻게 어울려야 하는지를 배워나갑니다. 아울러 산과 바다와 들에서 난 자연식품들을 골고루 먹으며 자연과 더불어 살아가는 방법도 배웠습니다. 심지어 맨발로 뛰어 달리는 것 자체가 수업이 되는 학교에서 토토는 "넌 정말 착한 아이란다"라는 칭찬과 격려 속에 자랐습니다. 그런데 그 토토의 실제 모델은 다름 아닌 작가인 구로야나기 테츠코(黑柳徹子)였습니다!

1933년 도쿄에서 출생한 토토 즉 구로야나기 테츠코는 NHK 교향악단 악장 출신의 바이올리니스트 아버지와 수필가인 어머니 사이에서 다분히 문예적인 유전자를 지니고 태어났습니다. 그 누구로부터도 구속당하지 않고 자유분방하게 자란 그녀가 도모에 학원에서 보낸 생활은 놀랍고 신기한 즐거움의 연속이었습니다. 누구도 그녀를 문제아로 취급하지 않았고 그곳에서 테츠코는 순수함과 호기심, 그리고 열정을 체득하고 또 충족해갔습니다.

1952년 도요 음악학교(도쿄 음악학교의 전신) 성악과를 졸업한 그녀는 한때 오페라 가수를 꿈꾸기도 했지만 우연히 NHK 방송극단의 단원 모집광고를 보고는 주저함 없이 시험에 응시해 6000 대 1의 경쟁을 뚫고 당당히 합격했습니다. 배우로 데뷔해 일본 최초의 TV 탤런트로 TV 여명기에서부터 활약한 구로야나기 테츠코는 1976년부터 '테츠코노 헤야' 즉 '테츠코의 방'이라는 아사히 TV 토크쇼 프로그램을 수십 년째 진행하고 있습니다. 또 아시아인 최초로 유니세프 친선대사에 임명되어 기아와 전쟁에 허덕이는 세계 여러 나라를 방문해 활발히 어린이 구호 활동을 펼치고 있습니다. 어쩌면 이 모든 것이 8세에 퇴학당한 후 대안학교였던 도모에 학원에서 자라며 배운 것이 바탕된 것이 아닐까 싶습니다.

채 10세도 되기 전인 어린 시절에 어른들이 일방적으로 정해놓은 규율에 어긋난다는 이유만으로 졸지에 문제아가 되어 학교마저 쫓겨나야 했던 구로야나기 테츠코. 그 토토가 오늘날 일본에서 가장 장수하는 현역 방송인이자, 전 세계의 빈민아동 및 전쟁고아 구호에 힘쓰는 글로벌한 사회활동가로 성장할 수 있기까지 밑바탕이 되어준 진정한 힘은 다름 아닌 도모에 학원이란 대안학교에서 몸과 마음으로 체득한 자연과의 교감에 바탕한 오감의 힘, 감성의 파워가 아닐까요?

이제 여든이 된 토토, 즉 구로야나기 테츠코는 여전히 살아있고 여전히 활동적입니다. 독특한 말투와 양파 같은 헤어스타일을 한 채 아사히 TV 토크쇼 프로그램 '테츠코의 방'을 현재까지 진행하고 있고, 일본 펜클럽 회장까지 역임했을 만큼 폭과 깊이가 있는 인문적 문예인이 토토 즉 구로야나기 테츠코입니다. 아마도 이 모든 것은 그녀가 '모범생'이기보다는 '모험생'이었기에 가능했던 것 아닐까요? 삶과 일상에서 크고 작은 모험이 기적을 만들 테니까요.

망치와 톱으로 '기적'을 짓다

사랑의 집짓기 운동 즉 '해비타트' 운동을 이야기할 때 빼놓을 수 없는 사람이 있습니다. 바로 전 미국 대통령이자 노벨평화상 수상자인 지미 카터입니다. 그는 오래전부터 해비타트 운동의 골수 자원봉사자였습니다. 지난 2001년에는 해비타트 운동의 일환으로 우리나라에서 지미 카터가 직접 참여한 가운데 '지미 카터 특별건축사업(JCWP)'이 펼쳐져 그해 8월 5일부터 11일까지 아산·경산·군산·진주·태백·파주 등 6개 지역에서 6000여 명의 국내 자원봉사자와 800여 명의 외국인 자원봉사자가 참여해 모두 136세대의 집을 지었습니다.

그런가 하면, 그랜드슬램을 일곱 차례나 달성하며 1980년대 테니스계를 풍미했지만 거친 매너로 질타를 받으며 '테니스계의 악동'으로 불리던 미국의 테니스 스타 존 매켄로가 얼마 전 팝아트의 거장 앤디 워홀이 자신과 여배우 테이텀 오닐(라이언 오닐의 딸)을 묘사한 작품을 해비타트에 기증하기 위해 소더비 경매에 내놓아 화제가 된 바 있습니다. 존 매켄로의 뜻이 갸륵해서인지 이 그림은 경매에서 24만 1250파운드, 한화로 약 5억 430만 원에 낙찰됐습니다.

'해비타트(Habitat)'의 사전적 의미는 '보금자리'를 뜻합니다. 노벨상 수상자 지미 카터 전 미국 대통령은 물론 테니스 코트의 악동으로 불리던 존 매켄로마저 기꺼이 참여하고 봉사하길 주저하지 않은 해비타트 운동은 1976년 시작된 후 지난 35여 년간 전 세계 90개국에서 20만 채 이상의 집을 지어 집 없는 이들에게 제공했습니다. 바로 그 해비타트 운동의 창시자가 밀러드 풀러 부부 (Millard Fuller & Linda Fuller) 입니다.

　미국의 변호사였던 밀러드 풀러와 그의 부인 린다 풀러 부부는 이미 20대 후반에 많은 재산을 모았습니다. 30세도 되기 전에 백만장자가 된 밀러드 풀러는 더 큰 부자가 되겠다는 야심이 있었고, 그럴 만한 기량과 재간도 있었습니다. 그는 호화 저택과 호숫가의 별장, 250만 평의 토지, 그리고 쾌속 보트와 최고급 승용차를 소유하고 있었습니다. 하지만 그렇다고 마냥 행복한 것만은 아니었습니다. 일이 너무 바빠서 아내와 두 아이의 얼굴을 볼 시간도 거의 없었던 겁니다. 그의 제국은 일어나고 있었지만 가정은 무너지고 있었던 것이죠.

　그러던 어느 날 저녁, 그의 아내 린다는 마치 최후통첩이라도 하듯 이렇게 말했습니다. "나한테 과연 남편이 있는 것인지 모르겠다. 아니, 내가 당신을 사랑하는지도 확신할 수 없다." 그녀는 당장이라도 이혼할 태세였습니다. 밀러드 풀러는 그제서야 사업을 일으키느라 자신이 진정 원하는 것들을 너무나 소홀히 한 나머지 이제는 모두 잃어버릴 지경에 처했다는 것을 깨달았습니다. 밀러드 풀러는 이혼을 선언하고 떠난 아내를 찾아 뉴욕으로 날아갔고 그녀를 만나 밤새 가슴속에 쌓인 응어리와 감정을 모두 털어놓았습니다. 그리고 자신만의 인생이 아닌 둘이 함께하는 인생의 새 설계도를 그리기로 작정했습니다.

　하지만 그 새로운 인생 설계도는 매우 극단적인 것이었습니다. 1965년 밀러드 풀러 부부는 자신들의 회사, 저택, 별장, 보트

등 모든 재산을 팔아서 그 돈을 교회와 대학과 자선단체에 기부해 버렸습니다. 주변 사람들은 미쳤다고 수군거렸지만, 밀러드 부부는 그때만큼 자신들의 정신이 멀쩡한 적이 없었다고 말하며 아랑곳하지 않았습니다. 그러고 나서 이 부부는 조지아 주 남서부의 아메리커스라는 소도시 근처에서 '코이노니아'라는 기독교 공동체를 이끌고 있던 클래런스 조던을 찾아갔습니다. 그리고 그들은 의기투합해 가난한 사람들을 위한 집짓기를 시작했습니다.

하지만 클래런스 조던은 첫 번째 집이 채 지어지기도 전에 심장마비로 사망하고 말았습니다. 그러나 밀러드 풀러 부부는 4년 동안이나 집짓기 운동을 끈기 있게 지속했습니다. 소박하지만 반듯한 집을 얻은 사람들이 삶의 의욕을 되찾아 놀랄 만큼 달라지는 것을 눈으로 확인한 밀러드 풀러 부부는 조지아 남부에서 시작한 집짓기 구상이 세계의 다른 지역에도 적용될 수 있는지 알고 싶어졌습니다. 그래서 이들 부부는 1973년 중앙아프리카의 자이레(지금의 콩고)로 날아가 또다시 집짓기 운동을 실천했고 거기서도 해낼 수 있다는 자신감을 얻었습니다.

다시 미국 조지아 주로 돌아온 밀러드 풀러 부부는 자신들의 집짓기 운동 구상이 세계 어디서나 통할 수 있다는 믿음을 안고 1976년 '국제 해비타트 협회'를 창설했습니다. 한때 밀러드 풀러의 목표는 천만장자가 되는 것이었지만 이제 그의 새로운 목표는 천만 명에게 집을 지어주는 것이 되었던 겁니다. 하지만 사람들은 되물었습니다. "도대체 무슨 돈으로 그것을 감당하겠느냐"고. 그러나 밀러드 풀러 부부가 시작한 해비타트 운동은 놀라운 마법과도 같았습니다. 그 마법의 공식은 의외로 단순합니다. 바로 자원봉사자들의 자발적 협력과 입주자들의 자조노력이었습니다.

해비타트 운동은 대부분 집을 지어본 경험이 전혀 없는 자원봉사자들의 자발적인 협력에 크게 의존하고 있습니다. 실제로 해비타트 운동은 설계에서부터 막일까지 모두 자원봉사를 통해 이루어집니다. 물론 다양한 단체와 기업 및 교회 등에서 건축자재와 비용을 기증해오기도 합니다. 하지만 해비타트 운동이 지속될 수 있는 것은 단순히 기업과 단체의 물적, 인적 기부 덕이 아닙니다. 그보다는 오히려 각계각층에서 다양한 직업에 종사하는 이들이 기꺼이 자신의 시간과 노력을 무료로 제공하고 새로 지어진 집에 입주할 사람들도 기꺼이 자기 집과 이웃집을 짓는 데 동참해 함께 땀흘리기에 집이 완공되면 느끼는 뿌듯한 만족감 역시 공유되고 배가된다는 사실에 해비타트 운동의 진정한 동력이 있습니다.

지어진 집들은 무주택 가정에 무이자·비영리 원칙으로 공급됩니다. 그러나 일반 건축비의 60퍼센트 정도인 건축 원가만은 15년 정도의 정해진 기간 안에 입주자가 무이자로 분할 상환해야 합니다. 그래서 지어진 집에 새로 입주한 사람들이 매달 조금씩 집값의 원금을 갚아내면 다시 그 돈으로 더 많은 집을 짓는 겁니다. 참으로 놀라운 나눔의 마법 아니겠습니까? 해비타트 운동은 단지 집을 지어주는 것에 그치지 않습니다. 집짓기 운동을 통해 집을 얻은 이들은 스스로 절망과 나태의 악순환 고리를 끊어내기 시작합니다. 그들이 사는 동네에서는 마약과 쓰레기가 자취를 감추게 되는 것도 같은 맥락입니다. 이것이 바로 해비타트 운동의 진짜 힘이요 성과입니다.

이 모든 것이 가능할 수 있었던 것은 평생 누리고도 남을 자신들의 엄청난 재산을 헌신처럼 버리고 대신 집 없는 이들을 위해 망치와 톱을 들었던 밀러드 풀러 부부가 있었기 때문입니다.

용기와 집념의 날개로 비상하다

"내 몸엔 케첩이 흐른다"

맥도널드 햄버거의 두께를 아십니까? 위, 아래 빵 두 쪽이 각각 17밀리미터이고, 가운데 고기다짐 패티가 10밀리미터로 모두 44밀리미터 정도 됩니다. 이것은 일반적으로 사람들이 입을 벌렸을 때의 위, 아래 입술 간격이 대략 50밀리미터 안팎인 점을 고려한 수치라고 합니다. 이처럼 맥도널드에는 사소한 것까지 철저한 고객지향, 고객만족의 정신이 담겨 있습니다. 또 맥도널드가 미국적 문화의 상징처럼 되어 있지만 정작 맥도널드 햄버거는 한국에서는 불고기 햄버거, 일본에서는 데리야키 햄버거를 개발해낼 정도로 각국의 문화적 차이와 입맛 차이에 맞춰 다양한 마케팅 전략을 구사합니다. 아마도 이것이 버거킹이나 KFC 등의 끊임없는 도전을 받으면서도 맥도널드가 연간 매출액 순위 1위를 고수하는 비법이 아닐까 싶습니다.

이런 맥도널드의 최고경영자 자리에는 과연 어떤 사람이 앉아 있을까요? 그 중에는 맥도널드 점포의 바닥청소를 하는 아르바이트생으로부터 시작해 28년 만에 맥도널드 사의 최고경영자 자리에 올랐던 찰리 벨(Charlie Bell)도 있었습니다. 지금은 고인이 됐지만 찰리 벨은 "그의 혈관엔 피가 아니라 케첩이 흐르고 있다"는 말을 들을 만큼 철저한 맥도널드 맨이었습니다. 그는 15세 때 호주 시드니의 한 맥도널드 매장에서 아르바이트생으로 일하며 맥도널드와 인연을 맺게 되었습니다. 그 후 창사 이래 최연소 점포 책임자를 지냈고, 27세 때 호주 맥도널드 부사장으로 승진했습니다. 그리고 29세엔 맥도널드 글로벌 상임 이사회 이사로, 다시 3년 후엔 호주 맥도널드의 사장으로 승승장구하며 맥도널드의 각종 최연소 기록을 모조리 갈아치운 인물이었습니다.

찰리 벨은 감각적으로 사람들이 뭘 즐기고 좋아하는지를 읽어낼 줄 알았습니다. 또 매장 바닥부터 닦기 시작한 이력 덕분에 매장의 운영 시스템에 실제로 어떤 문제점이 있는지를 속속들이 파악하고 있었습니다. 그는 탁상공론에 빠져 있던 마케팅 담당자들을 데리고 흑인거주지역을 직접 찾아가 "호텔에서 넥타이를 매고 점잖게 식사하는 사람들이 아니라, 바로 여기 있는 사람들이 우리의 고객"임을 눈으로 확인시킬 만큼 실전에 강한 리더였습니다. 그런 찰리 벨이었기에 아시아, 아프리카, 중동지역 책임자를 거쳐 유럽지역 6000여 개의 점포를 총괄하는 책임자로 일하면서 맞게 된 광우병 파동 당시 적절한 신제품 출시와 서비스 개선으로 위기를 타개할 수 있었습니다. 이처럼 위기상황에서도 능력을 인정받은 찰리 벨은 2003년 1월에 캔탈루포 회장의 취임과 함께 2인자 격인 최고운영책임자(COO)를 맡아 120여 개국의 3만여 점포관리를 진두지휘하게 되었던 겁니다.

그리고 마침내 지난 2004년 4월 캔탈루포 전(前) 회장이 갑작스레 세상을 떠나자 찰리 벨은 최고경영자 자리에 올랐습니다. 매장에서 바닥 닦던 아르바이트생이 맥도널드의 CEO가 된 겁니다. 그것도 미국인이 아닌 호주 출신으로 말입니다. 그는 비록 바닥 닦는 아르바이트생으로 시작했지만 어느 위치, 어떤 역할이 주어지든 항상 주인 같은 생각, 주인 같은 행동을 했습니다. 그래서 결국엔 CEO의 자리에까지 오를 수 있었던 겁니다.

맥도널드사는 전임 CEO 캔탈루포가 사망하자 6시간 뒤 긴급 이사회를 열어 찰리 벨을 CEO로 선출했습니다. 이를 두고 〈월스트리트 저널〉은 경영학 교과서에 실릴 만한 모범사례라고 칭찬했지만 그 이면에는 바닥에서부터 준비되어온 예비 CEO 찰리 벨이 있었기에 가능했던 겁니다. 그러나 찰리 벨이 CEO가 되었을 때 맥도널드는 전 세계적인 반미운동의 상징적 표적이 되어 있었을 뿐만 아니라 비만퇴치협회 등 각종 '안티(Anti) 맥도널드' 세력의 공격으로 매출이 급감하는 등 사면초가의 형국이었습니다.

찰리 벨 회장은 이런 최악의 상황에서도 "품질과 서비스가 좋으면 고객은 돌아온다"며 맥도널드의 미래를 낙관했습니다. 그는 CEO로 취임하자마자 비만의 주범으로 몰리던 맥도널드 햄버거의 메뉴마다 각종 영양 정보를 제공하면서 비만의 원인은 '맥도널드 햄버거' 자체가 아니라 '과식'에 있음을 강조하는 역공세 전략을 펼쳤습니다. 아울러 '식사는 균형 있게, 생활은 활기차게(Eat Smart Be Active)'라는 구호를 내걸고, 고객들에게 만보기(萬步機)를 선물하는 등 이른바 '웰빙 마케팅' 전략도 펼쳤습니다. 이런 노력 덕분에 맥도널드 매출은 승승장구하게 되었습니다.

화려하게 내세울 것도 자랑할 것도 없었던 찰리 벨. 하지만 그는 오직 성실을 무기로 해서 기적을 만들었던 겁니다.

승리를 부른 '밥의 리더십'

케임브리지대학을 졸업한 35세의 젊은 리콴유(李光曜)가 1959년 싱가포르 자치정부 총리에 취임했을 당시, 싱가포르의 1인당 국민 소득은 미화로 400달러에 불과했습니다. 그러던 것이 1990년 그 가 총리에서 물러났을 때는 1만 2000달러로, 그리고 그 후 그가 선 임장관(Senior Minister)으로 있었던 10년 동안에 다시 1만 달러가 뛰어서 2000년에는 2만 3000달러가 되었고, 그가 고문장관 (Minister Mentor)으로 있었던 동안 5만 달러를 넘어섰습니다.

리콴유는 아무 희망이 없을 것 같던 작디작은 한 나라를 30여 년 만에 세계의 귀감이 될 강소국으로 키워냈습니다. 말레이시아, 인도네시아 등 주변국가의 견제, 4가지 언어와 인종으로 인한 극 심한 갈등과 혼란, 물조차 수입해야 하는 척박한 환경, 게다가 천 연자원은 눈씻고 찾아봐도 없고 부패와 집단이기주의만이 횡행하 던 그 '절망의 땅' 위에서 리콴유는 5만 달러가 넘는 1인당 국민소 득을 지닌 나라를 일궈냈던 겁니다. 과연 리콴유에게 무엇이 있었 기에 이런 일들이 가능했던 걸까요?

먼저, 리콴유는 이념에 사로잡히지 않았습니다. 그 역시 젊은 시절에는 노동조합운동에 투신하는 등 좌파적 성향이 없었던 것이 아니었지만 그는 결코 이념의 포로가 되지 않았습니다. 리콴유가 1954년 인민행동당(PAP)을 만들면서 정계에 투신했을 때 그는 공산주의자들과 연합전선을 형성하기도 했지만 결국엔 그들과 싸우며 싱가포르의 미래를 지켰습니다. 이미 이때부터 리콴유의 리더십은 사상에 얽매이는 '이념의 리더십'이 아니라 철저히 현실경제를 추구하는 '밥의 리더십'이었던 겁니다.

또한 리콴유는 분명한 비전의 소유자였습니다. 싱가포르가 말레이시아 연방으로부터 사실상 축출당하면서 부득이 원치 않는 독립을 할 수밖에 없었던 1965년 당시, 상황은 더 나빠지려야 나빠질 게 없을 정도의 극한상황이었습니다. 인큐베이터에 있어야 할 아이가 방치되듯 당시의 싱가포르는 생존 자체가 불투명한 그런 나라였습니다. 하지만 리콴유는 그 상황에서도, 단지 살아남는 것에 연연하지 않고, 오히려 일류국가를 건설하겠다는 단호한 의지를 갖고 분명한 국가적 비전을 그렸던 겁니다. 만약 리콴유가 단지 생존에만 집착하는 리더였다면 오늘의 싱가포르는 없었습니다. 그는 더 길게, 더 큰 것을 보았던 겁니다.

리콴유는 용기 있는 현실주의자였습니다. 중국계와 말레이계 간의 민족갈등이 폭동으로 번졌을 때, 리콴유는 지체 없이 현장으로 달려가 트럭에 설치된 마이크를 직접 잡고 국민통합을 역설했습니다. 노조와의 협상 장소에도 그는 직접 나갔습니다. 그를 이끈 것은 이론이 아니라 철저한 현실감각이었고 책임회피가 아닌 용기였습니다.

아울러, 리콴유는 "자유는 질서 속에서만 존재할 수 있다"는 신념을 굽히지 않으면서 싱가포르를 이끌었습니다. 그래서 일부에선 그에게 독재자라는 비난을 퍼붓기도 했지만 그는 아랑곳하지 않았습니다. 그는 자기 정체성과 질서를 파괴하는 어설픈 자유의 대가를 잘 알고 있었기에 단호했던 겁니다. 그리고 그 단호함이 오히려 국민적 신뢰형성의 바탕이 되었습니다. 그런 국민적 신뢰는 국민적 자신감으로 이어졌습니다. 리콴유는 국민의 자신감을 깎아먹는 리더가 아니라 국민들에게 할 수 있다는 자신감을 심어준 리더였습니다.

리콴유는 경제에서만 성공한 것이 아니었습니다. 그는 국제정치 무대에서도 굵직하게 막후 영향력을 행사했습니다. 미국과 중국 간의 국교정상화 교섭 때는 닉슨의 자문역을 하며 깊이 관여했고, 중국이 개혁개방의 실용주의 노선으로 전환할 때는 덩샤오핑의 숨은 코치 역할을 하기도 했습니다. 또한 걸프전 당시엔 조지 부시 대통령에게 아랍세계에 대한 포괄적인 정책수립을 위한 자문을 해주기도 했습니다. 물론 이 모두는 그가 싱가포르를 당당하게 잘사는 나라로 실증해 보였기에 가능했던 겁니다.

리콴유는 빈사상태의 싱가포르를 1인당 국민소득 3만 달러 수준의 부유하고 깨끗한 일류국가로 키워냈습니다. 천 마디 이념과 만 마디 웅변보다 실질소득 5만 달러라는 그 한마디에 국가경쟁력은 물론 국가의 품위까지 고스란히 담겨 있는 겁니다. 이제 간신히 2만 달러 깔딱고개를 넘어선 우리 현실에서 리콴유의 싱가포르 석세스 스토리는 부러움의 대상 그 이상이 아닐 수 없습니다.

안정과 성장과 번영은 결코 거저 주어지지 않습니다. 그것은 무엇보다도 리더의 헌신을 필요로 합니다. 싱가포르의 성공루트를 닦는 데 90생애를 온전히 바쳐 헌신한 리콴유. '이념의 리더십'이 아니라 '밥의 리더십'을 구현한 리콴유. 모두가 생존을 걱정할 때 일류국가의 꿈과 비전을 그리면서 그것을 현실로 일궈낸 리콴유, 그 역시 기적의 사나이었던 겁니다.

평생을 '파란 책'에 파묻힌 그녀

세계 최고(最古)의 금속활자본이 뭔 줄 아시죠? 1455년에 나온 구텐베르크의 〈42행 성서〉보다 78년이나 빠른 〈직지심경(直指心經)〉입니다. 〈직지심경〉은 구한말 초대 주한 프랑스 공사를 지낸 꼴랭드 쁠랑시가 수집해 1907년 프랑스로 가져가 1911년 드루오 고서 경매장에 내놓은 것을 당대의 부유한 보석상이자 고서 수집가인 앙리 베베르가 단돈 180프랑에 낙찰받아 보관하고 있다가 1953년 앙리 베베르의 유언에 따라 프랑스 국립도서관에 유증했던 겁니다. 그런데 프랑스 국립도서관에서 잠자고 있던 〈직지심경〉이 세계 최고의 금속활자본임을 고증해낸 이는 바로 그 도서관에 근무하던 한국인 박병선(朴炳善) 선생이었습니다.

1926년 서울 저동에서 5남매 중 셋째로 태어난 박병선은 경기여고와 서울대 사범대 역사교육학과를 졸업한 후 1955년 프랑스로 유학을 떠났습니다. 그녀가 〈직지심경〉을 처음 접한 것은 1967년경이었는데, 겉장에 '직지(直指)'라 쓰인 이 책이 세계 인쇄사(印刷史)를 고쳐 쓰게 할 줄은 그땐 몰랐습니다. 〈직지심경〉의 마지막 장에 1377년 청주 흥덕사에서 금속활자로 인쇄되었다고 기록되어 있었지만 어느 누구도 그것을 사실 그대로 받아들이지 않았던 겁니다. 하지만 그녀는 아무도 선뜻 믿지를 않았던 〈직지심경〉 뒷장의 기록 사실을 입증하기 위해 홀로 외로운 투쟁을 시작했습니다. 중국과 일본의 인쇄술 관련 자료를 섭렵하고 프랑스 내 대장간을 돌며 금속활자 인쇄술에 대한 연구를 지속했습니다. 심지어 직접 금속활자를 만들기 위해 가스렌지에 청동을 녹이던 중 화재가 나기까지 했습니다.

그래도 실마리가 풀리지 않자, 한때는 '흙으로 만든 활자는 아닐까?'라는 생각에 부엌에서 오른으로 흙을 구워 직접 인쇄해 보기까지 했습니다. 하지만 결정적으로 인쇄된 글자 가장자리의 금속 흔적인 이른바 '쇠똥'을 발견해 〈직지심경〉이 금속활자본임을 입증해냈던 겁니다. 박병선 박사는 이것을 1972년 논문을 통해 공표했습니다.

때마침 유네스코(UNESCO)가 1972년을 '세계 도서의 해'로 선포한 것을 기념하기 위한 행사의 일환으로 프랑스 국립도서관에서 'BOOKS'라는 이름하에 세계 고서(古書) 전시회를 열 때 구텐베르크의 인쇄술 발명보다 78년이나 앞선 금속활자본 〈직지심경〉의 실존을 세계에 알렸습니다. 그 파장은 가히 충격적이었습니다. 그것은 서구우월주의에 대한 근본적인 도전이었고 동양의 작고 보잘것없어 보이는 나라 한국이 한때 세계문화의 최선진국이었음을 알리는 쾌거였습니다.

하지만 박병선 박사의 활약은 거기서 끝난 것이 아니었습니다. 그녀는 1955년 도불할 때부터 '외규장각 도서'의 소재를 파악하는 것을 유학의 사명처럼 생각했습니다. 유학을 떠나기 직전에 대학 시절 은사이자 우리나라 사학계의 태두 격인 두계(斗溪) 이병도(李丙燾) 선생을 찾아뵙고 인사를 드리자 "병인양요 때 프랑스군이 강화에서 약탈해간 책들의 행방을 찾아야 하지 않겠나?"라는 말씀을 주신 것을 그녀는 마음의 나침반처럼 간직했습니다. 사실 그녀가 프랑스 국립도서관에 특별보조 연구원으로 들어간 것도 그 때문이었습니다. 호랑이를 잡으려면 호랑이굴로 들어가야 한다는 심정으로 말이죠.

외규장각이란 1782년 정조가 강화도에 설치한 도서관으로, 왕실 도서관인 규장각의 분관 역할을 했는데 여기 소장돼 있던 책들이 바로 '외규장각 도서'입니다. 외규장각 도서들이 프랑스로 건너가게 된 것은 병인양요 때문이었습니다. 1866년 초 흥선대원군이 국내에서 활동 중이던 프랑스 신부(神父) 9명과 국내 천주교 신자 8000여 명을 처형했던 것이 살아남은 프랑스 신부에 의해 알려지자 그해 10월 톈진(天津)에 주둔 중이던 피에르 귀스타브 로즈 제독이 이끄는 프랑스 함대가 강화도에 상륙해 양민들을 도륙하고 외규장각을 털어갔던 겁니다.

그런 사연이 있는 '외규장각 도서들'의 행방을 마침내 찾게 된 것은 박병선 박사가 프랑스 국립도서관에서 일하기 시작한 지 10여 년이 지난 1978년이었습니다. 그녀는 프랑스 국립도서관에서 일하면서 틈만 나면 서고를 이잡듯 뒤졌습니다. 하지만 아무리 뒤져도 이병도 박사가 말한 '외규장각 도서'들을 찾을 수 없었습니다. 그러다가 그녀는 도서관 구내식당에서 전에 같이 근무했던 직원과 식사를 하던 중 우연찮게 '외규장각 도서'가 프랑스 국립도서관 별관 수장고에 있을지 모른다는 것을 감지하게 되었던 겁니다. 그리고 마침내 1979년 주로 파손된 서적을 보관하는 베르사유 소재의 프랑스 국립도서관 별관 수장고에 방치돼 있었던 '외규장각 도서'를 찾아낼 수 있었습니다.

박병선 박사가 찾아낸 '외규장각 도서'는 조선 왕실의 주요한 국가적 행사 내용을 기록한 각종 〈의궤(儀軌)〉들로 모두 296권에 달했습니다. 그녀는 즉각 '외규장각 도서'의 발견사실과 그 존재를 주불 한국대사관에 알렸습니다. 하지만 그녀가 〈직지심경〉을 세계 최고의 금속활자본으로 고증한 것에 열광했던 프랑스 국립도서관은 그녀가 '외규장각 도서'를 찾아내 이것을 한국대사관에 알리자 "비밀을 누설했다"는 이유로 그녀를 사직시켰습니다. 이렇게 해서 결국 박병선 박사는 1980년 프랑스 국립도서관을 떠나야 했습니다.

그러나 박병선 박사의 '외규장각 도서'에 대한 집념과 사랑은 거기서 그치지 않았습니다. 그녀는 도서관에서 쫓겨난 다음에도 매일 도서관으로 출퇴근하며 책을 대출받아 1990년까지 10년에 걸쳐 〈의궤〉에 대한 해제작업에 몰두하며 이것을 마무리지었습니다. 실로 놀라운 집념이 아닐 수 없었습니다. 당시 그녀가 얼마나 '외규장각 도서'에 매달렸는지 프랑스 국립도서관 직원들은 비가 오나 눈이 오나 '외규장각 도서'를 펼쳐놓고 있는 박병선 박사를 보고 '파란 책에 파묻힌 여자'라고 말할 정도였습니다. '외규장각 도서' 표지가 대부분 파란색이었기 때문입니다.

그녀가 그토록 집념을 불태웠던 외규장각 도서는 2010년 11월 G20 정상회의에서 한국-프랑스 양국 정상 간의 합의에 따라 지난해 4월 1차분 75권의 책이 반환되었으며, 이후 4차례에 걸쳐 297권 모두 장기 대여의 형태로 반환되었습니다.

하지만 온전한 반환을 지켜보지 못하고 박병선 박사는 지난해 말 세상을 떠나셨습니다. 20대 후반에 프랑스로 혈혈단신 유학 가서 팔순이 넘는 나이가 될 때까지 결혼도 하지 않고, 오직 우리의 잊혀진 국보를 다시 발견하고 그것의 가치를 되살리는 데 평생을 바친 박병선 박사. 그녀의 일생을 되짚어보면서 왠지 숙연해지고 고개가 숙여지기까지 하는 것은 비단 저만의 심사가 아닐 겁니다. 어찌 보면 그녀야말로 진정 우리가 소중하게 간직하고 더 많이 존경했어야 할 '국보'가 아닐까 하는 생각입니다. 그녀의 피나는 노력과 놀라운 의지 덕분에 우리는 150여 년 전 약탈당했던 외규장각 도서들을 되찾는 '기적'을 경험했으니까요.

결국, 희망의 증거가 되다

영화보다 빛난 현실의 슈퍼맨

영화 〈슈퍼맨〉의 주인공이었던 크리스토퍼 리브(Christopher Reeve)를 기억하십니까? 그는 키 190센티미터에 건장한 근육질 몸매와 핸섬한 외모로 전 세계 수많은 팬들을 사로잡았던 슈퍼스타였습니다. 하지만 그는 지난 1995년 불의의 사고를 겪고 전신마비 환자가 되었습니다. 승마훈련 도중, 말에서 굴러 떨어졌던 겁니다. 그는 앰뷸런스에 실려 근처 병원에서 응급조치를 받은 후 버지니아 의과대학병원으로 이송된 후 일주일 동안 혼수상태에 빠진 채 삶과 죽음의 문턱을 넘나들었습니다. 기적적으로 깨어났지만 그 땐 이미 목뼈 두 개가 부러지고 척수의 신경조직이 끊어져 손가락 하나 움직일 수 없는 전신마비의 식물인간 상태였습니다. 아내와 세 자녀를 둔 42세의 가장에게는 참으로 청천벽력과 같은 일이 아닐 수 없었습니다.

하지만 불의의 사고가 있은 지 5년 후, 전신마비에 빠져 있었던 크리스토퍼 리브는 오른쪽 팔목을 움직이고 왼쪽 손가락과 발가락을 움직일 수 있게 되었습니다. 뿐만 아니라 오른손은 90도 각도로 들어올릴 수 있고 차가운 것과 뜨거운 것을 구분할 수 있게 되었으며 인공호흡장치 없이도 90분 동안이나 버틸 수 있게 되었습니다. 정상적인 사람에게는 너무나 당연한 이런 동작들이 전신마비에 빠졌던 그에게는 그 자체로 '기적'이었습니다. 이처럼 크리스토퍼 리브가 혼자 힘으로는 숨조차 쉴 수 없고 손가락 하나 까딱할 수 없는 전신마비의 절망을 극복하고 다시 자신의 삶을 일으켜 세우려는 영웅적인 사투를 계속하자, 그에 호응해서 전 세계 팬들이 크리스토퍼 리브의 빠른 쾌유를 비는 편지를 보냈습니다. 세계 각국에서 팬들이 보낸 편지만도 40여만 통이 넘었다고 합니다.

결국 크리스토퍼 리브는 침대를 벗어나 마침내 휠체어 위에서 다시 자신의 삶을 시작하게 되었습니다. 그는 휠체어에 탄 채 모니터로 지시하는 방식으로 영화 〈황혼 속에서〉를 직접 감독하기도 했고, 텔레비전 드라마에 출연해 전신마비 장애인의 역할을 그야말로 실감나게 연기하기도 했습니다. 뿐만 아니라 민주당 전당대회와 아카데미 시상식에서 연설하는 등, 크리스토퍼 리브는 끝까지 삶을 포기하지 않는 정신으로 미국과 전 세계 사람들을 감동시켰습니다.

더구나 그는 자신이 척수장애인으로 살아가면서도 자신의 상태를 한탄하기보다는 오히려 다른 장애인들을 돕는 사람으로 나섰습니다. 척수장애 연구기금을 마련하기 위해 자선단체를 설립하고, 척수부상자를 위한 재단을 만드는 등 장애인 지원노력을 활발히 전개했습니다. 2002년에는 연방정부로부터 200만 달러의 기금을 지원받아 뉴저지 주에 척수마비 장애인을 위한 전문센터를 건립하는 등 정상인이었을 때 못지않은 활동적인 삶을 살았습니다. 그래서 미국의 노벨의학상으로 불리는 래커스상 수상자 선정위원회에서는 이런 크리스토퍼 리브의 노력을 높이 사서 그에게 '래커스상' 공공봉사부문상을 수여하기도 했습니다.

크리스토퍼 리브의 이 감동적인 재기노력의 뒤켠에는 그의 아내 다나가 있었습니다. 지난 2000년 11월 어느 날 전신마비에 빠진 지 이미 5년째 접어들었던 크리스토퍼 리브에게 그래도 포기하지 말고 손가락을 움직여보라고 권유해 결국 움직이는 손가락을 되찾게 만든 장본인이 바로 다나였습니다. 모두가 포기했을 때 그녀는 끝까지 포기하지 않았던 겁니다.

또한 크리스토퍼 리브에게 웃음은 끝까지 희망을 놓치 않는다는 의지의 숨은 표현이었습니다. 그는 부상을 당한 후에 비로소 유머가 분노를 완화시키는 가장 좋은 방법 중의 하나라는 사실을 깨달았다고 말합니다. "왜 내게 이런 일이?" 하는 생각이 봇물 터지듯 밀려올 때 그는 스스로에게 농담을 하며 유머로 자기 자신을 진정시켰다고 합니다.

크리스토퍼 리브는 이렇게 말했습니다. "우리들의 꿈은 대부분 처음에는 불가능해 보이게 마련"이라고. 그러나 "꼭 이루고야 말겠다는 의지를 펼치기 시작하면, 불가능한 것은 아무것도 없다"고 말입니다. 비록 2004년, 안타깝게도 그는 세상을 떠났지만, 만

약 우리가 '불가항력의 장애에도 좌절하지 않고 견뎌내는 저력을
가진 사람'을 영웅이라고 말할 수 있다면 크리스토퍼 리브야말로
진정한 영웅이자 슈퍼맨이었던 겁니다. 그것도 '기적'이 무엇인지
우리에게 일깨워준…….

삶은 지속되는 한 가치 있다

우리의 평균기대수명은 나날이 늘어가고 있지만 정작 질병이나
장애 없이 건강하게 살 수 있는 실제 '건강수명'은 그보다 많지 않
습니다. 결국 노년의 오랜 세월을 거동이 불편하거나 앓다가 세상
을 뜨게 되는 것이 아직까지의 현실인 셈입니다. 오래 사는 것도
중요하지만 건강하게 오래 사는 것은 더욱 중요합니다.

그런데 여기 90세가 훌쩍 넘은 나이까지 텔레비전 방송현장
에서 당당한 현역으로 활동한 사람이 있었다면 곧이 믿으시겠습
니까? 그 당당한 현역의 주인공은 바로 왕년의 명앵커로 이름을
날렸던 뉴스앵커의 전설, 월터 크롱카이트(Walter Cronkite)입니다.
미국 〈뉴욕타임스〉(NYT) 인터넷판은 2007년, 지난 1981년 65세
로 CBS를 떠났던 전설적인 앵커 월터 크롱카이트가 미국의 한 케
이블 채널인 '은퇴 생활 TV(Retirement Living TV)'와 계약을 맺고
방송에 복귀한다고 보도했었습니다.

실제로 크롱카이트는 1981년 CBS 뉴스앵커를 그만두면서
"늙은 앵커맨들은 결코 사라지지 않고 언젠가 다시 돌아올 것(Old
anchormen, you see, don't fade away; they just keep coming back for
more)"이라고 말한 바 있습니다. 그는 자신의 말을 입증이라도 하

듯 91세라는 믿기지 않는 나이에 방송 현장으로 돌아왔던 겁니다. 그가 진행을 맡게 되었던 '은퇴 생활 TV'는 당시 개국 1주년을 맞은 신생 케이블 채널로, 55세 이상의 나이 든 사람들이 주 시청자 층이었다고 합니다. 참고로 이 케이블 채널은 은퇴자를 위한 주택 사업을 벌이고 있는 '에릭슨 은퇴 공동체'가 소유한 재단의 기금으로 운영되고 있습니다.

월터 크롱카이트는 1916년 11월 4일 미국 미주리 주 조세프에서 태어났습니다. 1933년 텍사스대학교 재학시절부터 저널리스트의 길을 걷기 시작한 그는 이후 몇몇 신문사와 방송국을 거쳐 1939년 UP(UPI의 전신)통신사의 기자가 되어 제2차 세계대전 당시 유럽 · 북아프리카 전선에 종군했습니다.

전후에는 유럽 각지의 UP 지국을 거쳐, 1950년 CBS (Columbia Broadcasting System) 텔레비전으로 옮겨 현장 기자로 활동했습니다. 1962년 CBS방송의 메인 앵커로 데뷔해 1981년까지 20년 가까운 세월 동안 미국 CBS방송의 '이브닝 뉴스'를 진행해오면서 케네디 시대부터 레이건 시대에 이르는 역사의 현장에 있었습니다.

한마디로 월터 크롱카이트는 뉴스앵커의 전설이었습니다. 그는 1963년 케네디 대통령과의 단독 인터뷰로 세간의 이목을 끌기 시작한 후 같은 해 텍사스 주 달라스에서의 케네디 대통령 암살 사건과 1969년 닐 암스트롱의 달착륙 순간, 그리고 1980년 로널드 레이건의 대통령 당선에 이르기까지 매일매일의 사건을 지켜본 역사의 파수꾼이었던 겁니다.

아울러 그는 "대통령의 말은 못 믿어도 월터 크롱카이트의 말은 믿을 수 있다"는 말을 들을 만큼 미국인들이 신뢰하는 최고의 공인이었습니다. 그가 진행한 30분짜리 뉴스프로그램에서 광고 시간을 뺀 23분은 온전히 앵커였던 그의 몫이라는 의미에서 '월터 타임'으로 불리기도 했습니다. 특히 정직, 성실, 믿음, 프로정신의 4가지를 앵커의 덕목으로 삼은 그는 단순한 뉴스 전달자로서의 역할을 넘어서서 시청자들이 보다 쉽고 정확하게 뉴스를 이해할 수 있도록 하는 진실과 사실로의 안내자였습니다. 그는 신중하게 보도뉴스를 취사선택하고 이를 적확하면서도 이해하기 쉬운 표현으로 고쳐 시청자들에게 전함으로써 뉴스앵커의 표준이요 전범이 되었던 겁니다.

월터 크롱카이트는 방송에서 은퇴한 뒤에는 칼럼리스트로 변신해 전 세계 5000여 개 신문사에 게재물을 제공하는 킹 피쳐 신디케이트를 통해 전 세계 180여 개 신문에 그의 글을 전재했습니다. 그의 칼럼 내용은 휴먼 토픽부터 정치 논평까지 다양했습니다. 그리고 지난 1997년에는 자서전 《어느 기자의 인생(A Reporter's Life)》을 출간하기도 했습니다.

지금은 예전보다 그 영향력이 다소 줄었다고는 하지만 저녁 뉴스의 메인 앵커는 누가 뭐래도 방송저널리즘의 핵 중 핵입니다. 월터 크롱카이트는 1998년 4월 3일 워싱턴의 내셔널 프레스 클럽(National Press Club) 창립 90주년 기념 만찬연설에서 이렇게 말했습니다. "먼저 자신에게 떳떳하라. 머리로 기억하지 말고 가슴으로 느껴라. 기자가 되기 위해서는 많은 용기가 필요하다. 인기 없는 스토리를 보도하면서 당신 이웃의 잘못을 지적할 수 있는 용기,

사실 보도를 하면서도 온갖 비난을 감내할 수 있는 용기, 동료들의 잘못을 과감하게 지적할 수 있는 용기가 있어야 한다. ……그리고 그 무리들과 다른 시각으로 보도하는 것을 두려워해서도 안 된다." 그의 말은 모든 언론인들뿐만 아니라 세상을 정의롭게 살고자 하는 이들의 금과옥조 같은 것임에 틀림없습니다.

2009년 93세를 일기로 세상을 떠난 월터 크롱카이트는 살아 있는 동안은 '정년'의 개념을 완전히 잊은 인물이었습니다. 사회가 정한 정년은 숫자에 불과합니다. 내가 일할 수 있고 스스로 자신의 가치를 날마다 창출하는 사람에겐 정년이 따로 없습니다. 죽는 그 순간까지 쉬지 않고 나아가는 겁니다. 월터 크롱카이트는 일할 수 있는데도 정년의 그늘 밑에서 늘어져 있는 숱한 인생을 향해 온몸, 온 삶으로 말했습니다. 삶은 지속되는 한 아름답고 가치 있는 것이라고. 그리고 그 지속이 삶을 기적으로 만든다고!

분노와 오기를 넘은 꿈과 희망

2002년 월드컵의 가장 인상적인 캐치프레이즈는 "꿈은 이루어진다"였습니다. 사실 우리의 일상 속에서 꿈, 희망과 같은 단어들은 때로 공허한 말잔치처럼 여겨지기 일쑤입니다. 하지만 여기 "세상에서 가장 나쁜 것은 꿈과 희망 없이 살아가는 것"이라고 절규하듯 말하는 사람이 있습니다. 바로 서진규 씨입니다.

서진규 씨는 1948년생으로 58세이던 2006년 6월 8일 하버드대학 졸업식장에서 박사학위를 받았습니다. 하버드대학 국제외교사 및 동아시아언어학과에서 "한국의 미군정에 미친 일본의 영향"

이란 논문으로 박사학위를 받은 서진규 씨는 단지 만학도여서 주목받은 것이 아닙니다. 그녀의 살아온 삶 자체가 모진 세월의 풍파를 이겨내며 결코 포기하지 않은 꿈의 응집이요 희망의 증거였기에 그녀를 주목하고 그녀의 결코 평범하지 않았던 삶을 되짚어보는 겁니다.

서진규 씨는 지금은 부산시에 편입된 경상남도 동래 인근의 '월내'라는 한 작은 어촌에서 태어났습니다. 그런데 그녀의 아버지는 어부가 아니라 가난한 엿장수였습니다. 게다가 그녀는 태어날 때부터 단지 먹고살기 힘든데 입만 하나 더 늘려놓았다는 이유로 천덕꾸러기 취급을 당했습니다. 훗날 철도 노무자가 된 아버지를 따라 충북 제천으로 삶의 근거지를 옮겨가 그곳에서 중학교를 마친 서진규 씨는 고등학교만은 서울 가서 다니겠다는 다부진 마음을 먹습니다. 하지만 아버지의 쥐꼬리만 한 월급만으론 살기도 벅차 어머니가 선술집을 내야 했던 집안형편에서 보면 언감생심이었습니다. 하지만 그녀는 기어코 서울로 가서 친척집에 기거하며 잡지를 팔고 가정교사를 하며 어렵사리 고등학교를 졸업했습니다. 하지만 정작 고등학교를 졸업한 후엔 마땅히 할 일이 없었습니다. 대학을 진학할 형편도 못 되었고 정작 졸업한 학교가 실업계가 아니라 인문계여서 딱히 어디에 취직할 만한 곳도 없었습니다. 결국 그녀는 사촌언니 권유로 가발공장에 취직했습니다. 1967년 그녀 나이 19세 때의 일이었습니다. 그 후 그녀는 골프장 식당종업원으로, 다시 여행사 직원으로 전전했습니다.

그러나 이 정도의 사연이라면 사실 그 시대엔 그리 특별한 것도 아니었습니다. 하지만 1971년 23세 나이의 서진규 씨가 미국 가정집에서 식모살이라도 하겠다며 미국행을 감행한 후의 삶은 결코 예사로운 것이 아니었습니다. 서진규 씨는 단돈 100달러를 손에 쥐고 미국으로 갔습니다. 시카고를 거쳐 뉴욕 브롱스에 도착했고 우여곡절 끝에 식당의 웨이트리스가 되었습니다. 처음에는 뉴욕의 유대인 식당에서, 나중에는 뉴욕 56번가의 아리랑이라는 한국식당에서 일하게 되었습니다. 참으로 당찼던 그녀는 식당에서 번 돈으로 뉴욕의 퀸스대학에서 어학공부를 한 뒤, 회계학 분야에서 이름 있던 버루크대학에 정식으로 등록해 꿈에도 그리던 대학생이 되었습니다. 비록 영어가 턱없이 짧아 너무나 고생스러웠지만 그래도 꿈에도 그리던 대학에 그것도 미국대학에 다니게 되었던 겁니다.

하지만 그녀의 인생길은 신작로처럼 곧게 뻗지도, 평탄하지도 않았습니다. 미국에 온 합기도 사범에게 첫눈에 반해 사랑에 빠져 결혼했지만 그에겐 숨겨놓은 자식도 있었고 무능력했으며 심지어 아내에게 매질도 마다않는 그런 사람이었습니다. 결국 그녀는 다니던 대학도 더 다닐 수 없게 되었고 새로운 탈출구로 군입대를 택했습니다. 그래서 1976년 7월 12일, 28세에 딸아이를 하나 둔 서진규는 미육군에 입대했던 겁니다.

훈련은 고되었습니다. 하지만 서진규는 최우수 훈련병이 되었습니다. 그녀는 사우스캐롤라이나의 포트 잭슨에서 보급 주특기 훈련을 마친 후 본격적인 군생활을 시작했습니다. 첫 근무지는 공교롭게도 미2사단이 주둔하고 있던 서울 용산이었습니다. 미국

가정집에서 식모살이라도 하겠다고 한국을 떠났던 그녀가 6년 만에 미군이 되어 고국으로 돌아온 겁니다. 1977년 3월의 일이었습니다. 서진규 씨는 다시 1980년 가을, 미국 조지아 주 포트 배닝의 간부후보생 학교에 입교했습니다. 그녀는 32세의 최고령 후보생이었지만 일등상과 최우수리더상을 받으며 마침내 미육군의 장교가 되었습니다. 그녀는 35세 되던 1982년 중위 계급장을 달고 주한 미군사령부의 유류담당참모가 되었습니다. 그리고 결혼 때문에 중단했던 대학공부를 용산에 있던 메릴랜드대학 분교에서 다시 시작해 1987년 학사학위를 받았습니다. 14년 동안 이런저런 사정 때문에 5개 대학을 옮겨다닌 끝에 얻은 참으로 눈물겨운 학위였습니다.

하지만 서진규 씨는 거기서 끝내지 않았습니다. 오히려 그때부터 시작이었습니다. 1990년 그녀는 남들이 꿈만 꾸는 최고의 대학, 하버드의 석사과정에 당당하게 입학했던 겁니다. 그녀는 독하게 공부했고 2년 만에 석사학위를 따냈습니다. 그리고 내친걸음에 박사과정의 문을 두드렸고 단 두 명에게만 문을 열어준 박사과정의 정식 학생이 되었습니다. 하지만 군대 규정상 그녀는 2년의 석사과정을 마친 후 일단 군에 복귀했고 박사과정에는 휴학계를 제출해야만 했습니다.

한국과 미국 외에도 독일과 일본 등 해외에서 근무해야 했던 미육군 장교 서진규 씨는 48세가 되던 1996년 소령으로 예편했습니다. 식모살이라도 하겠다며 단돈 100달러 들고 무작정 미국으로 갔던 23세 처녀가 사반세기의 간난신고를 거쳐 하버드 석사학위를 소지한 미육군 소령으로 예편한 겁니다. 군에서 나온 서진규 씨는 곧바로 하버드대학 박사과정에 복학해서 드디어 2006년 기어이 박사가 되었습니다.

하버드에서 박사논문을 쓰기 위해 500권이 넘는 책을 읽어낸 58세의 만학도 서진규 씨. 가난하고 힘들었던 젊은 시절엔 분노와 오기로 살았다지만 지금은 결코 놓을 수 없는 희망과 꿈 때문에 살아간다는 서진규 씨야말로 분명 이 시대의 '희망의 증거'이며 살아 있는 '기적의 증표' 아니겠습니까?

꿈꾸는 영혼에 나이는 없다

"나의 정신연령은 언제나 다섯 살"

여러분은 자신의 정신연령이 얼마나 된다고 생각하십니까? 다소 느닷없는 질문에 어리둥절해하실지 모르지만 여기 자신의 정신연령이 다섯 살에 멈춰 있다고 말하는 사람이 있습니다. 바로 존 버닝햄(John Mackintosh Burningham)입니다. 존 버닝햄은 이렇게 말합니다. "좋은 그림책 작가가 되려면 아이들과 의사소통하는 방법을 알아야 합니다. 특히 그들의 내면세계를 이해하기 위해 저의 정신연령은 다섯 살에 멈춰 있습니다"라고. 그런데 놀랍게도 그의 실제 나이는 올해로 76세입니다. 고희를 훌쩍 넘은 존 버닝햄은 스스로의 눈높이를 다섯 살 아이들에게 맞추고서 전 세계 어린이들을 열광시킨 숱한 그림책을 탄생시켰던 겁니다.

그의 그림책 데뷔작은 1963년에 지은 《깃털 없는 기러기 보르카》로 이 책은 그해 영국에서 해마다 최우수 그림책에 수여하는

'케이트 그린어웨이' 상을 버닝햄 손에 쥐어주었습니다. 그 후 존 버닝햄은 《지각대장 존》, 《검피 아저씨의 뱃놀이》, 《알도》, 《우리 할아버지》 등 수많은 명작을 탄생시켜 케이트 그린어웨이상을 2회, 〈뉴욕타임스〉 선정 최우수 그림책 상을 4회나 받았습니다.

국내에 소개된 버닝햄 그림책만도 《지각대장 존》을 위시해 34권이나 됩니다. 특히 지난 1995년 번역된 《지각대장 존》은 25만 부나 팔렸고 그의 그림책의 국내 총판매부수는 이미 100만 부를 훌쩍 넘었습니다. 존 버닝햄은 '아이들이 어른들보다 덜 지적인 것이 아니고 다만 경험이 부족할 뿐'이라고 주장하며 교훈과 계몽으로 가득 찬 동화가 아니라, 어른과 아이를 대등한 위치에서, 아니 오히려 어린이가 어른을 일깨우는 내용의 '문제작'들을 선보여 신선한 충격을 던져왔습니다. 그래서 버닝햄에 대한 평단의 평가는 아이들 그림책은 이러저러해야 한다는 식의 고정관념을 깼다는 데 모아집니다.

그래서일까요? 역시 영국 출신의 세계적인 그림책 작가로 꼽히는 모리스 센닥의 찬사처럼 버닝햄의 작품은 근사하고 달콤하며 매력적이고 유쾌하면서도 신비롭습니다. 아이들에게는 이보다 더 통쾌할 수 없고, 어른들에게는 이보다 더 찔끔할 수 없는 것이 버닝햄 작품들의 묘미이기 때문입니다.

존 버닝햄은 1936년 영국 서레이의 파넘 출생입니다. 어릴 때는 '캐러밴'이라는 주거용 트레일러를 타고 시골 곳곳을 돌아다녔습니다. 존 버닝햄의 동화적 감수성의 모태는 바로 그 캐러밴이었다고 해도 결코 과언이 아닙니다. 그는 너무나 자유분방했던 나머지 학교를 아홉 번이나 옮겨다닌 끝에 12세 되던 1948년 선구적인 대안학교인 서머 힐에 들어갔습니다. 서머 힐에서 그는 미술에 눈을 떴습니다. 아니 좀 더 정직하게 말하자면 미술 이외엔 모든 것이 낙제점이었습니다.

학교를 졸업한 후 군입대를 거부한 그는 건물 짓기와 산림 관리, 정신병원에서 환자 옮기기 등으로 대체복무를 한 후 세계 각지를 여행하며 다양한 사람들을 만났고 여러 다른 문화들을 접했습니다. 아울러 그는 막노동도 마다않고 온갖 직업을 직접 경험하며 풍부한 인생수련을 쌓았습니다. 그리고 그런 일상의 경험들은 고스란히 버닝햄의 그림책에 녹아서 담겨졌습니다. 버닝햄은 일상 속에서 글과 그림의 모든 소재를 얻기에 그의 다양하고 폭넓은 인생경험들이 고스란히 그의 그림책에 담긴 겁니다.

존 버닝햄의 부인 헬렌 옥슨버리 역시 그림책 작가입니다. 그녀는 아이들 눈높이에서 그들의 정서와 소통하려고 늘 다섯 살의 정신연령으로 살아간다는 남편에 비해서 자신은 정신연령이 한 살 더 어린 네 살이기에 유니크한 남편, 존 버닝햄과 함께 사는 것이 결코 힘들지 않았다고 말할 만큼 유머 있고 여유가 있는 그런 사람입니다. 그러면서 그녀는 오히려 평생 좋은 그림책을 만들려는 열정에 휩싸인 존 버닝햄과 함께 살아온 인생이 너무 행복했다고 고백합니다.

참 아름답지 않습니까? 자신들의 삶이 충분히 즐겁고 만족스러웠기 때문인지 존 버닝햄 부부는 루시·빌·에밀리 세 자녀에게도 결코 이래라 저래라 간섭하지 않고 아주 자유롭게 키웠습니다.

그리고 그 자녀들도 모두 그림을 그린다고 합니다. 누군가 "당신의 70여 년 인생에서 가장 행복했던 시기가 언제였느냐?"고 묻자 존 버닝햄은 특유의 어눌한 말씨로 이렇게 답했답니다. "모든 시간은 그때마다 특별한 그 무엇(benefit)을 간직하고 있습니다. 젊은 이들은 시험과 취업 때문에 걱정하지만 그 시절은 오히려 그렇게 힘들고 고통스러워서 더 아름다운 겁니다. 물론 지금 이 순간도 나는 몹시 행복하구요." 동심의 눈으로 자기 삶을 끝없이 긍정하는 사람만이 내놓을 수 있는 말이 아닐까 싶습니다.

동심의 눈으로 세상을 보면 정말 많은 것들이 달리 보일 겁니다. 동심이야말로 호기심과 상상력의 보고이기 때문입니다. 그렇기에 진정으로 창조적인 삶을 이야기하려면 동심의 세계에서 함께 놀 수 있어야 합니다. 아울러 상상력이 곧 생산력인 오늘의 세계에서 진정한 상상력의 승자가 되려면 아이 같은 마음을 가져야 합니다. 우리가 존 버닝햄을 주목하는 까닭이 바로 여기 있는 겁니다. 진정으로 창조와 상상의 달인이고 싶으십니까? 아니 기적을 보고 싶으세요? 상실했던 동심을 회복하십시오. 거기에 열쇠가 있습니다.

언제나 '더 잘할 수 있기'만을

하춘화. 그녀는 한글을 떼기도 전에 뜻도 모르는 유행가를 따라 부르다가 1961년 만 6세에 가요사상 최연소 음반을 냈던 말 그대로 '가요신동'이었습니다. 그 후 반세기가 넘는 세월 동안 가수 활동을 해온 그녀가 내놓은 앨범은 총 136장, 노래는 2500여 곡에 이릅니다. 또한 그녀는 8400여 회의 국내외 공연기록을 가진 최다공연기록 보유자이기도 합니다. 하춘화 씨는 첫 번째 히트곡이었던 '물새 한 마리'에서 시작해 '아리랑 목동', '날 버린 남자' 등 수많은 히트곡이 있지만, 우리에게 가장 기억에 남는 노래는 역시 "영감~, 왜 불러"로 시작하는 노래 '잘했군 잘했어'입니다. 이 노래를 민요로 아시는 분들도 적잖은데, 사실은 순수 창작가요라고 합니다. 그리고 이 노래를 부를 때 하춘화 씨의 나이가 겨우 17세여서 거의 아버지뻘인 상대가수 고봉산 씨에게 '영감~'이라고 부르는 게 창피해 거의 울다시피 하며 녹음했었다는 뒷얘기가 있기도 합니다. 하지만 이 노래는 당시 엄청나게 큰 인기를 얻었고, 그 후 수십 년간 불리는 국민가요가 되었지요.

한편 어린 시절 바쁜 생활로 중단해야 했던 학업에 대한 아쉬움으로 그녀는 39세 되던 해 결혼과 함께 대학에 편입해 공부를 시작했습니다. 노래만 독하게 한 것이 아니라 공부도 독하게 해서 그녀는 학사, 석사뿐만 아니라 지난 2006년 8월에는 성균관대학교에서 현대 대중가요의 역사를 주제로 한 논문으로 철학박사 학위를 취득해, 우리나라 최초의 박사학위를 소지한 현역 가수가 되기도 했습니다. 그뿐만 아니라 성균관대에서 '한일 대중음악 비교'라는 강의도 했다고 합니다.

만 6세 나이에 첫 음반을 내며 가수의 길로 접어든 지 어느덧 반세기! 그 반세기가 넘는 세월 동안 올곧은 가수의 길을 걸을 수 있었던 것은 오로지 아버지의 힘이었다고 말하는 사람 하춘화! 데뷔한 지 반세기가 넘었다고는 믿겨지지 않을 만큼 여전히 젊은 하춘화 씨가 타고난 소질과 재능을 맘껏 발휘할 수 있게 만들어준 최고의 트레이너는 바로 그녀의 아버지였습니다. 하춘화, 그녀에게 있어 아버지는 존재 그 자체로 큰 선물이었습니다. 하춘화 씨는 그 아버지(하종오 옹)를 이렇게 말합니다.

"아버지는 마흔이 되던 해부터, 노래 잘하는 늦둥이 딸을 위해 모든 것을 바친 분이세요. 남자 스타들이 '항상 함께 있는 아버지 때문에 말 한번 걸기 힘들었다'고 얘기할 정도였죠. 큰소리를 낸 적도, 매를 든 적도 없었지만, 언제나 올바른 조언으로 저를 이끌어주셨어요. 제가 거만해지지 않도록 쓴소리를 아끼지 않으셨고, 대중예술인의 위상을 높이기 위해서라도 늘 소외된 곳에 사랑을 전하는 가수가 되어야 한다고 일깨워 강조하셨죠."

하춘화 씨는 남들이 딴따라라고 업신여길 때도 대중문화의 가치에 눈을 뜨도록 이끌고 대중예술인들의 왜곡된 이미지를 바꿀 수 있도록 노력하게 만들어준 분이 아버지였다고 말합니다. 또한 사회의 그늘진 곳에 노래를 통해 따뜻한 손길을 내밀어야 한다고 일깨워주신 이도 아버지였다고 말합니다. 그래서 하춘화 씨는 일찍이 딸의 숨은 재능을 발견하고 그것을 반세기 가깝도록 북돋고 이끌어준 구순이 넘는 아버지를 가리켜 이렇게 말합니다. "아버지는 내가 가슴으로 배운 교과서였다!"고 말입니다. 실제로 그녀의 아버지는 반평생 이상을 오직 딸 하춘화만을 위해 살아오셨다고 해도 과언이 아닙니다.

제아무리 소질과 재능을 타고났다 해도 아주 잠깐 사람들의 호기심을 자극하며 한 줄기 바람 같고 유행 같은 인기를 누리다 언젠가 아무도 모르게 사람들의 기억 저편으로 사라지는 것이 대중 연예계의 상례이다시피한데, 하춘화 씨가 반세기 넘도록 건재하며 국민가수의 반열에 들 수 있도록 만들어준 사람이 바로 그녀의 아버지였던 겁니다. 무대에서 흘린 땀으로 등이 곪는 등창을 앓았고 발톱이 빠지면서도 8400회가 넘는 공연을 이어올 수 있었던 힘, 그리고 그 공연을 즐기면서 기꺼운 마음으로 할 수 있었던 내공은 항상 "네가 최고다"라며 격려해주시는 아버지가 있었기에 가능했다고 그녀는 말합니다.

50여 년간의 연예계 생활 동안 그 흔한 스캔들 한번 일으키지 않은 '모범 연예인'으로 불리게 된 것도 항상 절제하는 삶, 겸손한 삶을 본보기로 보여주신 아버지 덕분이라고 말하는 하춘화 씨. 더구나 그녀는 아버지로부터 늘 도전하는 법, 행복한 인생을 만드는 방법, 다른 사람을 따뜻하게 보는 눈과 가슴 등 세상을 사는 지혜를 배웠다고 자랑스럽게 말합니다. 어린 시절에도 성인이 된 뒤에도 뭔가를 시작할 때 "안 되면 어떡하지?"라는 생각보다 "어떻게 하면 더 잘할 수 있을까?"를 고민할 수 있게 한 삶의 방식도 아버지로부터 이어받은 것이라고 그녀는 고백하듯 말합니다. 그래서 하춘화 씨는 아이들 교육문제로 고민하는 사람들에게 "내 아버지의 이야기가 작은 지침이 되었으면 한다"고 말할 정도입니다.

그러나 이제 와서 이야기입니다만, 대중가수를 '딴따라'라며 낮춰보던 1960~70년대에 그것도 만 6세 된 어린애를 무대 위에 데뷔시킨다는 것 자체가 '어린아이를 앞세워 재주놀음이나 시키는 몰상식한 부모'라는 비난을 면키 힘들었을 겁니다. 하지만 하춘화 씨의 아버지는 흔들리지 않았습니다. 부모라면 의당 자식이 좋아하는 일을 일찌감치 알아보고, 그 재능을 키워줘야 한다는 신념 하나로 그녀를 대한민국 최고의 가수로 키워냈던 겁니다. 훗날 그 딸은 "그동안 사람들의 비난을 어떻게 견뎌냈느냐"고 아버지에게 물었습니다. 잠시 생각에 잠겼던 늙은 아버지는 이렇게 나지막이 답했습니다. "그땐 누가 뭐라고 해도 안 들리고, 안 보이더라. 너를 최고로 키우겠다는 생각에 홀려 있었나보다"라고 말입니다.

이제 57세인 하춘화 씨는 아직도 하고 싶은 것이 너무 많습니다. 가수생활 50년을 정리하는 공연을 성황리에 마친 이후, 지금도 자신만의 공연을 더욱 멋지게 해내고 싶고 더 나아가서는 미국 버클리 음대에 버금가는 대중음악 전문학교를 세우는 꿈도 이뤄야 하기 때문입니다. 물론 그녀는 해내고야 말 겁니다. 아버지로부터 전해 받은 가르침 덕분에 또 다른 삶의 기적은 이미 준비되고 있기 때문이죠.

죽는 그날까지 당당한 현역으로

"노병은 죽지 않는다. 다만 사라질 뿐이다." 맥아더 원수의 유명한 퇴역사입니다. 하지만 할리우드의 거장 클린트 이스트우드(Clint Eastwood) 앞에서는 이 말이 별 의미가 없어 보입니다. 왜냐하면 올해 82세인 클린트 이스트우드는 지금도 현역이며 죽는 그날까지도 은막에서 사라지지 않을 것 같기 때문입니다.

클린트 이스트우드는 미 공황기 시절 떠돌이 노동자 신세였던 가난한 부모 밑에서 태어났습니다. 하지만 그는 어려운 환경에도 굴하지 않고 군복무 기간 중에 로스앤젤레스 시립대학에서 경영학을 공부했을 만큼 자신의 삶에 대해 진지하고 깊은 애정이 있는 그런 사람이었습니다. 텔레비전 시리즈 '로하이드'에 출연해서 처음으로 얼굴을 알리기 시작한 클린트 이스트우드는 마침내 1964년 세르지오 레오네 감독의 〈황야의 무법자〉란 영화로 일약 스타덤에 올랐습니다. 그 후 클린트 이스트우드는 할리우드 서부극의 대명사가 되었습니다.

클린트 이스트우드는 1971년 〈어둠 속에 벨이 울릴 때〉로 감독으로도 데뷔를 했습니다. 하지만 초기엔 별다른 주목을 받지 못했습니다. 그러나 20여 년의 세월이 지난 뒤, 그는 〈용서받지 못한 자〉로 1993년도 아카데미 작품상과 감독상을 석권하는 저력을 과시했습니다. 그런 클린트 이스트우드가 지난 제77회 아카데미 시상식에서는 그 자신이 감독과 주연을 동시에 한 영화 〈밀리언 달러 베이비〉로 다시 한 번 작품상과 감독상을 거머쥐었습니다. 평생에 한 번 받기도 어려운 아카데미 작품상과 감독상을 두 번씩이나 수상한 것도 대단하지만 남들 같으면 관록에 힘입은 특별상 수상이나 기대할 75세라는 나이에 한 치의 양보 없는 치열한 경쟁을 뚫고 아카데미상을 그것도 두 개 부문에서 동시에 수상했다는 점은 세간의 눈길을 끌기에 충분했습니다.

클린트 이스트우드는 당시 시상식에서 역대 최고령으로 감독상과 작품상을 수상한 소감을 밝히면서 오히려 "여기 96세이신 우리 어머니가 객석에 앉아 계신다. 어머니가 준 유전자에 감사할 따름이다"라고 말하며 아울러 "내 생각에 나는 그저 어린애다. 아직 할 일이 많다"고 말해 더욱 감동에 찬 갈채를 받았습니다. 75세 나이에 96세 어머니에게 공을 돌리고 스스로는 아직 할 일 많은 어린 소년이라고 말하는 클린트 이스트우드. 그를 보노라면 아직 한창 일하고 더 높이, 더 멀리 도전해야 할 우리가 너무 늙은 티를 내고 한가하게 주저앉아 있는 것은 아닌가 하는 생각마저 들 정도였습니다.

〈밀리언 달러 베이비〉에서 여성 복서 메기 역으로 아카데미 여우주연상을 받은 힐러리 스웽크는 이런 클린트 이스트우드를 가리켜 "도대체 한 단어로 정의할 수 없는 사람이다. 아마도 내가 아는 한 이 세상에서 가장 쿨한 감독이다"라고 극찬했습니다. 클린트 이스트우드는 아카데미상 시상식 직후 가진 기자회견에서 "예산도 적고, 겨우 37일 만에 찍은 보잘것없는(humble) 영화에서 사람들이 뭔가를 상상했다는 것이 기쁘다"고 말한 뒤 이렇게 덧붙였습니다. "앞으로도 어떤 배역이든 시도해보고 싶습니다. 70년을 넘게 살아서 좋은 게 뭔지 아십니까? 뭘 해도 괜찮다는 겁니다." 정말이지 속이 농익은 거장다운 이야기가 아닐 수 없습니다.

클린트 이스트우드는 지난 연말에도 전기영화 〈J. 에드가〉를 발표해 노장의 저력을 과시했는데, 이처럼 그에겐 은퇴라는 단어가 아예 존재하지 않을 것 같습니다. 영원한 할리우드맨 클린트 이스트우드. 그를 통해 우리는 다시 한 번 인생을 배우게 됩니다. 죽는 그날까지 그치지 않는 것. 그것이 내가 살아가야 할 인생이라고 말입니다.

무명의 단역배우로 출발해 지금은 할리우드의 살아 있는 전설이 되어버린 클린트 이스트우드. 그의 연기 반세기, 감독 30년의 세월은 결코 만만한 것이 아니었습니다. 그는 그 세월 동안 끊임없이 다양한 영화와 배역을 통해 자신의 인생을 확장해왔습니다. 그리고 이제는 자신의 인생만큼 농익은 자신만의 삶의 메시지를 영화에 녹여 우리에게 선보이며 여전히 우리 앞에 현역배우, 현역감독으로 서 있습니다.

전 미국 대통령 지미 카터가 직접 쓴 책, 《나이 드는 것의 미덕》에서 말했듯이 "우리의 삶은 나이가 들수록 축소되는 것이 아니라 점점 확대되는" 겁니다. 클린트 이스트우드는 우리에게 그것을 웅변하듯 확인시켜줍니다.

도전과 응전의 모범, 그 세계적 인물들

**위인의
삶이
진정한
사람공부**

세계적 인물들은 과연 어떻게 키워졌을까요? 그들은 한결같이 유복하고 너그러운 집안에서 자라났을까요? 모두 행복한 어린 시절을 보냈을까요? 아니면 어떤 시련이 그들을 강하게 만들었을까요? 특별한 교육방법은? 이러한 궁금증을 정리한 책이 있습니다. 세계적 인물 600명을 그들의 전기와 자서전을 바탕으로 조사해 그들의 교육이나 성장 배경에 어떠한 공통분모가 존재하는가를 분석한 책, 바로 《탁월성의 요람(Cradles of Eminence)》입니다. 우리말 번역서 제목은 《세계적 인물은 어떻게 키워지는가》입니다.

그런데 사실상 이 책의 결론은 너무 뻔한 것일 수도 있습니다. 그 많은 세계적 인물들을 조사해봤더니 '탁월성의 요람'은 사실상 따로 존재하지 않더라는 것을 결론 아닌 결론으로 가지고 있는 것입니다. 세계적 인물을 키우는 데는 특별한 코스도 없고 결정적인 묘수도 없습니다. 그럼에도 불구하고 사람마다 전부 다를 수밖에 없는 그들만의 이야기를 우리가 마주해야 하는 이유는 무엇일까요. 이것이야말로 진정한 삶의 공부, 사람 공부이기 때문입니다. 여기 등장하는 인물들을 조금 살펴보겠습니다.

확신 있는 어머니와 책 읽어주는 아버지

미국의 제32대 대통령 프랭클린 루스벨트는 어머니의 확신이 아들을 위대한 인물로 만든 대표적 사례입니다. 그의 가계를 보면 재미있습니다. 아버지 제임스 루스벨트는 26세나 연하였던 젊은 여성 새러 델라노와 재혼해서 아들을 얻었는데 그가 바로 프랭클린 루스벨트였습니다. 새러 델라노 루스벨트는 애초부터 자기 외아들이 위대한 인물이 되리라 확신하고 아들의 문건들을 소중히 보관했습니다. 루스벨트가 학교 특별활동 시간에 쓴 신문기사를 모두 스크랩했고 어릴 때 입던 옷도 미래의 역사가를 위해 모두 꼬리표를 붙여 정리해놓았을 정도였습니다. 어찌 보면 별난 듯하지만 그의 어머니는 "내 아들은 언젠가는 수많은 역사가들이 유치원 다닐 때 썼던 글까지도 찾을지 모른다"고 말하며 자신의 행위와 믿음을 확신했습니다. 프랭클린 루스벨트는 어머니의 기념비로 큰 것입니다.

제28대 미국 대통령 우드로 윌슨의 경우는 아버지가 참으로 별난 경우입니다. 우드로 윌슨은 11세가 될 때까지 글을 읽을 줄 몰랐습니다. 아버지가 항상 책을 읽어주었기 때문입니다. 그의 아버지는 아들이 글을 깨우칠 때까지 기다리지 않고, 자신이 직접 책을 골라 아들에게 읽어주었습니다. 글자를 익히는 것보다는 내용을 전달하는 데 열심이었던 것입니다. 저명한 장로교 목사였던 우드로 윌슨의 아버지는 아들에게 직접 책을 읽어준 후 어린 아들에게 그 책의 내용을 어떻게 생각하는지 묻곤 했다고 합니다.

2차대전의 영웅 조지 패튼의 경우도 그랬습니다. 조지 패튼의 경우 대대로 무인 출신으로, 어릴 때부터 목표가 웨스트포인트사관학교에 가는 것이었습니다. 그러나 글을 늦게 깨우친 패튼은 낙제할 수밖에 없었습니다. 대신 조지 패튼은 어릴 때 아버지가 들려준 무궁무진한 이야기 속에서 남다르게 자랄 수 있었습니다. 우드로 윌슨과 마찬가지였던 것입니다.

누구나 탁월한 면을 타고납니다. 부모는 아이의 탁월함을 끄집어낼 줄 알아야 합니다. 아이를 나름대로 존중하고 대등한 눈높이로 질문을 던지면 처음에는 못 알아듣던 아이도 결국 자신의 내면의 탁월성을 응집하기 시작합니다. 훗날 우드로 윌슨은 프린스턴대학과 버지니아 법대를 거쳐 존스 홉킨스대학에서 정치학 박사학위를 받아 미국 역대 대통령 중 최고의 지성적 인물이 되었습니다. 그는 아버지의 남다른 관찰과 보호 속에서 성장한 것입니다.

**맞춤교육,
헌신이
기적을
만든다**

꿈의 두바이를 일궈낸 두바이의 지도자 셰이크 모하메드 (Sheikh Mohammed). 그는 선왕인 셰이크 라시드의 타고난 교육적 선견이 없었으면 이렇게 못 컸을지도 모릅니다. 우리나라 조선왕조사상 26명의 왕이 있었지만 모두 다 세자교육을 받은 게 아닙니다. 사실 어려서 세자로 책봉되어 제왕학(帝王學)을 공부하고 국왕으로 등극한 사람은 몇 안 됩니다. 숙종이 그 중 하나입니다.

우리가 장희빈 치마폭에 휘둘렸다는 것만으로 알고 있는 숙종은 어릴 때부터 왕세자로서 교육받았고 40여 년 넘게 치세를 이룬 인물입니다. 숙종이 없었으면 영·정조의 문화적 르네상스는 못 이루어졌을 것입니다. 마찬가지로 어릴 때부터 후계자로 정해서 가르치는 게 쉬운 일이 아닙니다. 후계자로 키워 최고의 리더를 만드는 것은 너무나 어려운 일이라서 백의 한둘이나 되는 상황이었던 것이 지난 역사인데, 여기서 셰이크 모하메드가 그 백의 한둘이었습니다.

두바이의 CEO 셰이크 모하메드는 1949년 셰이크 라시드 왕자의 네 아들 중 셋째로 태어났습니다. 그의 아버지인 셰이크 라시드는 아들 셰이크 모하메드를 제왕학의 수준에서 체계적으로 교육시켰습니다.

그래서 셰이크 모하메드는 1965년 두바이에서 정규 학교과정을 마친 이듬해인 1966년 아버지 지시에 따라 영국으로 건너가 케임브리지에서도 유명한 영어학원인 벨

(the Bell) 스쿨을 다니며 영어를 배우고 각국에서 온 친구들과 교유하는 기회를 가졌습니다.

그 후 1968년 아부다비 등의 토후국과 아랍에미리트 연합을 구성하는 논의가 시작되자 아버지 셰이크 라시드는 미래를 내다보며 셰이크 모하메드를 런던에서 남쪽으로 약 40마일 정도 떨어진 앨더샷에 있는 '몬스 사관학교'에 보내 교육받게 했습니다. 1971년 아랍에미리트연합이 공식출범하자 셰이크 모하메드는 두바이 경찰국장 자리를 거쳐 22세 나이에 국방장관에 취임했습니다. 아버지 셰이크 라시드의 준비와 예측이 들어맞은 것입니다. 오늘날 두바이의 리더 셰이크 모하메드가 경이로운 일을 해내고 있는 것도 다 선왕의 교육 덕분입니다. 미래를 내다본 맞춤교육이 중요한 것입니다.

헬렌 켈러는 태어난 지 19개월 만인 1882년 성홍열병을 앓아 볼 수도 들을 수도 말할 수도 없는 삼중고의 장애인이 되었습니다. 하지만 7세 때인 1887년 3월 3일 자신의 인생을 다시 살게 만든 가정교사를 운명적으로 만납니다. 바로 앤 설리번(Anne Sullivan)입니다. 그녀 역시 어릴 때 눈병을 앓으면서 거의 시력을 잃을 만큼 격심한 고통을 겪어봤기에 헬렌 켈러의 심정과 상태를 좀 더 잘 이해할 수 있었습니다. 그녀는 그 후 48년간을 한결같이 헬렌 켈러 곁에 있어주었습니다.

설리번 선생은 헬렌 켈러에게 늘 "시작하고 실패하는

것을 계속하라"고 말했습니다. 실제로 헬렌 켈러는 '물'이라는 말 한마디를 배우는 데 7년이란 긴 세월이 걸렸습니다. 남들이 별다른 수고를 하지 않고도 알 수 있는 것을 헬렌 켈러는 숱한 시도와 실패를 반복한 끝에 느낄 수 있었는데, 물론 그 뒤엔 설리번 선생의 지극한 가르침이 있었습니다. 설리번의 헌신적인 돌봄과 교육 속에서 변화된 헬렌 켈러는 1899년에 훗날 하버드대학교에 편입되는 래드클리프 칼리지에 입학해 세계 최초의 대학교육을 받은 맹농아자가 되었고 마침내 1904년 우등으로 졸업하는 기적을 낳았습니다. 앤 설리번의 헌신이 탁월성의 요람이 된 것입니다. 바로 그 헌신이 기적을 만듭니다.

유년의 큰 경험이 미래를 결정한다

뉴욕에서 출생한 미래학자 앨빈 토플러는 매우 어렵게 자랐습니다. 그는 10대 시절 뉴욕 브루클린의 세탁소에서 일했는데 일당으로 풍선껌을 살 수 있을 정도의 돈을 받았다고 말할 정도였습니다. 아마도 시급이 채 1달러도 되지 못했던 것 같습니다. 하지만 그는 그때의 경험 덕분에 오늘의 자신이 있다고 말합니다. 1949년 뉴욕대학을 졸업한 후에 앨빈 토플러는 노동현장으로 들어갔습니다. 5년 동안 생산현장의 밑바닥을 직접 체험했고 심지어 실직자의 설움도 겪어보았습니다. 그리고 이런 현장경험에 바탕해서 앨빈 토플러는 미래학으로 나아갔습니다. 그의 현실적 경험이 미래에 대한 통찰을 키웠던 것입니다.

알베르트 슈바이처는 14세 때 경험했던 사건이 그의 평생을 움직였습니다. 루터교 목사의 아들로 풍족하게 자란 그는 고등중학교를 다니던 시절, 동네친구와 싸움이 붙었습니다. 어렸을 때는 싸움을 잘했는지 상대를 두들겨 팼는데, 그때 매 맞던 아이가 이렇게 울부짖었다고 합니다. "내가 만약 너처럼 매일 잘 먹을 수 있었으면 이렇게 얻어맞진 않았을 거야." 그 말 한마디가 슈바이처를 관통했습니다. 남들에게는 별것 아니었을 그 아이의 입에서 흘러나온 이 한마디가 어린 슈바이처의 가슴과 뇌리에 나보다 못한 사람들을 도와야 한다는 각성으로 깊게 각인되었던 것입니다.

그는 명실상부한 20세기 최고지성입니다. 철학, 신학, 음악에 정통했고 그의 오르간 연주는 그 최고봉 중 하나입니다. 그가 요한 세바스찬 바흐의 곡을 해석한 것은 지금도 최고의 명작으로 꼽힙니다. 그는 27세 때 신학대학 교수가 되었습니다. 하지만 1904년 어느 가을 날 슈바이처는 아프리카 흑인들의 비참한 생활을 낱낱이 소개한 선교활동보고서를 보고 14세 유년시절의 기억을 새삼 떠올리며 다시 의학을 공부해 38세에 의학박사 학위를 받고 마침내 1913년 3월 26일 아프리카로 향합니다.

그는 현재의 가봉공화국에 해당하는 프랑스령 적도 아프리카의 오지인 랑바레네의 오고우에 강둑 위에 병원을 열고 그곳에서 헐벗고 병든 아프리카 사람들을 위해 평생을 헌신했습니다. 결국 그의 위대성은 학위도 부모의 가르침도 아닌 어린 시절에 경험했던 하나의 사건에서 비롯되었고, 그 사건은 놀랍게도 그의 삶에서 기적 같은 헌신을 이끌어낸 사건이었습니다.

희망의 끈을 놓지 않다

미국 최초의 흑인 대통령 버락 오바마(Barack Obama). 그의 집안도 복잡했습니다. 오바마는 케냐 출신의 흑인 아버지와 미국 캔자스 출신의 백인 어머니 사이에서 태어나 인도네시아계 의붓아버지 밑에서 자랐습니다. 그는 비행청소년처럼 방황하기도 했지만 혹독한 성장통을 겪으면서도 남들이 선망하는 하버드 로스쿨을 졸업하고 당당히 미국 주류사회에 진입했습니다.

버락 오바마는 타이거 우즈, 오프라 윈프리, 마이클 조던과 함께 반세기, 아니 40년 전만 해도 상상하지 못했던 수준으로 인종의 벽을 뛰어넘은 사람입니다. 아울러 흑인아버지, 백인어머니, 아시아계 의붓아버지라는 복잡한 가계의 그늘에 굴하지 않고 자신을 곧추 세워내 오늘에 이른 저력의 소유자입니다.

복잡한 가정사가 걸림돌이 될 수 없습니다. 한 사람을 키워내는 요람이 반드시 정돈된 것이라고 좋은 것은 아닙니다. 때로는 시련과 복잡함과 난관들이 그것을 뚫고 나오는 힘을 그 안에 비축하고 있을지도 모릅니다.

그리고 아예 망한 집안에서 솟아나듯 성공한 사람도

있습니다. 아시아의 최고 갑부로 꼽히는 홍콩 창장(長江) 그룹의 리자청(李嘉誠) 회장이 그렇습니다. 그의 집안은 아주 유명한 집안이었습니다. 그의 할아버지는 청조 말기의 수재로 꼽히는 인물이었고 그의 아버지는 소학교 교장이었습니다. 하지만 리자청이 11세 되던 해 일본이 중국을 침공하면서 온 가족이 홍콩으로 피난한 후 그의 아버지가 병들어 죽자 급격히 가세가 기울어 리자청은 다니던 학교마저 그만두어야 했습니다. 그리고 어머니와 동생들을 대신해 가족의 생계를 책임져야 했습니다.

14세 되던 해 리자청은 조그마한 플라스틱 완구공장에 취직합니다. 그는 밤낮없이 젖 먹던 힘까지 내어 일했습니다. 그의 자세가 맘에 든 공장주인은 그를 공장지배인에 임명했는데, 그의 나이 20세 때였습니다. 2년 후인 1950년 리자청은 독립해서 작은 플라스틱 공장을 차려 창장공사라고 이름붙입니다. 그 후 반세기 남짓한 시간 동안 리자청은 아시아 최고부자 반열에 올랐습니다.

그는 망한 집안에서 몸을 일으켰습니다. 우리 주변에서 이런 사례들은 많습니다. 한국전쟁 후 소년 가장으로서 집안을 일으켜세운 내 아버지, 할아버지, 삼촌, 바로 우리들의 이야기입니다. 그들의 한 가지 공통점이라면, 바로 희망의 끈을 놓지 않았다는 것입니다. 희망이 기적을 만들고 희망이 있으면 성공합니다.

빌 클린턴 전 미국 대통령 역시 복잡한 가계 출신입니다. 아버지는 클린턴이 태어나기 3개월 전 교통사고로 사망했고, 어머니는 그가 태어나자마자 외조부에게 맡기고 간호사 자격증을 따기 위해 뉴올리언스로 떠납니다. 클린턴은 외조부가 과일장사를 하던 흑인 밀집지역에서 아주 어렵게 자랐는데, 클린턴이 4세 되던 해 어머니가 돌아와 자동차 판매상 로저 클린턴과 재혼했습니다. 계부는 심한 알코올의존증 환자여서 술만 먹으면 클린턴 모자를 학대하곤 했습니다. 어머니는 견디다 못해 클린턴이 15세 되던 해 남편과 파경 선언을 했지만 3개월 후 다시 합치고 맙니다. 그리고 이즈음 클린턴은 자신의 윌리엄 제퍼슨 브라이드라는 본명을 빌 클린턴으로 바꿉니다. 배다른 남동생과 성이 달라 남들로부터 놀림을 당하기 싫었기 때문입니다.

어린 클린턴에겐 참으로 말 못할 고통의 시간들이었습니다. 하지만 중고교 시절 남달리 학업성적이 우수했던 클린턴은 1963년 우수장학생으로 뽑혀 백악관에 초청되었습니다. 그리고 이곳에서 당시 대통령이었던 존 에프 케네디를 만나 악수하면서 이를 계기로 정치가가 될 결심을 하게 됩니다. 그는 아칸소 주 주지사를 거쳐 마침내 미국 제42대 대통령이 되었습니다. 살면서 누군가를 만나는가에 따라 뇌관은 폭발적으로 자극받을 수 있는 것입니다.

콜린 파월 전 미 국무장관은 재미있어하고 잘할 수 있는 일을 하라는 교훈을 주는 인물입니다. 그는 자메이카 출신 이민 2세로 태어나 아주 평범한 어린 시절을 보냈습니다. 물론 생활은 어려웠습니다. 고등학교 시절까지 평균 C 학점을 받은 평범한 흑인소년 콜린 파월은 뉴욕시립대 지질학과에 진학해 ROTC 훈련을 받으면서 군인이야말로 자기가 가장 재미있어하고 잘할 수 있는 일이라고 확신하게 되었습니다.

콜린 파월은 1958년 ROTC 소위로 임관한 뒤 1963년 베트남전에 참전해 5개의 무공훈장과 15개의 일반훈장을 받았습니다. 그 후 합참의장이 되어 걸프전을 성공적으로 수행했고 마침내 미 국무장관이 되었습니다.

그가 걸프전을 성공적으로 수행한 후 최고 인기에 도달했을 때 미국 공화당의 대통령 후보 요청이 쇄도했으나 그는 거부했습니다. 가정을 지키겠다는 이유였습니다. 가정의 소중함을 아는 사람들은 힘든 가정의 궤적을 겪은 사람들입니다. 콜린 파월은 자기가 진정으로 잘할 수 있을 만한 것, 좋아하는 것에 집중했습니다.

가르칠 것은 도전과 응전의 가치

보통의 한국 부모들은 자신의 삶보다 자식의 삶을 먼저 생각합니다. 자식을 인생의 절반 이상으로 칩니다. 자신이 아무리 성공해도 자식이 잘못되면 잘못 산 인생으로 생각합니다. 그래서 자식 교육에 관한 한 한국인의 열성은 세계 최고지만, 어디까지나 부모는 부모고 자식은 자식입니다. 부모가 자식의 삶을 대신 살아 줄 순 없습니다. 집착을 버려야 자식이 큽니다. 하지만 또한 부모는 하나의 입장이 분명해야 합니다. 자신의 관이 뚜렷해야 합니다. 자녀에게 특별히 간섭하지 않음으로써 평범한 환경을 제공하는 '중립적인 부모' 밑에서는 제아무리 뛰어난 재능을 지닌 아이라도 결국 평범한 보통 수준의 인물로 그칠 확률이 큽니다. 탁월한 아이, 혹은 뛰어난 회사를 만들려면 입장을 만들고 원칙을 견지하는 일이 중요합니다.

상식적인 생각과 달리 유복함이 성공의 필수조건은 아닙니다. 세계적 인물들 중 15퍼센트만이 유복하고 평온하며 비교적 문제없는 가정 출신이었고 나머지는 그렇지 못했습니다. 저명인사 중 4분의 3 이상이 어린 시절 정신적, 물질적, 관계적으로 고난을 겪었습니다. 이 점은 세계적 인물로 성장하는 데는 도전을 어떻게 이겨내는지가 가장 중요하다는 점을 보여줍니다.

세계적 인물을 키우는 데 결정론은 없습니다. 좋은 부모 밑에서 자랐다고 해서 잘 된다는 보장도, 나쁜 부모 밑에서 자랐다고 잘 안 된다는 보장도 없습니다. 아니 진짜 좋은 부모가 누구인지, 정말 나쁜 부모가 누구인지도 불분명합니다. 잘 먹이고 잘 입히고 잘 교육시킨다고 모두 좋은 부모인지는 더 두고 볼 일입니다. 진짜 좋은 부모는 아이의 인생을 그 아이 스스로 헤쳐갈 수 있도록 때로는 확고한 신념으로 모른 척 내버려두는 부모가 아닐까요? 결국 인생은 주인공인 자기 자신이 어떻게 살아내느냐에 따라 결과가

달라지기 때문입니다. 부모는 도전과 응전의 정신, 그 가
치만 가르치면 되는 것입니다. 거기 '기적의 씨앗'이 있으
니까요.

그레그 모텐슨

오토다케 히로타

앙리 샤리에르

디디에 드로그바

하만청 나탈리

규스타브 두다멜

02

기적을 바라지 않고 스스로 기적이 되다

삶의 이유를 확실히 하다

누군가의 따뜻한 가족이 되어

그레그 모텐슨(Greg Mortenson)은 낡은 뷰익 자동차 뒷좌석에서 잠을 해결하고 아침은 99센트짜리 도넛 세트로 때우면서도 산에 오르는 비정규직 남자 간호사입니다. 하지만 그는 지난 15년간 파키스탄의 산간 마을 80여 곳에 학교를 세웠고, 그 덕분에 3만여 명의 아이들이 더 이상 언 땅 위에서 쭈그리고 앉지 않고 보다 쾌적한 환경에서 공부할 수 있게 되었습니다. 그는 세계의 그 어떤 갑부도 하지 못한 일을 해냈던 겁니다. 도대체 어떻게 이런 일이 가능할 수 있었던 걸까요?

기적의 시작은 우연이었습니다. 1993년 9월 2일, 35세의 젊은 산악인 그레그 모텐슨은 히말라야의 K2를 오르고 있었습니다. 이날의 등정은 특별한 의미가 있었습니다. 3세 때 걸린 뇌수막염 후유증으로 간질과 발작 등 장애에 시달리다가 23세의 꽃다운 나이에 세상을 떠난 여동생 크리스타를 위한 등정이었기 때문입니다. 그는 여동생이 남긴 목걸이를 해발 8611미터의 K2 정상에 두고 오려 했지만 그만 정상을 600미터 앞에 둔 상태에서 길을 잃고 일행과 헤어지고 말았습니다. 간신히 목숨을 부지한 그는 얼어붙은 극한지대에서 살아남기 위해 사투를 벌였습니다. 그리고 우여곡절 끝에 히말라야 발치에 있는 파키스탄 북부 카라코람의 산골 마을 코르페에 기적적으로 닿았던 겁니다.

코르페 마을에 닿았을 당시 본래 190센티미터 키에 95킬로그램의 건장했던 모텐슨은 몸무게가 14킬로그램이나 줄어 있었고 팔은 근육이 다 빠져 마치 이쑤시개처럼 변해 있었습니다. 그런 그를 코르페의 촌장 하지 알리와 마을사람들은 가족처럼 돌봤습니다. 특히 하지 알리는 자신의 재산 1호인 산양마저 잡아 모텐슨에게 먹였습니다. 마을주민들의 도움으로 건강을 회복한 모텐슨은 자신을 다시 살 수 있게 해준 코르페 마을에 뭔가를 해주고 싶었습니다. 신세를 갚고 싶었던 것이죠. 게다가 모텐슨은 코르페 마을 아이들에게서 죽은 누이동생의 존재를 느꼈습니다. 아주 간단한 일조차 힘들어했던 누이동생처럼 이곳 아이들에게 모든 생활은 투쟁 그 자체였던 겁니다.

모텐슨은 어느 날 우연히 아이들이 공부하는 모습을 보고 큰 충격을 받았습니다. 그들은 차가운 땅바닥에 무릎을 꿇고 앉아 나무막대기로 흙바닥에 구구단을 쓰면서 공부하고 있었습니다. 안타까운 마음으로 이것을 지켜본 모텐슨은 촌장 하지 알리에게 이렇게 약속했습니다. "제가 학교를 지어드리겠습니다"라고 말이죠.

미국 샌프란시스코로 돌아온 모텐슨은 그들과의 약속을 지키기 위해 모두가 꺼려하는 병원 야간근무를 자처하고 집세 낼 돈도 아까워 중고차 안에서 잠을 자면서 오프라 윈프리, NBC의 앵커 톰 브로커, CNN의 버나드 쇼, 여배우 수전 서랜든 등 명사 580명에게 기부를 부탁하는 편지를 보냈습니다. 그러나 6개월 만에 돌아온 답장은 앵커 톰 브로커가 보내온 한 통뿐이었습니다. 그 편지에는 행운을 비는 짤막한 글과 100달러짜리 수표가 들어 있었습니다. 생각다 못해 모텐슨은 어머니가 교장으로 재직하고 있는 학교에서 초등학생들에게 기금모금 연설을 하고 1센트짜리 동전으로 623달러 45센트를 모으기도 했습니다.

그러던 중 장 회르니라는 사람으로부터 연락이 왔습니다. 그 역시 산악인으로서 히말라야 지방의 열악한 상황을 잘 알고 있었던 터라, "일을 망치지 말게"라는 쪽지와 함께 1만 2000달러를 보내온 겁니다. 이것이 계기가 되어 모텐슨은 자신이 갖고 있던 자동차와 등산 장비를 모두 팔아 파키스탄으로 갈 여비를 마련했습니다. 파키스탄에 도착한 모텐슨은 목재상, 시멘트 업체를 일일이 찾아다니며 학교 지을 자제들을 구입했습니다. 그러나 정작 학교 짓기는 예상보다 진도가 더뎠습니다. 그도 그럴 것이 학교를 짓는 동안 모텐슨 자신이 탈레반에 납치되어 8일간 감금되는 일이 벌어졌고, "학교 사업은 코란에 위배된다"는 이슬람 성직자들 반대에도 부딪혔기 때문입니다. 하지만 다른 무엇보다도 더 큰 장벽은 마을사람들의 굳게 닫힌 마음 그 자체였습니다. 마을사람들은 이렇게 말했습니다. "당신이 우리에게 가르쳐줄 것은 아무것도 없습니다. 우리는 당신의 불안한 영혼이 결코 부럽지 않습니다."

결국 모텐슨은 조바심이 나서 발을 동동 구를 수밖에 없었습니다. 그런 그에게 알리 촌장은 이렇게 말했습니다. "우리들과 처음 차를 마실 때 자네는 이방인일세. 두 번째로 차를 마실 때는 영예로운 손님이고. 세 번째로 차를 마시면 가족이 되지. 가족을 위해서라면 우리는 무슨 일이든 할 수 있네. 죽음도 마다하지 않아." 하지 알리 촌장의 말에서 깨달음을 얻은 모텐슨은 세 잔의 차를 마실 시간뿐 아니라 마을주민들에게 서두르지 않으면서 존중과 믿음을 보여주었고, 이에 서서히 마음의 문을 열기 시작한 주민들은 놀랍게도 그에게 헌신으로 답했던 겁니다. 마을사람들이 직접 산 밑에서부터 목재를 져나르고, 바위를 깨뜨려 벽을 쌓을 석재를 만드는 등 한마음이 돼 학교 짓는 일에 몰입하기 시작한 것이죠. 결국 모텐슨은 가족 같아진 마을사람들의 도움을 얻어 코르페 마을사람들에게 약속한 학교를 마침내 짓고 말았습니다.

그 후 파키스탄 내의 다른 곳에도 학교를 지어달라는 요청이 잇따랐습니다. 그의 사연이 알려지면서 기부를 하는 사람도 늘어났습니다. 특히 장 회르니 박사는 1997년 11월 사망하면서 100만 달러의 기금을 남겨놓았습니다. 그를 따르는 자원봉사자도 줄을 이었습니다. 마침내 중앙아시아협회(CAI)라는 비영리 단체까지 만든 모텐슨은 지금까지 파키스탄, 아프가니스탄의 산악 마을에 모두 78개의 학교를 세웠습니다. 모텐슨은 이렇게 말합니다. "우리가 하려는 일은 큰 바다의 물 한 방울일지 모른다. 하지만 그 한 방울이 없으면 바다는 줄어들 것이다."

그레그 모텐슨이라는 한 평범한 남자 간호사가 우여곡절 끝에 파키스탄과 아프카니스탄의 산골 오지마을에 78개의 학교를 설립한 이야기는 《세 잔의 차(Three cups of tea)》라는 제목의 책으로 나왔습니다. 이 책은 〈뉴욕타임스〉 베스트셀러 82주 연속 1위라는 놀라운 기록을 세우기도 했습니다. 〈뉴욕타임스〉는 "부시가 파키스탄 정부에 엄청난 원조와 함께 100억 달러 이상의 군사 지원을 했으나 테러리스트 세력은 9·11 테러 이전보다 더 기승을 부리고 있다. 그러나 그레그 모텐슨은 학교를 짓기 위해 파키스탄 군사 지원액의 1만분의 1도 쓰지 않았으나 미국 정부보다 미국 이미지 향상에 더 기여했다"라고 썼습니다. 물론 모텐슨은 미국의 이미지를 개선하려고 그런 일을 한 것은 아니었습니다. 그는 죽은 여동생을 기려 K2에 올랐다가 조난당했고, 코르페의 주민들 덕분에 목숨을 보존한 것에 감사하는 마음에서 그들에게 학교를 지어주겠다고 생각했던 것이죠. 하지만 코르페의 주민들은 일방적인 원조를 달가워하지 않았습니다.

아무리 좋은 일이라도 나만의 방식을 상대에게 고집하지 말고 아무리 급하더라도 상대의 호흡을 존중할 줄 알아야 성공할 수 있다는 귀중한 삶의 교훈이 그 '세 잔의 차' 안에 깊이 담겨 있는 겁니다. 기적은 일방적인 것이기보다 서로의 뜻과 호흡을 믿음과 사랑으로 결합시킬 때 비로소 가능한 것 아닌가 싶습니다.

최악의 운명을 최대의 영광으로

여러분은 'ET 할아버지'를 아십니까? 언뜻 스티븐 스필버그의 영화 〈ET〉를 떠올리시겠지만 실은 그것과는 상관없는 이야기입니다. 'ET 할아버지'란 '이미 타버린 할아버지'의 준말입니다. 바로 채규철 선생이 불의의 사고를 당해 온몸에 3도 화상을 입고 얻은 별명이지요.

1968년 10월 30일. 당시 31세의 채규철 선생은 김해평야에 있는 양계장을 둘러보고 나서 부산 토성동에 있는 기독교사회관에서 열리는 회의에 참석하기 위해 오던 길이었습니다. 그런데, 그만 채규철 선생이 탄 차가 부산 하단으로 돌아오는 산비탈에서 갑자기 앞머리가 기우는가 싶더니 언덕 아래로 구르기 시작했습니다. 차는 풍뎅이처럼 뒤집어졌고 그때 하필이면 차 안에 영아원 방바닥을 칠하기 위해 칠재료와 함께 실어놓았던 시너 두 통이 쏟아지면서 채규철 선생의 몸을 적셨습니다. 그와 동시에 차는 '펑' 소리를 내며 폭발하면서 그 불길이 시너를 뒤집어쓴 채규철 선생을 덮쳤던 겁니다. 정말이지 순식간의 일이었습니다. 채규철 선생은 거의 몸 전체가 타들어가는 심한 화상을 입고 병원으로 옮겨졌습니다. 목숨이 붙어 있는 것이 기적이었습니다.

그 후 수차례의 죽을 고비를 넘겼고 30여 차례나 성형수술을 해야 했습니다. 결국 간신히 목숨은 건졌지만, 귀를 잃고, 한 눈은 멀고, 손은 갈고리처럼 되었고, 얼굴은 도깨비나 진배없이 되어버렸습니다. 그 와중에 채규철 선생을 지극 정성으로 보살피던 아내마저 폐병으로 먼저 세상을 떠나버렸습니다. 참으로 모진 운명이었습니다. 채규철 선생은 몇 번이나 자살하려고 했을 만큼 살아도 산 것이 아닌 세월이었습니다.

하지만 죽음의 미몽을 떨치고 일어선 채규철 선생은 그 엄혹한 절망을 결코 놓을 수 없는 희망으로 바꾸어내기로 결심했습니다. 그리고 '이미 타버린 할아버지'란 뜻에서 'ET 할아버지'라는 별명이 붙은 그 몸을 이끌고 전국 곳곳을 누비며 진정한 생명과 삶을 주제로 한 강연을 시작했습니다. 또, 아이들이 자연 속에서 생명력 있게 자라도록 두밀리 자연학교를 만들었습니다. 결국 그는 절망을 희망으로, 패배를 승리로, 최악의 운명을 최대의 영광으로 뒤바꾼 삶의 놀라운 연금술사였습니다.

본래 함경도 함흥에서 농촌운동을 하던 목사 아버지와 신여성 어머니 사이에서 태어난 채규철 선생은 6·25 때 단신 월남해 길거리나 천막교회 한 귀퉁이에서 새우잠을 자가며 어렵게 공부해 서울시립대학교의 전신인 서울시립농업대 수의학과를 졸업했습니다. 대학졸업 후인 1961년부터 채규철 선생은 충남 홍성군 홍동면 팔괘리에 있는 풀무학교에서 아이들을 가르치며 농촌계몽운동을 펼쳤습니다. 그렇게 5년 동안 농촌계몽운동을 하다가 덴마크 외무부 산하에 있는 개발도상국가 기술협력처의 초청을 받아 국비 장학생으로 1년 동안 덴마크 하슬레브 대학에서 공부하게 되었습니다.

채규철 선생은 덴마크에서 그룬트비와 달가스가 펼친 국민운동과 협동조합운동에 대해 공부한 뒤 1968년 우리나라로 돌아와 당시 부산 복음병원장이었던 장기려 박사와 함께 일종의 민간

의료보험인 '청십자 의료협동조합' 운동을 시작해 본격적인 복지운동에 뛰어들었습니다. 하지만 바로 그때 1968년 앞서 살펴본 것처럼 하늘은 얄궂게도 채규철 선생의 인생에 덫을 쳤습니다. 채규철 선생은 울고 싶어도 눈물샘마저 타버려 울 수조차 없었습니다. 채규철 선생은 그 길고 긴 고통의 터널을 빠져나오자마자 청십자운동을 다시 시작하고 1970년에는 간질환자 진료사업모임인 '장미회'를 만들었고 또 1975년에는 '사랑의 장기기증본부'를 만들었습니다. 그리고 마침내 1986년에는 경기도 가평에 자기 돈을 몽땅 털어 대안학교 '두밀리 자연학교'를 세웠습니다.

농촌계몽운동에서 시작한 채 씨의 교육사업은 '어린이가 바로 세상'이라는 철학을 바탕으로 "아이들에게 필요한 것이 아니라 아이들이 원하는 것을 알려주는 학교"를 만들고자 했던 겁니다. 콘크리트와 입시경쟁 속에서 숨막혀가는 아이들에게 메뚜기와 함께 뛰어놀고 별똥별을 세며 자라도록 하자는 취지였습니다.

채규철 선생은 지난 2006년 심근경색으로 이 세상과 하직할 때까지 두밀리 자연학교의 교장이었습니다. 그런데 채규철 선생이 불편한 몸을 이끌고서 생의 마지막 열정을 쏟으며 이끈 조직이 또 하나 있었습니다. 바로 지난 2001년에 결성한 '철들지 않은 사람들' 모임입니다. 그는 아름다운 세상은 아름다운 사람들이 만들어야 한다며 먼저 아름다운 사람이 되자고 역설했는데, 이를 위해 노력하는 사람들을 가리켜 역설적으로 '철들지 않은 사람들'이라고 불렀습니다. 철들었다는 사람들이 세상을 더럽히고 어지럽게 만드니 오히려 철들지 않은 사람들이 나서서 바로 잡자는 역설적인 취지였던 셈입니다. 그 덕분에 채규철 선생에게는 'ET 할아버지'라는 별명 말고도 '왕철부지'라는 별명이 하나 더 붙여졌던 겁니다.

그 '왕철부지' 채규철 선생은 생전에 이렇게 말했습니다. "우리 사는 데 'F'가 두 개 필요해. 하나는 'Forget(잊어버려라)'이고, 다른 하나는 'Forgive(용서해라)'야! 사고 난 뒤 그 고통을 잊지 않았으면 난 지금처럼 못 살았어. 잊어야 그 자리에 또 새걸 채우지. 또 이미 지나간 일에 누구 잘못 탓할 것이 어디 있어. 내가 용서해야 나도 용서받는 거야." 2006년 12월 13일 '왕철부지', 'ET 할아버지'라는 애칭을 가진 채규철 선생은 홀연히 세상을 떴습니다. "……저기가 어디야. 아름답구면. 나 이제 급히 감세." 이렇게 말하며 말입니다. 또 "사랑이 저만치 가네……"라는 유행가 가사처럼 아니 "기적이 저만치 가네……" 하는 안타까움을 뒤로한 채 말입니다.

종점은 없다, 시작만 있을 뿐

그는 양팔과 양다리가 없다시피 한 선천성 장애우입니다. 그럼에도 불구하고 그는 특수학교가 아닌 일반 초·중·고교를 다녔습니다. 그리고 남들과 똑같은 조건에서 경쟁하며 명문 와세다대학 정치학과를 졸업했습니다. 그는 대학시절 일본에서만 500만 부 이상이 팔린 초(超)베스트셀러 《오체불만족(五體不滿足)》을 쓴 저자이기도 합니다. 졸업 후엔 프리랜서 리포터 겸 스포츠 기자로 '활동'했습니다. 특히 팔다리가 없는 장애우가 현장을 누비는 스포츠 기자로 '활동'했다는 것이 상상하기 힘들지만 그는 그 상상을 뛰어넘은 일에 도전했고, 결국 해냈습니다. 그는 누구일까요? 바로 오토다케 히로타다(乙武洋匡)입니다.

1976년생인 그는 몇 년 전부터 초등학교 교사로 새 인생을 시작했습니다. 오토다케의 삶은 우리 상식에 반(反)합니다. 아니 상식으로 위장한 통념의 벽을 여지없이 허뭅니다.

오토다케는 《오체불만족》이 500만 부 이상 팔린 초베스트셀러가 된 뒤에도 자신이 가야 할 길에 대해 냉정했습니다. 언론에서 뜨거운 관심을 가져 영화를 찍자, 자기 회사에 입사해달라는 제의가 빗발쳤지만 그는 단지 유명세로 이 엄혹한 세상을 살아갈 수는 없다는 것을 직시했습니다. 그는 스스로에게 말하길 "그냥 이렇게 유명세를 타고 흘러가버리면 언젠가는 세상사람들이 내게 질리는 날이 올 거다. 그런 날이 왔을 때 내 힘으로 살아갈 수 있는 능력을 몸에 익혀두지 않으면 결국 나만 낭패를 볼 것이다"라는 판단을 한 것입니다.

그래서 그는 자기 혼자의 힘으로 살아갈 수 있는 능력을 갖추기 위해 직접 운전면허도 취득하는 등 자조하고 자립하며 살 길을 모색했습니다. 그리고 마침내 현장을 누비는 프리랜서 리포터 겸 스포츠 기자로 변신했던 겁니다. 그뿐만이 아닙니다. 오토다케는 《오체불만족》 출간 후 어린 시절 에피소드를 바탕으로 쓴 그림책 《프레젠트》, 평화를 모티브로 한 그림책 《꽃》 등을 잇달아 출판하기도 했습니다. 아울러 세계의 학교를 취재한 TV프로그램 '오토다케의 세계에서 가장 즐거운 학교'를 진행하면서 교육에 대한 관심을 키웠습니다.

대학졸업 후 프리랜서 리포터 겸 스포츠 기자로 활동하고 있던 오토다케는 어릴 적 꿈이었던 교사가 되기 위해 마침내 2005년 4월 메세이(明星)대 통신과정에 다시 입학했습니다. 그리고 드디어 도쿄도내 초등학교에서 교원 실습을 마쳤습니다. 턱과 어깨 사이에 분필을 끼워 칠판에 글씨를 쓰고 컴퓨터에 연결된 프로젝터를 통해 각종 자료를 펼치며 너끈히 모의수업도 진행했습니다. 결과는 합격이었습니다. 그 후 교원자격시험에도 합격해 초등학교 2종 교사자격증을 취득했습니다. 한마디로 놀라운 인간승리였던 겁니다.

운명에 맞선 오토다케의 도전과 모험 그리고 눈물겨운 성취 뒤에는 어머니가 있었습니다. 아들의 외모를 부끄럽게 생각하기는커녕 그를 어디든 데리고 다니며 떳떳하게 '오직 하나뿐인 유니크한 존재'라며 자존감을 깊이 심어준 그런 어머니였습니다. 그 덕분에 오토다케는 사지가 없는 스스로의 외모를 '초(超)개성적'이라고 여길 만큼 당당할 수 있었습니다. 심지어 오토다케의 어머니는 초등학교 시절 다른 아이들이 자기 아들을 놀릴 때도 절대로 대신 나서거나 참견하지 않았습니다. "장애를 방패삼아 도망치는 아이로는 절대 키우지 말자"는 다짐에서였던 겁니다. 그녀는 오토다케가 살아가려면 스스로 그 놀림과 편견의 벽을 깨고 나아가야 한다는 것을 누구보다도 잘 알았기 때문이죠.

오늘의 오토다케가 있기까지 결코 빼놓을 수 없는 사람이 또 있습니다. 바로 초등학교 시절의 다카기 담임선생입니다. 1학년부터 4학년 때까지 줄곧 담임을 자청했던 그는 철저하다 못해 매정하리만큼 오토다케를 다른 아이들과 똑같이 대했습니다. 운동도 청소도 남들과 똑같이 시켰고 교실 안에서는 전동 휠체어에서 내려 엉덩이로 기어다니도록 했습니다. 하지만 오히려 그렇게 한 것이 오늘의 오토다케가 혼자 힘으로 당당하게 스스로의 자리를 찾아 생존하고 역할할 수 있게 만들었습니다. 결국 어머니가 오토다케에게 세상에 존재할 가치가 있는 사람이라는 깊은 자존감과 그 어떤 난관도 스스로 돌파해낼 강인함을 심어주었다면 다카기 선생은 오토다케가 이 험한 세상을 스스로의 힘으로 당당하게 헤치며 살아가도록 근성과 끈기를 키워줬습니다. 물론 그럼에도 불구하고 자기 삶을 부둥켜안고 살아내는 것은 결국 오토다케의 몫이었습니다.

오토다케는 자기 삶의 조건을 불평하느라 시간을 허비하지 않았습니다. 또 지금 삶이 편하다고 안주하지도 않았습니다. 그는 태어날 때부터 양팔과 양다리가 없다시피 해 거의 몸뚱이뿐인, 한마디로 "꼼짝 마!"의 운명이었지만 그는 자기 삶에 까닭 없이 던져진 그 지독한 운명에 굴복하지 않고 감연히 맞섰습니다. 그리고 마침내 그 혹독한 운명마저 굴복시켰습니다. 오토다케는 자신의 홈페이지에서 교사자격증을 들고 찍은 사진 밑에 이렇게 썼습니다. "여기가 종점이 아니라, 여기부터가 시작"이라고.

이것은 사지 멀쩡한 우리들이 혹 지금 여기를 삶의 종점으로 착각하지는 않는지 돌아보게 만듭니다. 그리고 이젠 우리 스스로에게 물어볼 차례입니다. "나는 단 한 번이라도 내 운명에 맞서보

았는가?"라고 말입니다. 기적은 스스로에게 운명이란 이름으로
다가온 것에 맞서는 순간부터 시작되는 것이니까요.

강한 자가 아름답다

끝끝내, 기필코 자유로워지다

스티브 맥퀸이 주연한 영화 〈빠삐용〉을 아시나요? 영화 〈빠삐용〉
은 앙리 샤리에르(Henri A. Charriere)의 실화를 바탕으로 만들어진
것입니다. '나비'라는 뜻의 '빠삐용'은 앙리 샤리에르의 별명이었
습니다.

1906년 프랑스 아르데슈의 교육자 집안에서 태어난 빠삐용,
즉 앙리 샤리에르는 25세 되던 1931년, 파리 몽마르트에서 포주를
살해한 혐의로 체포되어 1933년 무기징역형을 선고받고 프랑스령
기아나의 감옥으로 보내졌습니다. 사실 앙리 샤리에르는 법정에서
자신의 무죄를 입증할 수 있으리라고 기대했지만 그에게 돌아온
것은 '무기징역'이라는 끝없는 '나락의 길'이었습니다.

그래서 억울한 옥살이를 하게 된 앙리 샤리에르는 최대한 빨
리 탈옥하기로 결심합니다. 그리고 탈옥해서 위증자 폴랭을 단죄

하고 사건을 맡았던 두 형사와 악랄한 차장검사 프라델에게 복수하겠노라고 다짐합니다. 하지만 탈옥은 생각처럼 쉽지 않았습니다. 앙리 샤리에르는 생 로랑의 병원에서 맨 처음 탈출을 시도한 이후 무려 11년간 여덟 차례에 걸쳐 탈출을 감행했으나 번번이 실패하고 말았습니다. 그에게 절망이 엄습해온 것은 당연했습니다.

하지만 절망에 빠질 때마다 앙리 샤리에르는 이렇게 몇 번이고 되뇌곤 했습니다. "나는 지금 살아 있고, 앞으로도 살아야만 한다. 살아야 한다, 언젠가 다시 자유를 되찾기 위해 살아야만 한다. ……나는 언젠가는 반드시, 기필코 자유로워질 것이다."

앙리 샤리에르는 몇 년 감형되기를 거부하고 끊임없이 탈출을 도모한 죄로 죽음만큼 힘들고 외롭다는 격리 감방행을 세 차례나 감내해야 했습니다. 그 와중에 앙리 샤리에르는 억울한 옥살이에 분노해 잠 못 이루다 꿈속에서 이런 말을 듣게 됩니다. "너는 유죄다. 그것은 '인생을 낭비한 죄', '젊음을 방탕하게 흘려보낸 죄'다."

앙리 샤리에르는 비록 자신이 누군가를 죽인 살인죄는 짓지 않았지만 '인생을 낭비한 죄', '젊음을 방탕하게 흘려보낸 죄'로부터는 결코 자유로울 수 없음을 스스로 인정했습니다. 그 후 그는 '보복과 복수를 위한 탈출'이 아니라 '진정한 나를 찾기 위한 탈출'을 감행하게 되는 겁니다.

결국 앙리 샤리에르는 최후의 탈출지로 '수형자들의 무덤'이라 불리는 악마의 섬, 디아블을 택했습니다. 오래전 무고한 드레퓌스가 사형선고를 받은 뒤 홀로 앉아 새로 살아갈 희망과 용기를 다졌다는, 섬의 꼭대기에 위치한 '드레퓌스 벤치'에 앉아 마지막 기회를 탐색했던 겁니다. 그리고 마침내 바로 이 드레퓌스 벤치에서 코코넛 자루 두 개를 연결한 뗏목에 의지해서 바다로 뛰어들어 극적인 탈출에 성공합니다. 영화 〈빠삐용〉의 마지막을 장식했던 불후의 명장면으로 재현됐던 그 모습을 사람들은 가슴시리게 기억합니다. 이런 대사와 함께 말입니다. "나는 자유다, 이놈들아! 난 이렇게 탈출했고 살아남았다!"

탈출에 성공한 빠삐용 앙리 샤리에르는 영국령 조지타운을 거쳐 엘도라도로 건너가 그곳에서 어렵사리 베네수엘라 주민으로 정착하고 마침내 1944년 베네수엘라 국적을 취득하게 됩니다. 그리고 다시 사반세기 가까운 시간이 지난 1967년 가을, 61세가 된 앙리 샤리에르는 무려 36년 만에 자신을 죽음의 감옥으로 보냈던 조국 프랑스를 방문해 파리의 몽마르트 언덕에 다시 앉아 자신에게 이렇게 되뇌었습니다. "너는 이겼다, 친구여……. 너는 자유롭고 사랑받는 네 미래의 주인으로 여기에 있다"고 말입니다.

그 이듬해인 1968년, 앙리 샤리에르는 자신의 극적인 체험을 열세 권짜리 노트로 풀어낸 소설 《빠삐용》을 출간했습니다. 이 책은 출간 즉시 곧바로 프랑스를 비롯한 서구 각국의 베스트셀러가 되었습니다.

그로부터 다시 5년 후인 1973년, 앙리 샤리에르의 저서를 원작으로 한 영화 〈빠삐용〉이 개봉되면서 앙리 샤리에르는 다시 한번 전 세계적인 관심을 끄는 인물로 부상했습니다. 하지만 운명의 장난인지, 아쉽게도 그해 여름 앙리 샤리에르는 스페인 마드리드의 한 병원에서 후두암으로 조용히 세상을 떠났습니다. 그의 나이 67세였습니다.

'인생을 낭비한 죄', '삶을 방탕하게 흘려보낸 죄'로 말하자면 비단 앙리 샤리에르만이 아니라 우리도 유죄일지 모릅니다. 우리도 예외 없이 자기 인생의 감옥을 갖고 있습니다. 소중한 인생을 낭비하고 자기 삶을 방탕하게 흘려보낸 사람들은 모두 그 감옥에 갇혀버리는 겁니다. 앙리 샤리에르는 우리에게 그것을 분명하게 일깨워줍니다. 그리고 세상을 향한 분노가 아니라 나를 향한 애정을 바탕해 스스로의 감옥에서 탈출하라고 호소하고 있는 겁니다. 거기 인생을 바꾼 기적의 기회가 있으니 말입니다.

싸우기보다는 사귀는 쪽으로

한만청 박사는 1934년생으로 올해 78세입니다. 그는 서울대병원장을 지낸 방사선 의학의 국제적인 권위자입니다. 하지만 그라고 해서 암이 피해가지는 않았습니다. 암이라는 불청객이 한만청 박사에게 찾아들었던 때는 공교롭게도 그가 서울대병원장으로 있었던 1997년의 일이었습니다. 새로 문을 연 건강검진센터에서 주위의 권유로 '시범삼아' 초음파 검사를 받던 중 그의 간에서 직경 1센티미터짜리 종양이 발견된 겁니다.

한만청 박사는 처음엔 별것 아니라고 생각했습니다. 당시 서울대병원 의료진은 고농도의 알코올을 종양 부위에 주사기로 직접 찔러넣어 암세포를 죽이는 이른바 '경피에탄올 치료법'을 시행하고 있었기 때문에 이 시술로 간단히 종양을 제거할 수 있다고 본 것이었죠. 실제로 경피에탄올 치료법을 실시한 후, 몇 차례 검사를 실시해보니 간암 종양은 완전히 사라진 것처럼 보였습니다. 그러나 4개월 후, 복부 CT(컴퓨터단층촬영)사진이 판독대에 올라오는 순간, 한만청 박사는 자신의 눈을 의심하지 않을 수 없었습니다. 간 우측에 크게 자란 암덩어리가 새로 자리잡고 있었기 때문입니다.

결국 한 박사는 병원까지 옮겨가며 대대적인 간암수술을 다시 받아야 했습니다. 다행히 간암수술 자체는 성공적으로 끝이 났습니다. 하지만 두 달 후 간암은 잡았지만 암세포가 폐로 전이됐다는 진단이 나왔습니다. 허탈하다 못해 절망적이지 않을 수 없었습니다. 그러나 한만청 박사는 포기하지 않고 수술과 항암치료를 계속했습니다. 그 독한 항암치료 과정 속에서 70킬로그램 나가던 몸무게가 50킬로그램으로 줄어버리고 머리카락마저 모두 빠져 거울 앞에 선 자신이 도저히 자기 모습이라고 생각할 수 없을 정도가 되어버렸습니다.

이즈음 한만청 박사는 문득, 암퇴치는 내가 살려고 하는 일인데 이러다간 암을 퇴치하기 전에 자기가 먼저 퇴치당할 것 같은 생각이 들었습니다. 그래서 그는 암과 무리하게 싸우기보다는 당분간 동거하다가 언젠가는 돌려보내겠다는 좀 특이한 암 퇴치책을 구상하기에 이릅니다. 한만청 박사의 경험에 입각한 '암 퇴치 5원칙'은 이렇습니다.

첫째, "암에 대해 충분히 알라"는 겁니다. 지피지기면 백전백승이란 말도 있죠. 고약한 암을 어떻게 달래면 성질이 조금이라도 가라앉는지를 환자 자신이 잘 알아야 한다는 겁니다.

둘째, "수치에 일희일비하지 말라"는 겁니다. 매일매일 변하는 각종 검진수치에 흔들려 심적으로 우왕좌왕하면 쓸데없이 자기 체력만 소진하며 낭패보기 십상이라는 것이죠.

셋째, "잔수 쓰지 말라"는 겁니다. 암투병은 마라톤 레이스와 같다고 합니다. 특히 항암치료들은 대부분 오랜 기간 결과를 지켜봐야 하니 단번에 어떻게 해보려는 것은 절대 금물이라는 겁니다.

넷째, "거리를 두고 차분히 대하라"는 겁니다. 암은 일단 자리를 잡으면 자신의 약점을 집요하게 파고들기 때문에 침착하고 냉정하게 대응해야 한다는 겁니다.

다섯째, "암을 언젠가는 돌려보낼 친구라고 여기라"는 겁니다. 암은 어느 날 갑자기 찾아온 불청객이지만 언젠가는 되돌아갈 친구라고 느긋하게 생각하면 오히려 살 가능성이 크다는 것이죠.

결국 이런 5원칙을 스스로 철저히 지키면서 한만청 박사는 항암치료를 지속해갔고 마침내 암을 퇴치하고야 말았습니다. 그리고 자신의 경험에 근거해서 《암과 싸우지 말고 친구가 돼라》는 투병기도 써냈습니다.

한만청 박사의 암퇴치 사례는 위기의 시대를 살고 있는 우리에게 분명한 메시지를 전해줍니다. 암이 의사라고 봐주지 않듯이 위기 역시 살아 있는 한, 누구라도 맞닥뜨릴 수 있는 '상존하는 것'이란 사실입니다. 아울러 상존하는 위기는 더 이상 '타개의 대상'만이 아니라 '관리의 대상'이기도 하다는 겁니다. 상존하는 위기와 무리하게 싸워서 절멸시키겠다는 생각보단 오히려 피할 수 없는 위기라면 기꺼이 그것과 사귀면서 언젠가는 돌려보낼 생각을 하는 것이 더 현명하고 현실적인 위기극복방법이 될 수도 있다는 것이죠. 그렇게 하다보면 기적처럼 암이 퇴치되듯 삶의 위기도 극복할 수 있습니다. 결국 우리가 경험하는 기적의 순간들은 "암은 싸우지 말고 친구가 돼라"는 한만청 박사의 경험담 속에도 녹아 있는 겁니다.

바닥치면 강해진다

미국대학 졸업식에는 '졸업축사'라는 오랜 전통이 있습니다. '커멘스먼트 어드레스(commencement address)'가 그것입니다. 외부의 지명도 있고 젊은이들에게 뭔가 본보기가 되며 메시지를 전할 만한 저명인사를 초청해 졸업생들에게 '한마디' 하게 하는 것이죠. 2008년 하버드대학교 졸업축사의 주인공은 바로 《해리포터》 시리즈의 작가 조앤 K. 롤링(Joanne Kathleen Rowling)이었습니다.

그녀가 하버드 졸업식장에 서서 축사를 할 수 있었던 진짜 자격은 《해리포터》 시리즈로 대박을 낸 작가이거나 억만장자가 됐기 때문이 아니었습니다. 바닥을 치고 일어섰기 때문입니다. 그녀는 졸업축사 첫머리에서 이렇게 말했습니다. "여러분이 하버드 졸업생이라는 사실은 곧 실패에 익숙하지 않다는 뜻이기도 합니다. 하지만 성공에 대한 열망만큼이나 실패에 대한 공포가 여러분의 행동을 좌우할 겁니다."

그리고 그녀는 성공신화로 무장한 채 바닥칠 일은 아예 없어 보이는 하버드 졸업생들에게 이렇게 말했습니다. "여러분은 저처럼 큰 실패는 안 하겠지요. 하지만 인생에서 몇 번의 실패는 피할 수 없습니다. 또 실패 없이는 진정한 자신에 대해, 진짜 친구에 대해 결코 알 수 없습니다. 이것을 아는 것이 진정한 재능이고, 그 어떤 자격증보다 가치가 있습니다."

아울러 그녀는 성공의 상징처럼 보이는 하버드 졸업생들에게 "삶의 가장 밑바닥이 인생을 새로 세울 수 있는 가장 단단한 기반"이라고 강조해서 말했습니다. 한마디로 진짜 성공하고 싶거든 바닥을 치고 일어서라고 주문했던 겁니다.

조앤 롤링은 1965년 영국 웨일스의 치핑 소드베리에서 태어났습니다. 그녀는 누구나 그렇겠지만 공상이나 상상을 즐기는 어린 시절을 보냈습니다. 어느 날 길을 걷다가 뱀을 만나자 엄마에게 달려가 "엄마, 뱀이 저에게 말을 걸어왔어요"라고 말하는가 하면 5세 때에는 이미 '홍역에 걸린 토끼 이야기'를 썼을 만큼 감성과 상상력이 풍부한 소녀였습니다. 이처럼 그녀는 비교적 평탄한 유년시절과 학창시절을 거쳐 엑세터 대학에서 불문학과 고전을 전공했습니다.

대학을 졸업한 후 엠네스티 즉 국제사면위원회에서 임시 직원으로 일하다가 포르투갈로 건너가서 그곳에서 영어교사 생활을 했습니다. 그리고 호르헤 아란테스라는 포르투갈 TV기자와 결혼해 제시카란 딸을 낳았으나 2년 만에 이혼하고 맙니다. 이혼 후 4개월 된 어린 딸을 데리고 무일푼으로 영국으로 돌아온 그녀는 친구로부터 600파운드를 빌려 에든버러에 낡은 임대아파트를 구해 정부 보조금 없이는 생활할 수 없을 정도로 가난하게 하루하루를 연명했습니다.

20대 중반의 가난에 찌든 싱글맘, 조앤 롤링은 자기 인생이 너무 망가져버렸다는 생각에 절망을 느꼈습니다. 그녀의 삶은 너무 곤궁했고, 추락은 끝없이 이어지는 것 같았습니다. 아무리 노력해도 다시 행복해질 수 없을 것 같았기에 그녀는 너무 비참했습니다. 그녀는 그 끝없는 추락을 끝내고 싶은 나머지 자살충동에 휩싸이기도 했습니다. 하지만 삶이 모진 만큼 살고자 하는 욕망 또한 질긴가봅니다. 그녀는 어린 딸을 놔두고 죽을 수 없었던 겁니다. 그 후 그녀는 "내가 이런 상태에서 딸을 키울 수 없다"며 나락으로 빠져들었던 자신을 독하게 추슬러냈습니다.

그녀는 에든버러의 낡고 허름한 임대아파트에서 우울증과 싸우며 이야기를 써내려가기 시작했습니다. 오래전에 맨체스터에서 런던으로 가는 기차 안에서 생각해냈던 해리포터 이야기를 쓰기로 결심했던 겁니다. 해리포터 이야기는 부모를 잃은 마법소년의 이야기죠. 물론 이것은 생활고를 이겨내기 위해 쓰기 시작한 이야기였지만, 또 다른 한편으론 어린 딸에게 동화책 한 권 사줄 수 없는 형편에 스스로 어린 딸에게 해줄 이야기를 쓰는 엄마가 되기로 작정한 까닭도 있었습니다. 조앤 롤링은 우는 아이를 재워두고 혹은 유모차에 태워 집 앞의 카페나 공원에 가서 글을 쓰며 《해리포터》 시리즈의 첫 작품인 '해리포터와 마법사의 돌'을 완성했습니다.

조앤 롤링이 쓴 《해리포터》 이야기는 1997년 6월 26일 출간된 후 세상을 뒤흔들었습니다. 마치 마법처럼 말이죠. 그 후 시리즈 7부작은 출간될 때마다 대히트를 기록했습니다. 전 세계 67개 이상의 언어로 번역돼 자그마치 5억 2000만 부 이상이 팔려나갔고 영화로도 제작됐습니다. 그 덕분에 무일푼이었던 조앤 롤링은 약 5억 4500만 파운드, 한화로 약 1조 850억 원의 거부가 되었습니다. 조앤 롤링은 〈포브스〉 선정 세계의 부자 순위 500위권에 올랐고, 영국 여왕보다도 더 큰 부자가 되었습니다.

"바닥치면 강해진다"는 말이 있습니다. 실제로 그녀는 실패가 없었다면 자신의 삶도, 성공도 없었음을 고백하며 이렇게 말합니다. "제가 가장 두려워하던 실패가 현실이 돼버렸기 때문에 오히려 저는 자유로워질 수 있었습니다. 실패했지만 저는 살아 있었고, 사랑하는 딸이 있고, 낡은 타이프라이터와 엄청난 아이디어가 있었지요. 가장 밑바닥이 제가 인생을 새로 세울 수 있는 단단한 기반이 되어준 것입니다."

아울러 그녀는 실패가 자신의 삶에서 불필요한 것들을 제거해줬다고 말합니다. 그녀는 바닥을 친 후 스스로를 기만하는 것을 그만두고, 자신의 모든 에너지를 자신이 가장 소중하다고 여긴 일에 쏟아부었던 겁니다. 그것이 그녀의 기적 같은 인생역전을 가능하게 만든 진짜 원동력이었습니다. 그렇습니다. 바닥을 치면 두렵지 않습니다. 바닥을 치면 솟구쳐 오를 일만 있는 겁니다. 그래서 진짜 바닥을 치면 강해지는 것이고, 거기가 기적의 구름판이 되는 겁니다.

꿈을 향해 '나'를 솟구치다

평화를 향해 치솟은 최고의 골

전쟁까지도 멈추게 한 축구선수가 있습니다. 바로 디디에 드로그바(Didier Yves Drogba Tébily). 그는 아프리카의 가난한 나라 코트디부아르 출신으로 영국 프리미어 리그 첼시 소속의 세계적인 축구 공격수입니다. 드로그바의 부모는 아들 디디에가 5세 되던 해에 그를 프랑스로 보냈습니다. 비록 보다 나은 삶의 환경에서 아들이 자라기를 바란 부모 마음이었지만 정작 비행기 삯이 없어 어린 아들을 비행기에 홀로 태워 보내야 했던 부모의 심정은 착잡하기 그지없었을 겁니다. 그의 부모는 당시 프랑스 2부 리그에서 축구선수로 뛰던 삼촌 미셸 고바에게 디디에의 미래를 맡겼던 겁니다. 하지만 어린 드로그바에게 외국 생활은 큰 스트레스였던 것 같습니다. 한동안 그는 "매일 매일 울며 지냈다"고 말할 정도로 향수병에 시달렸고 결국 3년 만에 도로 귀국길에 오릅니다.

그러나 그 사이 코트디부아르의 경제 사정은 더욱 악화됐고 은행원으로 일하던 드로그바의 부모는 그나마도 3년 뒤 실직하고 맙니다. 결국 우여곡절 끝에 드로그바는 다시 프랑스에 사는 고바 삼촌의 집으로 가게 됩니다. 이렇게 다시 프랑스로 돌아온 드로그바는 부모와 고향을 향한 그리움을 이겨내기 위해 축구에 빠져들었고 결국 자기 안의 천재적인 축구재능을 발견하고 이것을 펼치며 마침내 1998년 프랑스 프로리그 르망에 입단합니다. 그 후 그는 프랑스 프로리그에서 앙나방 갱강(2002~2003)과 올림피크 드 마르세유(2003~2004)를 거쳐 드디어 2004년 꿈의 리그인 영국 프리미어 리그로 진출해 첼시의 주전공격수로 활약하며 스타 선수로의 꿈을 차근차근 밟아나가기 시작했던 겁니다.

하지만 오늘날 드로그바는 단순한 스포츠 스타 이상입니다. 특히 그의 모국 코트디부아르에서는 더욱 그렇습니다. 드로그바가 코트디부아르의 아비장(Abidjan) 공항에 내릴 때마다 공항은 언론과 팬들의 환대로 발 디딜 틈이 없습니다. 드로그바가 귀국할 때마다 코트디부아르의 9시 뉴스 헤드라인은 디디에 드로그바로 채워지고 일간지들 역시 1면에 그의 동정을 싣기에 바쁩니다. 코트디부아르의 옛 수도였고 지금도 여전히 최고의 경제중심지인 아비장 시에는 드로그바의 이름을 딴 거리가 있고 드로그바의 단독 인터뷰가 실린 이 지역 신문은 구독률이 무려 87퍼센트까지 증가한 일도 있었을 정도입니다. 뿐만 아니라 코트디부아르 문화계에서는 이른바 '드로그바사이트(Drogbacite)'로 명명된 음악과 춤이 크게 유행했으며 드로그바가 발매한 같은 이름의 랩 앨범은 인기

순위 차트 1위에 오랫동안 머물기까지 했습니다.

그러나 코트디부아르 사람들의 드로그바에 대한 애정은 단순한 스포츠 대중 스타에 대한 열기를 넘어선 지 오래입니다. 그것을 상징적으로 보여주는 한 가지 역사적인 사건이 있습니다. 지난 2005년 10월, 당시 코트디부아르는 참혹한 내전에 시달리고 있었습니다. 그 와중에 코트디부아르 축구대표팀이 기적적으로 첫 번째 월드컵 진출이 확정되던 날, 2006 독일 월드컵 본선 티켓을 거머쥔 뒤 라커룸에서 동료들과 자축하던 코트디부아르 축구대표팀 주장 디디에 드로그바는 TV 생중계 카메라 앞에 무릎을 꿇은 뒤 마이크를 잡았습니다.

월드컵 지역 예선 8경기에서 9골을 넣는 등 눈부신 활약으로 본선 진출에 결정적인 역할을 했던 드로그바가 "국민 여러분, 우리 적어도 일주일 동안만이라도 무기를 내려놓고 전쟁을 멈춥시다"라고 말하자 정말이지 영화 같은 일이 벌어졌습니다. 내전 당사자인 두 집단 대표가 나란히 경기장을 찾아 첫 월드컵 진출 장면을 함께 목도한 그날, 드로그바의 호소는 진짜 기적을 만들었습니다. 영화 속 한 장면처럼 이후 일주일 동안 코트디부아르에서는 총성이 울리지 않았습니다. 물론 코트디부아르 내전은 그 일주일간의 짧은 휴전을 지나 2007년에 가서야 종결됐지만 말입니다. 영화 같지만 실제로 벌어진 일입니다. 축구가 잠시나마 전쟁을 멈추게 했던 것이죠. 이건 정말이지 기적이 아닐 수 없었습니다. 디디에 드로그바가 평화의 골을 멋지게 넣었던 겁니다.

그 후 디디에 드로그바는 2007년 유엔개발계획(UNDP)이 선정한 홍보대사로 임명됩니다. 그리고 2009년에는 펩시와 맺은 광고 계약금 300만 파운드 전액을 자신의 고향이기도 한 아비장에 종합병원을 건설하는 자금으로 기부했습니다. 뿐만 아니라 그는 자신의 이름을 딴 드로그바 재단을 만들어 나이키와 함께 아프리카 지역 에이즈 치료 및 확산 방지를 위한 교육프로그램 지원 캠페인에 앞장서고 있습니다. 그는 이른바 레드 캠페인이라 이름 붙여진 그 지원운동의 일환으로 빨간 끈을 축구화에 매고 그라운드를 누빕니다. 2009년 프리미어리그 득점왕이 된 디디에 드로그바는 최근 프리미어리그 100호 골을 터뜨리고 IFFHS(국제축구역사통계재단)가 선정한 21세기 최고의 골잡이로 뽑혔습니다. 물론, 앞으로도 그 자리를 지키기 위해선 결코 쉽지 않은 여정이 예상되지만 왠지 그를 응원하고 싶다는 생각이 강하게 드는 것은 그가 단지 축구 골이 아니라 축구를 통해 진정한 평화의 골, 사람의 골 더 나아가 기적의 골을 넣는 스트라이커이기 때문일 겁니다.

긍정과 낙관, 그 도저한 꿈의 승리

2008년 8월 8일 개막해 24일까지 보름 넘게 계속된 2008 베이징 올림픽에 이어 2008 베이징 장애인 올림픽이 9월 6일 개막해 17일까지 약 열흘간 열렸습니다. 그런데 이 양 대회에 모두 출전한 선수가 두 명 있습니다. 폴란드의 19세 소녀 탁구선수 나탈리아 파르티카와 남아프리카 공화국의 수영 여자 마라톤 선수 나탈리 뒤 투아(Natalie Du Toit)입니다. 특히 당시 24세의 나탈리 뒤 투아는 베이징 올림픽 개막식에서 남아프리카공화국 선수단의 기수로 입장해 눈

길을 끌기도 했습니다.

사실 올림픽의 개막식 기수는 각 나라를 대표하는 스타급 선수들이 맡는 경우가 대부분입니다. 그러나 성대하게 막을 올린 2008 베이징 올림픽 개막식에 입장한 각국 기수들 중에서 가장 눈길을 끈 선수는 미국프로농구(NBA)의 스타로 중국대표팀의 기수였던 야오밍도, 핀란드 대표팀의 기수로 여섯 번째 올림픽 무대를 밟는 베테랑 사격선수 우하 히르비도 아니었습니다. 의족을 찬 채 남아프리카공화국 대표팀의 기수로 입장했던 나탈리 뒤 투아였던 겁니다.

수영 여자 10킬로미터 마라톤 종목에 도전하는 남아프리카공화국의 나탈리 뒤 투아는 올림픽에 출전한 첫 여성 절단 장애인입니다. 폴란드의 탁구선수 나탈리아 파르티카는 날 때부터 오른팔이 팔꿈치까지밖에 없는 장애를 갖고 태어났지만 나탈리 뒤 투아는 경우가 달랐습니다. 그녀는 7년 전 오토바이 교통사고로 왼쪽 다리를 잃었기 때문입니다. 14세이던 1997년부터 남아프리카공화국의 수영대표선수로 활동했던 나탈리 뒤 투아는 그토록 간절히 원했던 2000년 시드니 올림픽 참가에 실패했습니다. 그리고 엎친 데 덮친 격으로 그 1년 후인 2001년에 고향인 케이프타운의 한 수영장에서 오전훈련을 마치고 오토바이를 타고 학교로 가던 도중에 그만 주차장에서 빠져나오던 자동차에 치이는 교통사고를 당해 왼쪽 다리가 으스러져 끝내 왼쪽 무릎 아래를 절단하게 되었던 겁니다. 그리고 부러진 넓적다리엔 티타늄을 삽입해야 했습니다.

누구라도 이런 상황이라면 절망하지 않을 수 없었을 겁니다.

아니 절망하는 것이 당연했을지 모릅니다. 그토록 소망했던 올림픽 출전에 실패한데다가 다리까지 절단했으니 선수로서의 생명도 다한 것처럼 보였기 때문입니다. 하지만 나탈리 뒤 투아는 절망하지 않았습니다. 그리고 거기서 멈추지도 않았습니다. 그 잘린 다리로 다시 수영을 시작했습니다. 그리고 절망 속에 무너져내려 허우적거릴 뻔한 자신을 다시 추슬러냈습니다. 그리고 놀랍게도 2002년 영국 맨체스터에서 열린 영연방대회에 출전해 장애의 몸이지만 자유형 800미터에서 비장애인들과 당당히 겨뤄 결승까지 올랐습니다. 비록 메달은 따지 못했지만 영연방대회 6관왕이었던 호주의 수영스타 이언 소프를 제치고 최우수선수(MVP)의 영예를 차지하기까지 했던 겁니다.

그리고 이듬해 2003년에는 올아프리카 경기에 출전해 역시 일반 선수들과 겨뤄 800미터 자유형에서 우승하는 기적 같은 일을 만들었습니다. 그 후 비록 2004년 아테네 올림픽 출전권을 획득하는 데는 실패했지만 그녀는 2004 아테네 패럴림픽 즉 장애인 올림픽에 출전해서는 금메달 5개, 은메달 1개를 따냈습니다. 가히 장애인 올림픽의 '여자 마이클 펠프스'가 된 셈이었습니다.

마침내 나탈리 뒤 투아는 2008년 5월 스페인 세비야에서 열린 오픈워터 세계선수권대회 여자 10킬로미터 경기에서 2시간 02분 07초 8로 4위에 오르며 기어이 베이징 올림픽 출전권을 따냈습니다. 시드니 올림픽, 아테네 올림픽 출전에 두 번씩이나 고배를 마셨던 그녀였기에 삼수 끝에 올림픽 무대에 설 수 있게 되었다는 사실 자체가 감격스럽고 놀라운 일이었습니다. 그리고 마침내 그녀는 베이징 순이 올림픽수상공원 인공호수에서 열린 수영 여자 10킬로미터 마라톤 경기에서 메달 도전에 나섰습니다. 베이징 올림픽에서 처음 채택된 수영 10킬로미터 경기는 한마디로 수영의 마라톤입니다. 웬만한 선수들이 수영으로 10킬로미터를 완주하려면 2시간 이상이 걸립니다. 그런데 나탈리 뒤 투아가 장거리 수영을 고집하는 데는 이유가 있습니다. 정상적인 발차기가 불가능해 짧은 거리에서는 승산이 없기 때문이죠. 하지만 장거리 경주에서는 특유의 집념으로 비장애인들과 어깨를 나란히 겨누며 경쟁할 수 있었던 겁니다.

수영 여자 10킬로미터 마라톤 경기에서 나탈리 뒤 투아는 2시간 0분 49초 9의 기록으로 전체 25명 가운데 16위로 골인했습니다. 비록 메달권에는 들지 못했지만 자기 최고기록을 갱신한 나탈리 뒤 투아의 역영은 그 자체가 감동이 아닐 수 없었습니다. 이 경기에서 금메달을 딴 러시아의 라리사 일첸코가 오히려 "내 메달을 걸어주고 싶을 정도다. 뒤 투아가 우승할 날이 반드시 올 것이다"라고 말할 정도였습니다. 경기를 끝낸 후 나탈리 뒤 투아는 2012년 런던 올림픽에도 반드시 참가해 5위 안에 들고 말겠다고 말할 만큼 결기에 차 있었습니다.

그렇다면 그녀로 하여금 그 모든 절망과 좌절을 딛고 일어서 이처럼 결기에 차게 만든 힘은 과연 뭘까요? 그것은 바로 긍정과 낙관 그리고 꿈입니다. 나탈리 뒤 투아는 사고로 왼쪽 다리 무릎 아래를 잘라내야 했었지만 그나마 수영을 할 수 있을 만큼의 다리가 남아 있어 다행이라고 말할 만큼 긍정과 낙관으로 똘똘 뭉친 사람입니다. 그녀는 이렇게 말합니다. "다른 사람들에게 내 메시지를 전하고 싶었습니다. 장애가 있다고 낙심할 필요는 없습니다. 꿈을 위해 노력하면 언젠가 이룰 수 있기 때문입니다. 같은 꿈을 가지고 있다면, 모두 같은 사람일 뿐입니다"라고 말이죠.

그렇습니다. 진짜 장애는 팔과 다리를 잃은 것이 아니라 꿈을 잃은 겁니다. 시도하고 도전할 수 있는데 하지 않으면서, 불평과 불만만을 늘어놓은 것이 가장 큰 장애입니다. 나탈리 뒤 투아는 꿈을 잃지 않았기에 당당했고 그 어떤 상황에서도 긍정하고 낙관했기에 끝내 기적을 만든 겁니다.

배우는 데 나이가 대수랴

몇 년 전 중국출판과학연구소가 발표한 '전 국민 열독조사'에 따르면 중국에서 가장 많이 읽히고 사랑받는 작가는 바로 무협지의 대가 진융(金庸)이었습니다. 바진(巴金)이나 루쉰(魯迅), 라오서(老舍) 등은 모두 그 뒤였습니다. 범중화권 최고 문장가의 한 사람으로 손꼽히기도 한 진융은 전 세계에 걸쳐 약 3억 명의 독자가 있는 것으로 알려졌습니다. 특히 우리나라에 《영웅문》으로 소개된 《사조영웅전(射雕英雄傳)》은 수백만 부가 팔리며 무협소설 붐을 일으키기도 했습니다.

바로 그 진융이 2005년 81세 나이로 영국 케임브리지대학 유학길에 올라 화제를 불러일으켰던 적이 있습니다. 그리고 진융은 2010년 영국 케임브리지대학에서 박사논문이 통과되어 박사학위를 수여받았습니다. 사실 진융은 이미 2005년에 케임브리지대학에서 명예문학박사를 수여받은 바 있고 그 외에도 홍콩대학교 사회과학 명예박사, 홍콩공과대학교 명예박사, 캐나다 브리티시컬럼비아대학교 명예박사 등을 수여받은 바 있습니다. 그런 진융이 굳이 5년 동안 영국과 홍콩을 오가면서 케임브리지대학에서 고집스러울 만큼 박사 과정을 마친 것은 학위에 대한 집착이기보다는 죽는 그날까지 겸손하게 배우겠다는 마음가짐의 발로가 아닐까 싶습니다. 그도 그럴 것이 나이로 따지자면 자식뻘도 안 될 케임브리지대학 교수들 앞에서 진땀 흘려가며 구술시험까지 치르고 고지식하리만큼 절차를 밟아 따낸 박사학위를 든 진융의 나이가 올해 88세이기 때문입니다.

1924년 중국 저장(浙江)성 하이닝(海寧)의 대지주 집안에서 태어난 진융의 본명은 자량융(查良鏞)이었습니다. 그는 어릴 때 집안에 산더미처럼 쌓여 있던 장서를 닥치는 대로 읽었습니다. 그것이 훗날 무림고수들의 무협지를 쓸 수 있었던 바탕이 되었음은 물론입니다. 진융은 중일전쟁이 발발하던 1937년 고향인 저장성에서 중고등학교를 졸업한 뒤, 베이징의 중앙정치학교 외교학과에 입학했습니다. 하지만 1944년 '불평분자'라는 오명을 쓰고 학교에서 제적당한 진융은 상해 동오대학에서 국제법을 다시 공부한 후 1946년부터 상하이 〈대공보(大公報)〉에서 번역일을 시작했습니다. 그는 다시 중국이 국공내전에 휘말리자 홍콩으로 건너가 1948년부터 홍콩 〈대공보〉와 〈신만보(新晩報)〉의 기자로 일했습니다. 이때부터 진융은 낮에는 기자로 일하고 밤에는 무협지를 쓰기 시작했습니다. 그리고 마침내 1955년 《서검은구록(書劍恩仇錄)》을 세상에 내놓았습니다.

낙양의 지가를 올릴 만큼 초베스트셀러가 된 무협지 덕분에 진융은 큰돈을 벌어 마침내 1959년 홍콩 〈명보(明報)〉를 창간하기에 이르렀습니다. 그는 1992년 〈명보〉를 다른 화교 재벌에 넘길 때까지 주필, 사장, 회장직을 두루 맡았습니다. 그 사이 진융은 《천룡팔부(天龍八部)》《녹정기(鹿鼎記)》등 모두 14편의 역작을 잇따라 발표했습니다. 1972년 절필할 때까지 그는 17년간 15편의 무협지를 세상에 내놓았던 겁니다. 중국의 작가 니쾅(倪匡)은 다음과 같은 여덟 자로 진융의 작품을 평했는데 이것이 그 유명한 팔자평(八字評)입니다. "고금중외 공전절후(古今中外 空前絕後)"라. 즉 "동서고금을 막론하고 견줄 만한 것이 없다"는 뜻입니다.

진융이 쓴 무협지들은 실감나는 인물 묘사와 다채로운 이야기, 중후한 문장으로 그에게 '신필(神筆)'이라는 찬사를 안겨주었습니다. 그뿐만 아니라 중국 소설사의 금자탑인 〈홍루몽(紅樓夢)〉을 연구하는 학문을 '홍학(紅學)'이라고 하듯이 그의 작품에 대한 연구에 '김학(金學)'이라는 이름이 붙을 정도가 되었던 겁니다. 지금 대만에서 발간된 김학연구총서(金學研究叢書)만도 18권에 이르고 있습니다. 진융의 무협지들은 중국어권은 물론 한국어, 일어, 영어, 프랑스어 등으로 번역되어 전 세계적으로 무려 3억 권이 넘게 팔렸습니다. 심지어 진융의 작품들은 중국과 싱가포르에서 중고교 교과 과정에 포함되어 있을 정도입니다. 그뿐만 아니라 그의 작품들을 원작으로 한 영화와 TV 드라마 그리고 만화와 컴퓨터 게임까지 만들어져 진융의 무협지는 가히 일세를 풍미하는 컨텐

츠의 보고가 되었던 것이죠.

무협지의 초베스트셀러 작가 진융. "학위가 아니라 학문을 추구하겠다"며 81세 나이에 거듭 황혼유학을 떠난 진융. "배우는 데 여든 나이가 대수랴"며 일갈하는 진융의 그 목소리가 들리지 않으십니까? 결국 너나 할 것 없이 평생 배우는 겁니다. 그것이 진정으로 하나뿐인 이 삶을 아름답게 살찌우는 길이지 않겠습니까? 무협지의 전설 진융은 "공부를 더 하면 지금보다 나아질 것"이라는 진정한 삶의 겸손을 우리 모두에게 생생하게 가르쳐주고 있습니다. 어쩌면 그건 삶의 겸손이 세상 사람들 눈에는 기적과도 같은 일들을 빚어내는 '천하제일검(天下第一劍)'으로 보이는 것일지도 모르겠습니다.

열정의 끝에서 만나는 기적

기적을 잉태한 희망의 숲

전남 장성군 서삼면 일대 축령산 기슭에 빼곡히 들어찬 편백나무·삼나무 숲, 특히 서삼면 모암리와 추암리를 잇는 약 6킬로미터의 완만한 경사를 지닌 임도(林道)를 걸으며 마주하는 숲은 하늘이 내려준 선물 같습니다. 하지만 그 숲은 하늘의 선물이 아니라 한 사람의 고집스런 열정과 진하디 진한 땀으로 만들어진 인공조림 숲입니다.

이 숲을 일군 사람이 바로 고(故) 춘원 임종국(林種國) 선생입니다. 이름으로만 봐도 '숲[林]의 씨[種]가 되어 나라[國]에 기여할 사람'임에 틀림없습니다. 그런데 실제로 그는 반세기 전인 1950년대 중반부터 편백나무 조림에 관심을 갖기 시작해 57년부터 본격적인 나무심기에 나서 20여 년 동안 569헥타르에 걸쳐 편백나무와 삼나무 등 253만여 그루의 나무를 심었습니다. 정말이지 자기 이름처럼 산 셈입니다. 사실 한국전쟁이 끝난 후인 1950년대 중반에는 너나 할 것 없이 모두 산의 나무를 잘라 땔감으로 쓰기 바빴지 심거나 가꿀 생각은 아예 엄두도 내지 못했습니다. 그래서 전국의 산야는 황토를 드러낸 채 벌건 민둥산뿐이었습니다. 심지어 나무를 베고 남은 그루터기도 도끼로 쪼개어 훑어내고 땅 밑에 박힌 뿌리마저 뽑아내 땔감으로 쓸 만큼 나무의 씨를 말리던 때였습니다. 그러니 그 당시에 자기 돈과 노력을 들여서 나무를 심는다는 것은 한마디로 세상을 거꾸로 사는 '미친 짓'이었습니다. 그래서 임종국 선생이 나무를 심기 시작했을 때 주변에서는 누구 하나 격려하고 칭찬하는 사람이 없었습니다. 오히려 비웃음과 조롱만 있었을 뿐입니다.

사실 임종국 선생도 나무를 키워 돈을 벌었다기보단 오히려 빚을 내서 나무를 심고 숲을 일궈냈다고 해야 맞을 겁니다. 흔히 나무는 심기만 하면 자란다고 생각하는데 이것은 큰 오해입니다. 사람이든 나무든 무수한 손길이 필요한 법이죠. 특히 자생수종이 아닌 편백나무, 삼나무 등을 키우려면 이만저만 손길이 가는 것이 아닙니다. 게다가 가뭄이라도 들면 뿌리까지 타들어가는 나무를 살리기 위해 500미터 산 아래에서 물지게로 물을 길러 한 동이씩 붓는 피눈물나는 수고를 하지 않으면 안 되었습니다. 하지만 세상은 임종국 선생의 이런 피나는 노력을 알아주지도 않았고 알려고도 하지 않았습니다. 그야말로 홀로 외롭게 가는 고투의 길이었습니다. 그나마 새마을운동과 정부주도의 조림사업이 서서히 본격화된 1970년대에 들어와서야 임종국 선생의 나무심기에 대한 주목과 관심이 나타나기 시작했습니다. 그래서 그나마 임종국 선생은 1970년 철탑산업훈장을 받고 1972년에는 5·16 민족상을 받았습니다. 하지만 그것이 빚을 져가면서 자신의 모든 것을 다 바쳐 나무를 심고 숲을 일군 그의 삶마저 보상해주진 못했습니다.

결국 그의 말년과 사후에 조림사업에 들인 빚을 더 이상 감당할 수 없게 되자, 임종국 선생이 평생토록 혼신의 땀과 열정으로 키우고 일궈낸 나무와 숲은 외지인 9명에게 나뉘어 넘어가고 말았습니다. 그것은 단지 숲의 주인이 바뀐 차원의 문제가 아니라 숲이 송두리째 사라질지 모를 위기의 상황이었습니다. 그나마 다행히 국가에서 40억 6800만 원을 들여 다시 그 숲의 일부를 매입해 임종국 선생이 땀으로 물주고 혼으로 비료를 주며 온 삶을 바쳐 일군 숲은 일부나마 우리 모두의 것으로 되돌아올 수 있었습니다. 그리고 마침내 이 숲은 지난 2000년 '22세기를 위해 보전해야 할 아름다운 숲'으로 선정되었습니다. 지금 이 숲은 나무값만 치러도 수백억 원을 호가하는, 사실상 돈으로 값을 매기기 힘든 고부가가치의 숲이 되었습니다. 그리고 국내는 물론 일본, 중국, 호주, 독일 등지로부터 온 시찰단을 포함해 연 평균 30만여 명의 사람들이 찾아와 숲체험과 산림욕을 하며 찬사를 연발하는 우리 모두의 보물이 되었습니다.

1987년 72세 나이로 타계해 고향인 전북 순창군 소재 선영에 안장되었던 임종국 선생의 유해는 지난 2005년 11월 23일 그가 평생을 바쳐 일군 전남 장성의 편백나무, 삼나무 숲으로 옮겨져 수목장을 새로 치렀습니다. 결국 자식 같은 나무들이 모여 있는 그

2012 21세기북스 도서목록

생각 버리기 연습

김미경의 **아트 스피치**

칭찬은 고래도 춤추게 한다

흔들리는 30대를 위한 **언니의 독설** 김미경 지음

Dr. 손유나의
Paper Cup Diet **종이컵 다이어트** 손유나 지음

죽을 때 후회하는 스물다섯 가지

노는 만큼 성공한다 지식 에듀테이너이자 문화심리학자 김정운 교수가 제안하는 재미학 · 김정운(명지대 교수 여가기재연구소장) 지음

▶ 21세기북스 도서를 휴대폰에서 만나세요!

생각 버리기 연습

화내지 않는 연습
코이케 류노스케 지음 / 각 권 12,000원

매일 3000명의 인생을 바꾼 화제의 베스트셀러!
일본 열도를 뒤흔든 동경대 출신 스님의 휴뇌법

남자의 물건

노는만큼 성공한다
김정운 지음 / 각 권 15,000원

SBS 지식나눔 콘서트 '아이러브人' 화제의 방송!
차범근, 안성기, 조영남, 문재인의 물건을 본 적이 있는가?
김정운이 제안하는 존재확인의 문화심리학

마시멜로 이야기
호아킴 데 포사다, 엘런 싱어 지음 / 값 12,000원

300만 독자의 인생을 바꾼 지혜! 원본 완역!
왜 어떤 사람은 해내고, 어떤 사람은 해내지 못할까? 삶의 행복과 성공의 진정한 의미를 전하고, 유쾌하고 흥미진진한 우화를 통해 단순하지만 명확한 성공의 원칙을 제시한다. 국내에서만도 300만 독자의 사랑을 받은 바 있는 책으로 공경희 번역가의 손에서 다시 탄생했다.

김미경의 책으로 만나는 강의

1 한 달에 한 번 12명의 인생 멘토를 만나다
2 내 안의 스티브 잡스를 깨워라!
3 2012년 자기계발을 위한 트렌드 키워드

김미경 지음 / 각 권 8,000원

'김미경의 파랑새' 강연을
책으로 만난다!

e-BOOK 구매 가능

마흔, 논어를 읽어야 할 시간

신정근 지음 / 값 15,000원

멋지게 인생을 다스리는 법! 군자의 지혜와 벗하다!

마흔이라는 시간은 조언자 또는 리더로 서야 하는 인생의 더 큰 단계로 우리를 안내한다. '과연 나는 누군가에게 길이 되는 삶을 살고 있는가, 아니면 반면교사로 살아가고 있는가.' 동양철학자 신정근 교수는 인생의 절반에서 여러 장벽 앞에 선 이들을 위해 그 해답을 시대를 뛰어넘는 정신적 지도자 공자에게서 찾았다.

나의 도움이 오는 곳

피터 로벤하임 지음 / 값 13,000원

혼자 밥 먹는 데 싫증난 당신에게 전하는 한 남자의 이야기

현대인의 삭막한 마음을 위로해 줄 이웃집 여행기. 저자는 긴 프로젝트의 결과 상당수의 이웃과 접촉할 수 있었다. 놀라운 것은 서로에게 관심이 없을 것 같았던 이웃들이 사실은 마음 한구석에서 소통에 대한 열망을 갖고 있었다는 것! 무관심과 개인주의가 미덕인 이 시대에 던지는 메시지, '당신의 이웃집에서 하룻밤을 보내세요!'

포기하느니 거짓말을 하라

케이티 쿠릭 지음 / 값 15,000원

명품 인생 80인이 들려주는 심장을 파고드는 최고의 조언!

누구에게나 조언이 필요한 순간은 있다. 인생의 전환점에 놓였을 때, 어느 방향으로 가야 할지 알 수 없을 때, 세상이 무너지는 것 같은 실패를 경험했을 때 등 인생 선배의 따뜻한 혹은 폐부를 찌르는 한 마디가 필요한 순간이 있는 것이다. 당신에게는 그런 조언을 들려줄 사람이 있는가?

일생에 한 권 책을 써라

양병무 지음 / 값 14,000원

양병무의 행복한 글쓰기 특강

글쓰기의 기초부터 책 출간까지… 누구나 실천할 수 있는 책 쓰기 안내서! 글쓰기와 책 쓰기 전도사로 불리는 저자, 그는 글쓰기와 책 쓰기에 관심은 있지만 스스로 안 된다고 생각하는 많은 CEO와 전문가들을 위해 1인 1책 쓰기의 중요성을 강조하며, 자신이 15년간 글을 써오면서 터득한 경험과 노하우를 전한다.

21세기북스 트위터 @21cbook 블로그 b.book21.com 전화 031-955-2153 홈페이지 www.book21.com

인포메이셔니스트

테일러 스티븐스 장편소설 / 값 13,800원

아마존 선정 '2011 최고의 미스터리 스릴러'

제임스 본과 리스베트 살란데르, 비밀스런 결합! 바네사 마이클 먼로는 정확한 정보 분석력을 자랑하는 지적인 여성 캐릭터다. 시종일관 심리적 깊이를 잃지 않는 인간 대 인간의 대결, 상대방의 전략에 넘어가지 않는 조심스러운 감정 조절 능력이 돋보인다.

러브 케미스트리

기타 요시히사 장편소설 / 값 11,500원

2011년 '이 미스터리가 대단하다' 우수상 수상작!

도쿄대 이공계 초식남이 펼치는 유기화학 코미디. 속임수로 가득한 캠퍼스의 연애 미스터리! '연애' '미스터리' '화학'을 한 권에 담아냈다. 다카라지마샤의 신인상인 제9회 '이 미스터리가 대단하다' 우수상 수상작으로 대학 캠퍼스를 배경으로 한 청춘 미스터리 소설.

헤밍웨이와 파리의 아내

폴라 매클레인 장편소설 / 값 13,800원

아마존 선정, '2011 가장 많이 팔린 책!'

시카고에서 허드렛일을 하던 견습 시절, 그리고 비관적이지만 활기 넘치던 파리 시절…'젊은 날의 헤밍웨이'를 담은 평전 소설. 여자에게 거칠었던 마초의 대명사, 그 뒤엔 소심하고 예민한 자의식이 있었다. 인생에서 가장 행복했던 시절, 아니 행복했던 유일한 시절에 대한 이야기.

패밀리 트리

오가와 이토 장편소설 / 값 13,500원

『달팽이 식당』작가의 세 번째 장편 소설

비틀스의 '어크로스 더 유니버스'를 자장가처럼 듣고 자랐으며 스페인 사람의 피가 섞여 이목구비가 뚜렷했던 릴리, 여름방학 때마다 릴리가 시골집에 내려오기를 손꼽아 기다리는 류. 과연 두 사람은 혈연관계를 극복하고 결혼할 수 있을까. '영혼 치유의 과정'을 섬세한 문체로 표현했다.

숲으로 먼 길을 돌아와 다시 그 나무들 아래 묻힌 것입니다.

　나무를 심는다는 것은 미래를 심는 것입니다. 그것도 기적의 미래를 말입니다. 그래서 한 그루 한 그루 심어진 나무들은 머잖은 미래에 기적을 잉태한 희망의 숲이 됩니다. 조림왕 춘원 임종국 선생은 우리에게 단지 나무가 아니라 기적을 심으라고 가르쳤던 겁니다. 그리고 그 자신이 기적을 잉태한 희망의 숲을 우리에게 더없는 보물로 남겼던 것이죠.

꿈을 인큐베이팅하다

여러분은 '베네수엘라' 하면 무엇이 가장 먼저 떠오르십니까? 역대 미스 유니버스를 6회나 차지한 '미녀들의 나라'인가요? 하지만 그것만은 아니지요. 베네수엘라는 중요한 석유생산국의 하나이나, 극심한 빈부격차로 인해 많은 어려움을 겪는 나라입니다. 또 베네수엘라 하면 유난스런 반미정서와 포퓰리즘에 기반을 둔 사회주의 정책으로 미국의 이맛살을 수시로 찌푸리게 만드는 차베스 대통령도 떠오를 겁니다. 하지만 클래식 애호가라면 또 하나의 이름을 어렵지 않게 떠올릴 수 있을 겁니다. 31세의 젊은 지휘자 구스타보 두다멜(Gustavo Dudamel)과 '엘 시스테마'입니다.

　이미 17세에 시몬 볼리바르 유스 오케스트라의 음악감독이 된 구스타보 두다멜은 2004년 구스타프 말러 지휘 콩쿠르에서 우승을 차지하면서 유럽 음악계의 주목을 받게 되었습니다. 그는 이후 필하모니아, 보스턴 심포니, 버밍엄 심포니, LA 필, 드레스덴 슈타츠카펠레 등의 일급 오케스트라들을 객원 지휘했으며, 이미

프롬스와 탱글우드와 같은 굵직한 음악축제를 통해서도 신고식을 치렀습니다. 그 후 북유럽을 대표하는 정상급 악단인 스웨덴의 예테보리 심포니의 상임지휘자를 맡았으며, 2009년 가을부터 에사 페카 살로넨의 뒤를 이어 현재 미국에서 가장 역량 있는 오케스트라로 급부상한 LA 필하모닉의 음악감독으로 지휘봉을 쥐고 있습니다.

구스타보 두다멜이 다니엘 하딩, 리오넬 브랭기에, 블라디미르 유로프스키 등과 함께 세계 클래식계를 휩쓸고 있는 젊은 지휘자들 가운데서도 특히 돋보이는 까닭은 그가 '엘 시스테마(El Sistema)' 출신이기 때문입니다. '엘 시스테마'란 베네수엘라의 저소득층 청소년 음악교육 프로그램을 말합니다.

지난 1975년 경제학 박사이자 아마추어 오르가니스트 겸 지휘자였던 호세 안토니오 아브레우(Jose Antonio Abreu)가 마약과 범죄, 성폭행 등에 무방비로 노출돼 있던 베네수엘라의 극빈층 청소년들의 생활을 개선하기 위해 오케스트라를 만든 것이 '엘 시스테마'의 시작입니다. 허름한 차고에서 11명의 학생으로 시작된 '엘 시스테마'는 자원봉사자들의 노력과 연간 2900만 달러에 달하는 정부의 자금지원 덕분에 현재 수많은 청소년 관현악단과 어린이 관현악단을 거느리고 있습니다.

국민소득이 4000달러에 불과한 베네수엘라에 이렇게 많은 유·청소년 오케스트라가 있는 것도 놀랍지만 오케스트라 단원들 대부분이 빈민가 출신이라는 것도 이채롭습니다. 단원 중에는 청소년보호감호소에 수감 중인 아이들도 적지 않은데 이들은 오케스트라를 통해 희망과 꿈을 되찾는다고 합니다. 두다멜 역시 트럼펫 연주자인 아버지와 성악교사인 어머니 사이에서 태어났지만 어려운 처지의 청소년들 가운데 한 명이었습니다. 구스타보 두다멜이 고백하듯 말했듯이, "베네수엘라에서 마약이나 폭력의 유혹으로부터 자유롭지 못했던 친구들을 구원해준 것은 바로 음악"이었습니다. 클래식 변방 베네수엘라를 바꾸며 세계를 놀라게 한 클래식의 기적 '엘 시스테마'는 이제는 남미와 아프리카 등으로 퍼져가며 제2, 제3의 기적을 꿈꾸고 있습니다.

사실 '엘 시스테마'가 세계 음악계에 충격을 던져주게 된 것은 젊은 지휘자 구스타보 두다멜이 이끄는 베네수엘라의 시몬 볼리바르 유스 오케스트라가 혜성처럼 등장하면서부터였습니다. 구스타보 두다멜은 2005년에 세계적인 클래식 음반사인 도이체 그라모폰과 전격 계약하면서 데뷔음반으로 베토벤 교향곡 5번과 7번을 시몬 볼리바르 유스 오케스트라의 연주로 취입해 커다란 화제를 불러일으켰습니다. 이들의 놀라운 실력에 세계적인 지휘자들이 감탄하면서 이들을 키운 '엘 시스테마'란 교육 프로그램이 자연스럽게 주목받은 겁니다.

'엘 시스테마'는 비록 물려받은 낡은 악기를 쓰고 있지만 로린 마젤이나 사이먼 래틀, 클라우디오 아바도 같은 세계적인 지휘자들이 후원하고 있고, 베를린 필하모닉 단원들도 시간이 날 때마다 베네수엘라로 날아가 아이들을 가르칩니다. 그밖에 유네스코는 물론 뱅크 오브 아메리카, 도이체 방크 같은 회사들도 재정지원을 합니다.

베를린 필 상임지휘자 사이먼 래틀은 '엘 시스테마'를 가리켜 이렇게 말합니다. "이것은 말로 표현할 수 없는 기적이다. 이것은 음악의 미래다. 그리고 사회를 바꿔가는 주체의 하나다." 역시 오래전부터 '엘 시스테마'에 관여해온 지휘자 곽승 씨는 또 이렇게 말합니다. "무엇보다 거기엔 음악에 대한 순수한 열정이 살아 있어요. 부잣집 아이들만 음악을 배우는 것이 아닙니다. 거기에 가면 진짜 음악을 할 마음이 다시 생깁니다."

구스타보 두다멜과 그의 가난한 친구들에게 오케스트라는 넘볼 수 없는 그 무엇이기보다는 기쁨, 의욕, 팀워크, 성공을 향한 열망을 의미합니다. 그들이 함께 만든 '시몬 볼리바르 유스 오케스트라'는 그 자체가 꿈을 인큐베이팅하는 기적의 오케스트라입니다. 구스타보 두다멜과 그의 친구들은 '엘 시스테마'를 통해 새롭게 인큐베이팅된 셈입니다. 음악이 그들을 길렀고 클래식이 그들을 악의 오염에서 구원해 새로운 꿈과 미래로 이끈 겁니다. 그리고 이제 그렇게 자란 31세의 구스타보 두다멜이 세계최고 수준의 LA 필하모닉을 이끌고 있습니다. 정말이지 쓰레기통 속에서 장미꽃이 피어난 기적이 이와 같은 것 아닐까 싶습니다.

위대한 도약의 첫발을 딛다

1961년 5월 25일 케네디 미국 대통령은 '국가의 긴급과제에 관한 특별 교서'를 발표했습니다. 거기에는 "1960년대가 끝날 때까지 인간을 달에 착륙시켰다가 안전하게 지구로 귀환시키겠다"는 아폴로 계획이 담겨 있었습니다. 이미 소련이 1958년에 스푸트니크

1호를 쏘아올리고 1961년 4월 12일에는 최초의 유인 우주선에 탑승한 유리 가가린이 108분 동안 지구궤도를 돌아오자 이에 자극받은 미국이 내놓은 것이 바로 아폴로 계획이었던 겁니다.

하지만 아폴로 계획은 숱한 난관에 봉착하곤 했습니다. 그 중에는 1967년 1월 27일 아폴로 1호의 화재사고로 그리섬, 화이트, 채피 등 3명의 우주비행사가 모두 타죽는 끔찍한 경우도 있었습니다. 하지만 아폴로 계획은 중지되지 않고 계속되었습니다.

그 아폴로 계획의 정점에 서 있는 닐 암스트롱(Neil A. Armstrong)은 미국 오하이오 주 워퍼코네타에서 태어났습니다. 그는 어려서부터 비행기를 좋아해 이미 16세 때 조종사 자격증을 취득하고 또 본격적으로 비행기를 연구하기 위해 퍼듀대학에 입학해서 항공학을 배웠습니다. 그 후 해군비행학교에 입교한 닐 암스트롱은 해군 전투 조종사로서 한국전쟁에 참전해 78회나 출격하기도 했답니다.

그 후 닐 암스트롱은 1962년 미항공우주국 즉 NASA에 제2기 우주 비행사로 선발되어 아폴로 계획에 동참하게 됩니다. 본래 아폴로 11호의 선장으로 내정되었던 사람은 거스 그리섬(Gus Grissom)이었지만 그는 아쉽게도 앞서 언급했던 1967년 1월의 아폴로 1호 화재사고로 유명을 달리했습니다. 그래서 닐 암스트롱이 순직한 그리섬을 대신해 아폴로 11호의 선장이 되었던 겁니다.

마침내 1969년 7월 16일 아침 미국 플로리다 주 케이프 케네디 우주기지에서 36층 높이의 거대한 새턴 로켓이 지축을 흔드는 굉음과 함께 발사되었습니다. 그 새턴 로켓의 꼭대기에 붙어 있던 아폴로 11호에는 선장 닐 암스트롱과 에드윈 올드린 2세, 그리고 마이클 콜린스가 탑승하고 있었습니다. 이 아폴로 11호는 사령선 컬럼비아호와 착륙선 이글호로 구성되어 있었습니다.

마침내 7월 20일 영국 그리니치 천문대 표준시간으로 오후 4시 17분경, 기이한 벌레 모양의 달 착륙선 이글호가 사령선 컬럼비아호와 분리되어 선장 닐 암스트롱과 에드윈 올드린만을 태운 채 달의 '고요의 바다' 가장자리에 착륙했습니다. 그 순간 나사본부는 긴장 속에 숨을 죽이고 있었습니다. 착륙선으로부터 아무런 반응이 없었기 때문입니다. 하지만 이내 "휴스턴, 여기는 고요의 바다. 이글호 착륙했다"는 통신연락이 나사본부에 전해지면서 환호가 터졌습니다. 그로부터 4시간 후인 1969년 7월 20일 오후 8시 17분경, 선장 닐 암스트롱이 달 착륙선 이글호의 해치를 열고 사다리를 내려와 달에 첫발을 내디뎠습니다. 닐 암스트롱이 달에 내디딘 첫발은 공교롭게도 왼발이었습니다. 그 왼발이 인류역사에 남는 '그레이트 스텝'이 된 것입니다.

사실 암스트롱은 달에 첫발을 내딛다가 그대로 먼지 속으로 쑥 빠져버리지는 않을까 조마조마했다고 고백한 바 있습니다. 그만큼 미지의 세계에 첫발을 내딛기가 두려웠을 겁니다. 하지만 정작 달에 첫발을 내딘 닐 암스트롱은 그 두려움을 떨치고 이렇게 말했습니다. "이것은 나 한 사람이 내딛는 작은 발걸음이지만, 인류 전체에 있어서는 위대한 발걸음이다." 닐 암스트롱은 '두려움의 발'을 새로운 '위대한 도약의 발'로 바꾼 셈이었습니다.

닐 암스트롱과 에드윈 올드린은 약 2시간 30분 동안 달표면에서 활동했습니다. 그들은 달표면에 텔레비전 카메라를 설치하고 성조기를 꽂은 다음 엄숙히 경례했습니다. 그 밖에도 태양풍 측정기, 레이저 반사기, 지진계 등의 계측기기들을 설치하고 74개국 국가원수들의 메시지가 담긴 원판을 남겼습니다. 그리고 달의 돌과 흙 20킬로그램을 가지고 착륙선 이글호로 돌아왔습니다. 그 역사적 장면을 10억 지구인이 텔레비전을 통해 지켜보았습니다. 이것은 인류의 상상력을 우주로 급팽창시킨 전무후무한 대사건이었습니다.

그런데 닐 암스트롱은 달에서 파란 보석같이 빛나는 지구를 바라보며 과학기술에 앞서 절대자에 대한 깊은 경외감을 느꼈노라고 고백한 바 있습니다. 또 당시 아폴로 계획을 텔레비전으로 중계하던 아나운서도 훗날 이렇게 술회한 적이 있습니다. "우리는 왜 달에 갔던가요?" 그리곤 아무런 코멘트 없이 한동안 침묵이 흘렀습니다. 잠시 후 이런 코멘트가 들려왔습니다. "그건 아마도 사진을 찍기 위해서일 겁니다. 지구의 사진 말입니다."

다소 황당한 말 같지만 거기엔 진실이 담겨 있었습니다. 말 그대로 천문학적인 예산이 집행된 아폴로 계획에 따라 사람을 달에 보낸 가장 확실한 이유와 명분은 결과적으로 우리가 살던 지구를 다시 보기 위해서였을지 모릅니다. 달에 가봄으로써 역설적으로 우리는 푸른 별 지구를 객관적으로 보게 되었고 우리 스스로를 가둬두었던 '지구의 편견'으로부터 벗어날 수 있는 계기를 만든 것 아닐까요?

어쨌든 이제, 닐 암스트롱의 이 한마디만은 기억해둡시다. "이것은 나 한 사람이 내딛는 작은 발걸음이지만, 인류 전체에 있어서는 위대한 발걸음이다"라는 그 말 말입니다. 내일 우리의 '그레이트 스텝'이 되는 기적 역시 오늘 나의 작은 발걸음에서 시작된다는 사실을 되새김하면서 말이죠.

위대한 몰입의 카리스마,
'불멸의 지휘자'

한 우주를
창조하는
지휘자의
세계

"음악은 인간에게 소속되지 않으며 인간을 우주와 연결시키는 것이다." 지휘자 첼리비다케의 말입니다. 사선을 그으며 허공을 가르는 조그만 지휘봉의 카리스마, 순간 굳게 다물었던 침묵을 깨뜨리고 일제히 포효하는 소리의 함성, 팽팽히 당겨졌던 악단원과 청중의 긴장은 한꺼번에 풀려서 봇물처럼 쏟아져내리는 해방감을 온몸으로 맛봅니다. 갖가지 형태의 음향, 그 조화로운 융합의 눈부신 아름다움, 지휘자가 엮어내는 황홀한 순간에 음악과 세계는 하나가 됩니다. 그렇게 음악과 세계를 하나 되게 만드는 사람이 바로 지휘자입니다.

거장의 시대를 맞아 지휘자는 음악가 이상의 지위를 획득하며 숱한 화제의 주인공이 됩니다. 그들의 지휘 스타일, 연애편력, 정치적 성향 등이 일반 사람들에게는 무궁한 관심의 초점이 된 것입니다. 사실상 지휘자는 단순히 음악의 세계에만 사는 사람들이 아니고 인문적 교양으로 무장한 진정한 예술인입니다. 중후한 지휘로 이름 높은 카를 뵘은 법학박사였고, 활달한 지휘자 레너드 번스타인은 하버드대학의 철학 전공자였으며, 장한나에게 뛰어난 음악가가 되기 위해 인문학을 전공하라고 권유한 지휘자 주세페 시노폴리는 의학박사이자 문학, 인류학, 철학에 조예가 깊었던 '문사철'의 대가였습니다.

이렇듯 진정한 인문정신을 갖추고 위대한 몰입의 카리스마로 불멸의 지휘자가 된 4인4색의 거장, 그들의 면면을 조금씩이나마 훑어보겠습니다.

지휘의 시대를 열어젖힌 거장, 토스카니니

아르투로 토스카니니(1867~1957)의 지휘는 명쾌하고 단호한 것이 특징으로, 음악의 구조를 치밀하게 계산하고 세부를 깊이 파고드는 해석을 시도하며 연주자의 감상적이고 주관적인 해석을 절대적으로 배격합니다. 그의 지휘는 기본적으로 이론이나 관념이 아니라 직접 피부로 느낀 음의 빛이 지배하고 있습니다. 그는 음을 음향의 연마보다도 오히려 한 개의 강인한 선으로 마무리하려고 끊임없이 노력합니다. 마치 가는 강철을 여러 개 묶어 꼬고 다시 또 그 과정을 되풀이하여 더 굵은 와이어로프로 만드는 식입니다.

토스카니니는 그의 날카롭고 풍성한 음악성으로, 후기 낭만파 지휘자들이 빠져든 과중한 정서 표현에 종지부를 찍었습니다. 그는 동시대 지휘자들이 자신의 개성을 지나치게 발휘해 주관적 해석으로 가득 찬 연주를 남발하는 것에 대해 강력히 반발했으며, 지휘자는 작품을 객관적 입장에서 바라보고 자신의 생각보다는 작곡자가 표현하고자 의도했던 것을 있는 그대로 살리는 데 최대한의 노력을 기울여야 한다고 주장했습니다.

이러한 경향은 다음 세대 지휘자들에게 지대한 영향을 미쳤습니다. 사실 20세기 지휘자로 토스카니니에게 배우거나 느끼지 않은 사람은 아마 없을 것입니다. 푸르트뱅글러가 가장 존경하면서도 시기하고 또한 평생토록 극복하고자 노력했던 대선배가 바로 토스카니니였습니다.

이탈리아 북부 파르마에서 가난한 양복재단사의 아들로 출생한 토스카니니는 음악 신동으로 자라 파르마 음악원을 졸업한 후 클라우디오 로씨가 조직한 오페라 악단에 첼리스트 겸 합창 부지휘자로 입단합니다. 얼마 후 브라질 리우데자네이루 오페라 극장에서의 〈아이다〉 공연에 참가하게 되었는데, 이때 지휘자와 악단 간의 불화로 공연 직전에 지휘자가 갑작스럽게 사퇴하는 사건이 벌어집니다. 그를 대신해 부지휘자가 지휘하려 했으나 청중들로부터 심한 야유를 받아 퇴장당하고, 이어서 지휘봉을 잡은 합창 지휘자도 역시 쫓겨나버립니다. 이렇게 되자 평소 60편 이상의 오페라 악보를 모두 외우고 있다고 소문이 나 있던 (노년에는 거의 200곡 이상을 암보했다고 합니다) 19세의 토스카니니에게 지휘의 기회가 돌아왔고, 다급해진 극장 측에서는 어린 그에게 지휘를 맡겼는데, 토스카니니는 지휘대에 올라가자마자 악보를 덮어버리고는 끝까지 암보로 리허설 한 번 없이 이 대곡을 성공적으로 지휘함으로써 일순간에 촉망받는 스타 지휘자가 됩니다.

이후부터 토스카니니는 본격적인 지휘자로서 활동을 시작했는데, 음악에 대한 열정과 화산 같은 폭발적 기질로 뭉친 토스카니니는 오케스트라가 최고의 기량을 발휘하도록 완벽히 통제할 수 있는 마술사와 같은 존재였으며, 그와 함께 연주했던 단원들은 그의 음악에 대한 열정에 자기도 모르게 빨려들어 도취되는 경우가 많았다고 합니다. 이러한 강렬한 카리스마 때문에 후배 지휘자들은 좋든 싫든 어떤 형태로든지 그의 영향을 받지 않은 사람이 거의 없었다고 해도 과언이 아닙니다. 음악에 생명을 불어넣고, 그 생명력을 가장 힘차게 타오르게 한 지휘자이며, 금세기 지휘법의 기본을 구축한 제일인자이기도 한 토스카니니. 실로 그는 20세기를 연 최고의 마에스트로였습니다.

인류를 진보시킨 음악가, 푸르트 벵글러

빌헬름 푸르트벵글러(1886~1954)의 음악에 대한 태도는 지적입니다. 그가 지향하는 것은 악보를 정독하고 작곡가의 의도를 추체험(追體驗)하는 일인데 그것은 순수한 감동을 즉흥적 표현으로 나타낼 때 가능해집니다.

1906년 20세의 푸르트벵글러는 뮌헨의 카임 오케스

트라를 지휘하면서 정식으로 데뷔했습니다. 이때 연주한 곡은 안톤 브루크너의 교향곡 9번이었습니다. 그는 이후 뮌헨, 뤼벡, 만하임, 프랑크푸르트, 그리고 빈에서 지휘자 자리를 얻었고 마침내 1922년 36세 나이에 아르투르 니키슈의 뒤를 이어 라이프치히 게반트하우스 오케스트라와 베를린 필하모닉 오케스트라의 상임지휘자 자리를 동시에 차지했습니다. 특히 베를린 필과는 2차 세계대전 후 몇 년을 제외하고 약 30여 년간 생사고락을 함께합니다. 그 후에도 그는 1927년 빈 필하모닉 오케스트라 수석지휘자, 1931년 바이로이트 페스티벌의 음악감독이 되었습니다.

이렇게 최고의 지휘자로 등극한 푸르트뱅글러지만, 그는 나치와의 관계에서 많은 논란을 불러일으켰습니다. 나치가 1933년에 실권을 장악했을 때 푸르트뱅글러는 굉장히 비판적이었고, 그 때문에 1934년 그는 파울 힌데미트의 오페라 〈화가 마티스〉의 초연을 지휘하는 것을 금지당합니다. 그는 모든 공직을 사임했으나 독일 오케스트라를 지켜야 한다는 책임감 때문에 반년 후 베를린 필에 복귀합니다.

1936년 푸르트뱅글러가 토스카니니의 뒤를 이어 뉴욕 필하모닉 상임 지휘자 자리를 제안받아 이를 수락하지만 우여곡절 끝에 결국 푸르트뱅글러는 베를린 필 자리를 떠나지 못한 채 고수하게 됩니다. 이로써 푸르트뱅글러는 표면상 나치 지지자로 보였습니다. 물론 지금에 와서는 이런 평판이 사실이 아니었음이 널리 받아들여지고 있습니다. 가령 푸르트벵글러는 나치식 경례를 하는 것을 항상 거부했습니다. 그러나 푸르트벵글러가 친(親)나치 인사였다는 인식이 당시는 물론 그의 죽음 이후까지 우세했습니다.

푸르트벵글러는 1945년 지인의 조언과 도움으로 스위스로 망명했지만 전후에 비(非)나치화 재판을 받아야 했습니다. "모두가 망명을 떠난다 해도 나는 고통받는 독일인을 위해 베를린 필을 지휘하겠다"던 그의 진심이 세상에 알려지게 되어 비나치화 재판에서 무죄 판결이 내려진 후 푸르트벵글러는 1947년 5월 베를린 필을 다시 지휘할 수 있었지만 상임지휘자 자리에 복귀한 것은 1952년이 돼서야 가능했습니다. 그때까지 푸르트벵글러는 베를린보다 빈을 중심으로 활동을 계속할 수밖에 없었습니다. 또 바이로이트와 잘츠부르크 음악제에도 출연했지만 미국이나 영국에서는 그를 흔쾌하게 환영하지 않았습니다.

1951년 바이로이트 축제가 다시 재개됩니다. 전쟁의 상처가 아직 여기저기 그대로 나뒹굴고 있을 당시 푸르트벵글러는 개막 공연에서 베토벤의 교향곡 9번 〈합창〉을 선택합니다. 패전의 상처와 대학살의 공동 범죄자로 낙인찍힌 독일 국민들에게 그는 전 인류에 대한 사랑과 화합을 노래한 '환희의 송가'를 통해 다시 한 번 폐허 더미 위에서나마 희망과 삶의 의미를 일깨워주는 명연을 들려준 것입니다.

푸르트벵글러는 그가 지휘하는 관현악단과 작품을 철저하게 파악하고 있었던 지휘자였습니다. 그럼으로써 그는 어떤 연주라도 자신이 생각하는 표현으로 만들어내는 지휘자였습니다. 그의 확신은 연주자들에게 자신감을 불어넣었습니다. 푸르트벵글러의 연주는 관현악과 작품과의 통일 및 균형의 견고함에 있어서 달리 비할 데가 없었습니다.

그는 참된 음악의 길을 이렇게 말했습니다. "예술의 참된 아름다움, 고귀함은 성공하는 데 있지 않고 언제나 끊임없이 시도하는 데 있다. 성공해서 유명해지는 것보다는 그 태도에 있다. 보다 깊게 탐구하여 갖가지로 시도해 나아가는 것만이 참된 길이다."

클래식 왕국의 황제, 카라얀

헤르베르트 폰 카라얀(1908~1989)은 빈 국립가극장, 스칼라 극장, 베를린 필, 런던 필하모니아, 바이로이트와 잘츠부르크 페스티벌 등의 수석지휘자와 예술감독 지위를 한 손에 거머쥐었던 20세기에 가장 이목을 끈 지휘자였습니다. 그가 지휘대에 서서 지그시 눈을 감고 지휘하는 모습은 그 자체로 청중을 압도했고 정밀한 오케스트레이션의 극치를 맛보게 했습니다. 그는 미묘하게 제어된 리듬과 세련된 음감을 무기삼아 20세기를 압도했지만 드러난 화려함과 달리 그의 내면은 외롭고 고독했습니다.

지휘자로서 카라얀이 평생 동안 갈구했으나 영원히

얻지 못한 것, 능가하고 싶었으나 그에 이르지 못한 카라얀의 빛과 그림자를 이루는 유일한 인물이 있다면 그는 아마도 푸르트벵글러였을 것입니다. 그것은 푸르트벵글러가 지니고 있는 예술적 깊이와 인격의 풍모에서 비롯되는 것이었습니다. 카라얀이 아무리 뛰어난 지휘자라 할지라도 푸르트벵글러의 베토벤 9번 교향곡 〈합창〉을 능가할 수 있는 지휘를 할 수는 없을 것입니다. 그것은 진정한 예술가와 예술장인의 차이라고나 할까요?

카라얀은 스스로를 지휘대에 가두지 않았습니다. 1964년에 텔레비전을 위한 음악영화 개발과 제작, 거기에 대한 판매를 주된 목적으로 한 회사 코스모텔을 설립했고 그 첫 번째 작품으로서 이탈리아 연출가 프랑코 제피렐리가 연출하고 카라얀이 지휘한 오페라 영화 〈라 보엠〉을 완성했습니다. 이어서 프랑스의 영화감독 앙리 크루조와 협력해 콘서트 영화를 만들기도 했습니다. 물론 이런 움직임이 정통 클래식 팬으로부터는 외면당하고 비난당하는 빌미가 되었음은 물론입니다.

그리고 카라얀은 그 누구보다도 레코드의 중요성에 주목했습니다. 그는 1939년에 독일 그라모폰과 계약을 맺은 이후, 죽을 때까지 실로 엄청난 수의 레코드를 녹음했습니다. 사실 1960년대경까지 클래식계에서는 레코딩을 가볍게 보는 경향이 없지 않았지만 그런 시대부터 카라얀은 쭉 레코딩을 계속했습니다. 그가 미래를 선점한 셈이죠.

1968년 10월, 카라얀은 '헤르베르트 폰 카라얀 음악재단' 발족을 베를린에서 발표했습니다. 아울러 1969년 2월에는 프랑스 문화상 앙드레 말로의 제창으로 1967년에 탄생한 파리 관현악단 예술감독에 2년 계약으로 취임했습니다. 그 후 1989년, 카라얀은 이전부터 불화 사실이 전해지던 베를린 필을 떠납니다.

클라우디오 아바도가 베를린 필의 새 상임지휘자로 초빙되면서 카라얀의 독단의 미학은 진짜 종말을 고하게 되는데, 때마침 1989년 11월 9일 베를린 장벽이 무너지는 역사의 대변혁과 함께 카라얀의 이름 아래 경직되었던 클래식의 세계도 달라져야 한다는 목소리가 커졌습니다. 하지만 클래식의 독재자 카라얀은 아직 사람들의 뇌리 속에 생생히 살아 있습니다.

카라얀은 평생 무엇과 싸워온 것일까요? 그는 진정 포기를 몰랐습니다. 건초열을 앓고 피아니스트의 길을 갈 수 없게 되자 지휘를 택했고, 가르쳐줄 사람이 마땅치 않자 혼자 이를 악물고 지휘를 공부했습니다. 세상으로부터 버림받자 알프스 산중에 스스로를 가둔 채 철저하게 곡들을 연구했습니다. 분명 그가 이룩한 클래식 왕국은 거저 굴러온 것이 아니었습니다. 자신과 싸우고 고독과 싸우고 자신의 성취 그 자체와 끝없이 싸운 결과였습니다. 하지만 그는 외로운 황제였을 따름입니다.

**무대 위
환상의
지휘자,
첼리비다케**

음악은 시간의 예술이라고 합니다. 음악을 본질적으로 기록할 수 있는 방법이란 현장에서 듣고, 가슴에 새기는 수밖에 없다는 것입니다. 우리에게 추억이 얽힌 음악이 있다는 것도 결국 그런 기록에 의존하는 것 아니겠습니까? 연주는 '그 순간만이 살아 있는 것'인데 어떻게 그 생명력을 저장해둘 수 있느냐는 세르주 첼리비다케(1912~1996)의 말은 참으로 우리에게 많은 생각을 하게 합니다. "음악의 생명은 현장에서 연주하는 일회성인 것이지, 내일 다른 곳에서 똑같이 연주될 수는 없습니다. 레코딩은 음악가에게 선전 효과와 돈을 가져다주겠지만 그것은 이미 진짜 음악이 아니지요."

첼리비다케의 말대로 스튜디오에서 수십 번의 연습을 거쳐 잘된 부분만을 요리조리 편집해 만든 음반은 단지 듣기에는 좋겠지만 '진짜가 아닌' 음악일지 모릅니다. 모름지기 음악에는 작곡자와 지휘자의 혼이 살아 숨쉬어야 한다는 철저하게 현장주의적인 첼리비다케의 음악 철학에서 그가 진정한 음악의 수호자였음을 다시금 느낄 수 있게 합니다. 현대 기술문명이 가져다주는 어떤 음향의 박제화에 대항해서 단 한 번이기에 획득되는 청중과의 진정한 교감을 높이고 음악만이 존재하는 거룩한 시간의 순간순간들을 만들어내는 것이 청중에 대한 음악가의 의무여야 한다는 것이 그의 지론입니다.

첼리비다케는 레코드로는 진실된 음악을 전달할 수

없다는 이유로 연주녹음을 기피했으며, 한 걸음 더 나아가 "레코드란 브리지도 바르도의 사진을 품고 침실로 들어가는 것과 같다"는 혹독한 야유마저 서슴지 않았습니다. 물론 여기엔 그의 분명한 연주철학이 담겨 있는 것이지만 동시에 녹음과 레코딩에 집착했던 카라얀을 의식한 것이기도 했습니다.

한번은 어떤 이가 첼리비다케에게 녹음을 하지 않기 때문에 카라얀만큼 유명하지 못하지 않느냐고 말하자 그는 이렇게 대답했습니다.

"코카콜라도 유명하지 않은가?"

카라얀을 코카콜라에 빗댄 것입니다.

혹독한 연습 끝에 울려나오는 첼리비다케의 음악은 (열 번의 연주 중에서 아홉을 버린다 해도) 연주자의 혼이 느껴지고 눈물이 진하게 배어나오는 단 한 번의 연주이기 때문에 우리는 첼리비다케를 진정한 거장이라 할 수 있는 것인지 모릅니다. 첼리비다케는 그 누구보다도 연습횟수와 시간이 많기로 유명합니다. 베를린 필을 지휘할 때도 그는 한 공연당 통상 12회의 리허설을 강행했습니다. 다른 오케스트라의 지휘를 맡아도 평균 5, 6회 이상의 리허설을 약속해야 계약에 응했습니다.

"음악에 기적은 없다. 다만 노력이 있을 뿐이다. 음악은 본래 아름답지도 추하지도 않다. 음악은 존재할 수도 존재하지 않을 수도 있다. 그러나 음악을 실현하기 위해 우리는 강한 집중력으로 오랜 기간 동안 연습에 연습을 거듭해야 한다. 적당주의와 타협하느니 차라리 아무 일도 안 하는 편이 낫다."

첼리비다케의 완벽주의는 1938년 베를린에서 불교의 고승 탄 첸을 만난 이후 더욱 심화되었습니다. 그는 선(禪) 사상에 입각해서 음악을 기록의 예술이 아니라 순간(찰나)의 예술로 인식하고 그 찰나의 완성을 향해 타협을 모르는 완벽주의로 일로매진한 것입니다. 그래서 오케스트라에 대해서는 한 치의 오차도 허용하지 않는 극히 엄격한 훈련을, 청중에게는 두 번 다시 반복될 수 없는 완전한 인토네이션과 밸런스를 갖춘 독자적으로 아름다운 음을 이끌어내는 데 모든 것을 바친 것입니다. 거기서 음악은 살아 있는 생명이 됩니다.

첼리비다케가 신으로부터 천부적 재질을 부여받은 선택된 예술가라는 점에는 의심의 여지가 없습니다. 1940년대 젊은 첼리비다케에게는 '악마에게 영혼을 판 신들린 음악가'라는 수식어가 따라다니기도 했습니다. 여기에 '발칸의 고집불통'이라는 악의적인 별명도 있습니다. 이런 엇갈린 표현들이 한데 어우러져 첼리비다케의 신화를 만들어냈던 것입니다.

첼리비다케의 사후 그의 음반들이 봇물 터지듯 흘러나왔습니다. 생전에 녹음된 음악을 그토록 혐오했던 첼리비다케였지만 그의 죽음 뒤에 남겨진 것은 그의 표현을 빌

자면 '깡통에 담긴 통조림'처럼 일반에게 유통되었습니다. 첼리비다케는 그가 살아생전에 심취했었다는 '선(禪)'의 불교 철학에 입각해서 죽음과 함께 모든 것이 무로 돌아가는, 기록의 예술이 아니라 순간(찰나)의 예술인 음악의 본질에 가장 충실했던 음악가였을 것입니다. 하지만 그가 순간과 찰나에 잡아두려 했던 진정한 음악은 그의 죽음과 함께 사라지지 않고 그 스스로 통조림된 음악이라고 했던 음반에 담겨 우리 앞에 남아 있습니다.

토스카니니, 푸르트벵글러, 카라얀, 첼리비다케. 이들 4인의 전설적인 지휘자들은 더 이상 이 세상에 존재하지 않습니다. 하지만 그들이 남긴 '들리는 혹은 들리지 않는 음악의 세계'는 우리에게 한결같이 '기적의 순간들'로 존재합니다. 진정한 예술이야말로 우리의 삶에 기적을 만드는 가장 놀라운 마법이기 때문입니다.

마사 그레이엄

테드 터너 고우

미야자키 하야오

배리 앨빈 다이

이브 카르셀 앤

구스타프 클림

쇼리스

앙드레 김

03

최고의 가치는 '차이'다

임영웅

워홀

하워드 슐츠

거듭 새롭게 시도하다

"평범은 죄악이다"

"평범은 죄악이다!" 현대 무용계에 혁명을 몰고 온 사람, 마사 그
레이엄(Martha Graham)이 그녀의 자서전 《고뇌의 기억(Blood
Memory)》에서 한 말입니다. 그렇습니다. 평범하다고 말하며 스스
로의 가능성과 잠재력을 과소평가하는 것은 자신이 뻗어나갈 수
있는 위대한 길을 가로막는다는 의미에서 스스로에 대한 가장 큰
죄악입니다. 마사 그레이엄은 그것을 알고 있었기에 비록 남들보
다 훨씬 뒤늦게 무용에 입문했지만 스스로의 잠재역량을 극대화
시켜 그녀만의 뚜렷한 족적을 남겼던 겁니다.

"움직임은 결코 거짓말을 하지 않는다." 마사 그레이엄에게
이렇게 말하곤 했던 그녀의 아버지는 아일랜드 이주민의 후손으
로 억세고 거친 성격을 지닌 정신과 의사였습니다. 하지만 그는 그
레이엄을 위해서라면 음악을 연주하고 노래를 불러주기를 주저하

지 않을 만큼 다정다감하고 열정적이었습니다. 아울러 마사 그레이엄은 견실한 청교도 전통을 이어받은 어머니로 인해 매우 엄격한 가정교육을 받았습니다. 반면에 마사 그레이엄은 보모 '리지 아줌마'로부터는 거의 절대적이고 무조건적인 사랑을 받으며 성장했습니다. 결국 마사 그레이엄은 아버지의 불같지만 열정어린 성격과 어머니의 엄격하고 신앙심 깊은 청교도적 생활자세, 그리고 보모의 헌신적인 사랑 속에서 성장했던 겁니다.

1911년 17세의 마사 그레이엄은 로스앤젤레스 오페라하우스에서 이국적인 춤을 추는 루스 세인트 데니스의 무용공연을 보고 나서 스스로의 운명이 여신처럼 춤추는 것임을 직감했습니다. 그리고 마침내 5년 후인 1916년 마사 그레이엄은 로스앤젤레스의 유일한 무용학교였던 데니숀에 입학했습니다. 다른 학생들이 10세도 되기 전에 엄격한 훈련을 받기 시작하던 것과는 달리 마사 그레이엄이 무용을 시작한 나이는 10년도 더 늦은 22세 때였습니다. 하지만 그녀는 매우 빠르게 무용에서의 자신의 천재성을 드러내기 시작했습니다. 그리고 1923년 29세의 마사 그레이엄은 데니숀을 떠나 20세기 아트의 본고장인 뉴욕으로 향합니다. 이미 서른을 눈앞에 두었지만 여전히 신참내기 무용가에 불과했던 마사 그레이엄은 스스로에게 이렇게 되뇌이듯 말합니다. "나는 정상에 오를 것이다. 누구도 그 무엇도 나를 막지 못한다. 나는 홀로 그 길을 갈 것이다"라고 말입니다.

마사 그레이엄은 자기 안의 욕망과 가치를 드러내는 무용을 고집했습니다. 때로 그녀는 바실리 칸딘스키의 그림을 보고 나서

"난 이 그림처럼 춤추겠다"고 말하기도 했습니다. 마침내 1926년 4월 18일 뉴욕에서 마사 그레이엄은 자신이 이끄는 소규모 무용단과 함께 첫 공연을 펼쳤습니다. 그 후 1930년까지 4년여 동안 마사 그레이엄은 무려 60편이 넘는 무용작품을 쏟아놓습니다. 실로 놀라운 일이 아닐 수 없었습니다. 아울러 마사 그레이엄은 1927년에 마사 그레이엄 현대무용학교를 설립했는데, 이곳은 미국에서 체계적인 현대무용교육의 효시가 되었습니다. 여기에서 마사 그레이엄은 체계적인 교육을 실시함과 동시에 자신의 무용 기법을 완성시켜 나갔습니다. 특히 마사 그레이엄은 1930년 뉴멕시코주의 아메리칸 인디언 보호구역을 방문한 후, 인디언들의 대지에 밀착한 삶과 영적인 기질로부터 깊은 감화를 받아 1931년 '원시제의'라는 작품을 내놓게 됩니다. 그 후 청교도와 아메리칸 인디언 그리고 스페인적 영향까지를 포괄해 진정으로 미국다운 것을 추구한 마사 그레이엄은 마침내 1935년 6분 30초 분량이지만 현대무용의 획기적인 걸작으로 평가받는 '프론티어'를 선보입니다.

그 후 10년간 마사 그레이엄의 무용은 창조성의 모델이라 불릴 만큼 놀라운 자기발전을 이룹니다. 그 절정의 작품이 바로 1944년 발표된 '애팔래치아의 봄'이었습니다. 이 작품은 말 그대로 마사 그레이엄의 미국적 삶의 인생 파노라마를 적나라하게 펼쳐 보여준 것이었습니다. '애팔래치아의 봄'이 마사 그레이엄의 극적인 미국적 삶의 표현이었다면 1940년대 중후반부터는 고전적 전통 즉 고대 그리스 신화에 크게 영향받은 작품들을 만들기 시작합니다. '헤로디아'(1944년), '마음의 동굴'(1946년), 그리고 테세우스의 미궁 이야기를 다룬 '미궁 안에서의 임무'(1947년) 등이 그런 계열의 작품이었습니다. 이처럼 그리스적 작품을 만들던 시기에 마사 그레이엄은 이미 무용계의 지도자적 위치를 넘어서 전설이 되어 있었습니다. 하지만 그녀를 전설로 만든 것은 아이러니컬하게도 그녀 스스로 끊임없이 혁신을 창출했기 때문이었습니다. 결국 "나는 다른 사람과 다른 방식으로 춤을 춘다"는 이 한마디에 그녀의 모든 것이 담겼던 겁니다.

1950년대부터 마사 그레이엄은 정기적으로 해외순회공연에 나섰습니다. 덕분에 그녀는 무용가와 안무가로서뿐만 아니라 친선대사로도 엄청난 찬사를 받았습니다. 1971년 무대 위에서 내려온 마사 그레이엄은 2년간의 투병생활을 거친 후 1973년 다시 무용단 감독으로 재기합니다. 그녀는 이전에 자신이 직접 표현했던 삶의 욕망과 기질들을 이제는 다른 사람의 몸을 통해 표현해야 했습니다. 그래서인지 마사 그레이엄은 임종이 가까울 때까지도 "나는 무척 춤을 추고 싶다. 언제나 그 무대를 그리워할 것이다"라고 말했습니다.

1990년 가을, 마사 그레이엄은 55일 동안의 극동 순회공연에서 돌아온 직후 96세의 삶을 마감했습니다. '평범은 죄악'이라고 말하며 자기 안의 숨은 위대함을 캐내라고 자신과 주변을 독려하면서 96세의 삶을 관통해온 마사 그레이엄. 전설은 끊임없는 혁신 속에서 만들어짐을 온몸으로 보여준 무용계의 혁명가 마사 그레이엄. 진정한 창조성은 남과 다른 방식으로 쉼없이 스스로를 채찍할 때 비로소 얻어지는 고투의 산물임을 일깨워준 그녀입니다. 우

리는 그녀의 삶을 통해 쉼 없는 '차이의 산출'이 곧 '기적의 자궁'
임을 확인하게 됩니다.

근본적으로 새로워지기

빈곤에 대한 책을 쓰기 위해 취재 중이던 얼 쇼리스(Earl Shorris)는
뉴욕의 한 교도소에서 살인사건에 연루돼 8년째 복역 중인 비니스
워커라는 여죄수와 마주 앉았습니다. "사람들이 왜 가난하다고 생
각하느냐"는 다소 판에 박힌 듯한 질문에 20대 초반의 여죄수는
"시내 중심가 사람들이 누리고 있는 정신적 삶이 없기 때문"이라
는 의외의 답을 내놨습니다. 여죄수의 말이 종교적인 것을 뜻하겠
거니 생각한 쇼리스가 "정신적 삶이 뭐냐"고 재차 묻자 "극장과 연
주회, 박물관, 강연 같은 거죠. 그냥 인문학이요"라는 대답이 돌아
왔습니다.

   이 짧은 대화가 쇼리스의 삶을 송두리째 뒤바꿔놓았습니다.
그렇습니다. 빈곤은 밥과 돈의 문제이기 이전에 생각과 정신의 문
제였던 겁니다. 가난한 사람들에게 당장 필요한 것은 빵일지 모르
지만 정말 긴요한 것은 자존감의 회복이었던 겁니다. 그리고 그 자
존감의 회복은 가난한 이들도 중산층들이 흔히 접할 수 있는 연주
회와 공연, 박물관과 강연 같은 '살아 있는 인문학'을 접하는 과정
을 통해 자연스럽게 이뤄질 수 있음을 깨달은 겁니다. 물론 그런
경험들이 깊이 있게 사고하는 법, 현명하게 판단하는 법을 삶 속에
서 가르쳐줄 것이기 때문입니다. 이처럼 여죄수의 뜻밖의 대답에
자극받은 쇼리스는 가난한 사람들에게 그 무엇보다도 인문학 교

육이 절실함을 깨닫고 1995년 노숙자, 빈민, 마약중독자, 죄수 등을 대상으로 정규 대학 수준의 인문학을 가르치는 '클레멘트 코스'를 만듭니다.

물론 쇼리스가 뉴욕에서 클레멘트 코스를 처음 시작할 때만 해도 그의 시도는 한마디로 '미친 짓'으로 보였습니다. 재단들에 후원을 요청할 때마다 "빈민들에게 인문학 교육이라니, 말도 안 된다"는 응답이 돌아왔습니다. 하지만 문제는 그것이 다가 아니었습니다. 사재를 털어 간신히 문학과 역사 등을 가르칠 교수들의 강의료를 마련했지만 이번엔 정작 학생이 없었습니다. 그래서 쇼리스는 약물중독자 재활센터 등을 돌며 약물중독자, 매춘부, 노숙자 등 모두 31명의 학생을 간신히 모았습니다. 그리고 이들을 대상으로 소크라테스식 대화법을 이용해 인문학 수업이 진행되었습니다. 가난한 이들에게 '재활훈련'이라는 과정을 통해 물질적 빈곤을 극복케 하려는 기왕의 노력과는 달리, 클레멘트 코스는 철학과 시, 미술사, 논리학, 역사 등의 인문학을 가르침으로써 정신과 영혼의 힘을 회복하고, 이를 통해 진정한 '재활의지'를 갖게 하자는 것이었습니다.

결과는 성공적이었습니다. 최초 참여자 31명 중 절반이 넘는 17명이 끝까지 강의에 참여했고 그 중 14명은 뉴욕 바드대(Bard College)의 심사를 거쳐 정식으로 학점취득이 인정되었습니다. 그리고 이들 중 2명은 나중에 치과 의사가 됐고 전과자인 한 여성은 약물중독자 재활센터의 상담실장이 됐습니다. 하지만 무엇보다 중요한 것은 이들이 자존감을 회복하고 삶을 대하는 태도가 긍정적으로 바뀌었다는 것입니다.

쇼리스의 가난한 사람들과 소외된 사람들을 위한 인문학 교육의 목표는 단 하나, '삶에 대해 성찰하는 방법을 가르치자'는 겁니다. 쇼리스는 말합니다. "빈민은 열악한 환경과 불운이라는 포위망에 둘러싸인 사람들입니다. 포위망에 갇히면 할 수 있는 일이란 생존을 위한 즉각적 대응밖에 없습니다. 하지만 즉각적 대응 대신 반성적이고 성찰적인 사고를 할 수 있게 된다면 삶이 달라집니다. 인문학을 통해 반성적이고 성찰적인 사고를 시작하고 다른 삶을 살고 싶은 소망을 갖게 하는 것이 바로 클레멘트 코스를 통한 인문학 교육의 목표입니다."

하지만 쇼리스가 지난 십수 년간 클레멘트 코스를 이끌어온 길은 결코 평탄하고 쉬운 길이 아니었습니다. 특히 쇼리스가 이 일을 시작하도록 자극했던 여죄수 비니스 워커가 감옥에서 에이즈와 싸우며 석사 과정까지 마쳤지만 끝내 숨진 일은 그에게 커다란 회의를 불러일으키기에 충분했습니다. 절대적인 가난과 질병과 고통 앞에서 인문학이 도대체 무슨 소용이란 말인가 하는 회의가 그를 엄습했던 겁니다. 하지만 그럴수록 쇼리스는 결코 멈출 수 없었습니다. 그 까닭은 그럼에도 불구하고 인문학이야말로 '새롭게 시작하기를 근본적으로 가르쳐주는 것'이었기 때문입니다.

클레멘트 코스는 미국에서 시작됐지만 각 나라의 지역적 특성에 맞춰 코스를 다시 만들고 교수진을 구성해 커리큘럼을 짭니다. 그렇게 해서 현재 전 세계적으로 4개 대륙, 6개 나라(미국, 캐나다, 멕시코, 아르헨티나, 호주, 한국 등), 57개 지역에서 운영되고 있습니다. 우리나라에서도 클레멘트 코스가 진행되고 있는데 2005년 3월 광명시평생학습원의 광명시민대학을 시작으로 2005년 9월 노숙인 다시서기 지원센터에 성프란시스대학이 열려 이미 많은 수료생을 배출했습니다.

사람이 삶의 지표를 찾는 데 인문학의 힘은 그 무엇보다 소중합니다. 쇼리스가 거듭 강조해 말한 것처럼 "인문학은 자유로워지기, 일상을 새롭게 생각해보기, 과거에 짓눌리지 않기를 시작하도록 사람들을 이끌어줍니다." 실제로 인문학은 사람들로 하여금 자신의 삶을 되돌아보고, '무력의 포위망'에서 벗어나 일상을 자율적이고 자신감 있게 새로 시작하도록 이끌어주는 밑동아리 힘입니다. 그런 의미에서 인문학은 그 자체로 희망의 인문학입니다. 그 희망의 인문학은 삶의 바닥에서 끌어올려 다시 살게 만드는 기적의 인문학입니다. 그것은 가난하고 소외된 사람들만이 아니라 우리 모두에게 절실하고 긴요한 삶의 보약 같은 것입니다. 그 희망의 인문학, 기적의 인문학을 우리의 삶 속에 깊숙이 끌어온 얼 쇼리스. 그야말로 스스로의 사람됨을 상실해가게 만드는 이 혼돈의 시대 속에서 진정으로 잃지 말고 가야 할 것이 무엇이며 나아가야 할 방향이 어디인지를 일깨워주는 삶의 나침반 같은 사람 아니겠습니까?

스스로 '제3의 물결'이 되다

"나는 칼, 총, 폭탄이 아니라 아이디어와 상상력으로 세상을 정복하겠다." CNN의 창립자 테드 터너(Ted Turner)가 한 말입니다. 테드 터너의 집무실에는 위대한 정복자 알렉산더대왕의 흉상이 놓여 있는데, 실제로 그는 세계 최초의 24시간 뉴스채널이라는 아이디어와 전 세계 어느 곳이라도 커버한다는 놀라운 상상력으로 세상을 정복했던 사람이기도 합니다. 그래서 혹자는 미디어 환경이 테드 터너 이전과 이후로 나뉜다고까지 말할 정도입니다.

1980년 6월 1일 미국 조지아 주 애틀랜타에서 젊은 사업가 테드 터너는 자신의 전 재산을 털어 '도박'을 감행합니다. 바로 세계 최초의 '24시간 뉴스' 채널인 CNN 전파를 띄운 것입니다. 당시 사람들은 테드 터너를 세상물정 모르는 사람으로 평가절하했습니다. 그리고 'Cable News Networks'의 약자인 CNN을 'Chicken Noodle Networks' 즉 '닭고기 국수 네트워크'라며 비아냥거렸습니다. 하지만 CNN은 준비된 기적을 이뤄냈습니다. 1986년 미국 우주왕복선 챌린저호가 폭발했을 때도, 1989년 중국 천안문 사태 때도, 1991년 걸프전과 2003년 이라크전이 터졌을 때도 CNN은 늘 현장을 지키며 시청자들에게 가장 먼저 생생하게 다가가 뉴스를 전했던 겁니다. 그 중에서도 CNN 신화를 탄생시킨 절정은 바로 걸프전이었습니다. 1991년 1월 16일 밤, 미국의 토마호크 미사일이 이라크의 수도 바그다드를 불바다로 만들고 있을 때 정작 전 세계의 안방을 '융단폭격'한 것은 CNN이었습니다. CNN의 위력이 유감없이 발휘되었던 것이죠.

그 후 CNN의 창립 25주년 광고처럼 "CNN 없는 세계는 상상할 수 없게 되었습니다." 하지만 현재 CNN은 창립자 테드 터너의 소유는 아닙니다. 1996년 테드 터너는 CNN을 거대 미디어기업인

타임워너사에 지분을 받고 팔았습니다. 테드 터너는 매각 직후에 타임워너 부회장직을 맡아 경영에 직접 관여했지만 다른 경영진과 잦은 마찰을 빚다 결국 2003년에 부회장직에서 물러났고 2006년에는 타임워너 이사직에서도 물러났습니다. 현재 테드 터너의 CNN지분은 채 1퍼센트도 되지 않습니다. 하지만 테드 터너는 개인 소유지가 200만 에이커에 달하는 미국 제1위의 땅부자로 탈바꿈해 있습니다.

1938년 미국 오하이오 주 신시내티 출신인 테드 터너의 본명은 로버트 에드워드 터너 3세(Robert Edward Turner Ⅲ)입니다. 그의 아버지는 어린 터너에게 "광고주가 오럴 섹스를 원하면 기꺼이 무릎을 꿇어야 한다"고 가르칠 만큼 사업에 대한 프로근성이 강했습니다. 하지만 터너의 아버지는 옥외광고사업을 하다가 빚을 너무 많이 져 심한 압박감에 시달리다 결국 권총 자살을 하고 맙니다. 이후 테드 터너는 아버지의 자살 탓인지 심한 조울증에 시달립니다. 하지만 그는 이에 아랑곳 않고 10대 시절부터 아버지를 도왔던 옥외광고사업 경험을 바탕으로 광고업은 물론 방송, 잡지 등 언론과 영화 등 엔터테인먼트 분야로 집요하게 파고들며 사업영역을 넓혀갔습니다.

테드 터너는 미국 아이비리그 중의 하나인 브라운대학을 중퇴했습니다. 그런데 브라운대학에 입학한 학생들은 "Why be same?"이라는 질문을 학창시절 내내 가슴에 담고 살아간다고 합니다. 그래서인지 미디어산업의 풍운아 테드 터너도 그 같은 학풍의 영향을 받지 않았을까 생각됩니다. 그래서 그는 평생 '획일화의 거부, 남과 다른 자기만의 가치와 차이'를 추구했는지 모르겠습니다. 그래서일까요? 테드 터너의 사업추진은 좀 별난 데가 있었습니다. 1985년 하루 종일 만화영화만 내보내는 카툰채널과 옛날 영화만 방영하는 클래식 영화채널을 만들었을 때 업계는 그를 비웃었습니다. 하지만 테드 터너는 같은 만화영화를 되풀이해서 보는 것을 좋아하는 아이들과, 흘러간 옛 영화를 보면서 추억에 잠기고 싶어 하는 중년 시청자들의 욕망이 존재함을 정확히 읽고 있었던 겁니다. 결국 이들 채널은 대성공을 거두었고, 테드 터너는 '보이지 않는 시장을 꿰뚫어볼 줄 아는 눈을 가진 리더'라는 평판을 얻게 되었습니다.

그런데 언젠가 테드 터너는 이렇게 말한 적이 있습니다. "나야말로 최고의 행운아라고 생각한다. 이루려 마음 먹은 것을 모두 이뤘다. 나머지 삶은 세상을 위해 살 것이다. 그런데 누구나 아는 것처럼 미국사회에는 대단히 잘못된 편견 하나가 자리잡고 있다. 부자가 되면 행복할 거라는 잘못된 믿음이 그것이다." 그러면서 테드 터너는 그의 독특한 행복론 즉 '팝콘론'을 이야기합니다. "많은 돈을 가지고 있다는 것은 팝콘을 먹는 것과 유사하다. 물론 팝콘으로 배를 채울 수는 있겠지만 결코 만족감을 느끼기는 어렵다." 진정한 만족은 돈으로 채워질 수 있는 것이 아니라는 것이죠. 타인을 이해하고 남을 배려하는 삶이 필요하다는 겁니다.

이런 생각을 가진 테드 터너였기에 1997년 미 의회가 유엔에 대한 불만의 표시로 유엔분담금을 내지 않아 유엔의 기능이 마비될 위기에 놓이자 선뜻 10억 달러를 대신 내놓을 수 있었을 겁니다. 말이 10억 달러이지 당시 그의 전 재산의 3분의 1이 넘는 금액이었습니다. 그 후에도 그는 '핵위협제거운동본부'를 만들어 유고슬라비아 원전 해체 비용으로 500만 달러를 내놓는 등 평화운동에도 적극 나서고 있습니다. 또 환경문제에도 일가견이 있는 테드 터너는 테드파운데이션을 만들고 지난 2005년 8월에는 방한해서 "비무장지대(DMZ)를 생태평화공원으로 만들자"고 주창하기도 했습니다.

또한 테드 터너는 비즈니스맨이기 이전에 만능 스포츠맨이기도 했습니다. 그는 네 차례나 '올해의 요트인'에 선정된 바 있었고 1977년 아메리카컵 요트대회에서는 미국팀 선장으로 출전해 우승하기도 했습니다. 뿐만 아니라 애틀랜타 브레이브스 프로야구단과 애틀랜타 호크스 농구단의 구단주이기도 했습니다. 한마디로 그의 삶을 압축하기 쉽지 않은 테드 터너는 미래에 사용할 자신의 묘비문을 미리 준비하고 있답니다. 그런데 "깨우지 마시오!"가 그 내용의 전부랍니다. 재미있지 않습니까?

확실히 테드 터너는 탁월한 미디어학자 마샬 맥루한이 말한 것처럼 24시간 뉴스 채널을 통해 '지구촌을 실현시킨 장본인'이고 저명한 미래학자 앨빈 토플러의 표현대로 "그 자체가 '제3의 물결'인 사람"입니다. 그는 사업가이자 땅부자이며 스포츠맨이면서 환경운동가이고 평화운동가인 매우 복합적인 인물입니다. 칙센트미하이는 창의적인 사람의 특징을 '복합성'이라고 말했습니다. 이런 점에서 테드 터너야말로 이 시대의 몇 안 되는 창의적인 사람임이 분명합니다.

"평생 이룰 수 없을 정도로 목표를 높게 잡아라"는 아버지의 말씀을 평생 가슴에 담은 채 70대 중반의 나이에도 아랑곳 않고 뛰고 있는 테드 터너. 그 어떤 난관도 견디며 계속 나아가는 것이 최고의 전진 방법이라며 "승리하는 사람은 포기하지 않고, 포기하는 사람은 결코 승리할 수 없다"고 일갈하는 테드 터너. 우리는 그런 그를 통해 '중단 없는 전진'만이 기적의 보증수표임을 재차 확인하게 됩니다.

나만의 탁월함을 '쏘다'

강렬한 희망을 그리다

〈수호지〉나 〈삼국지〉를 책으로 읽은 분들도 많으시겠지만 돌아가신 고우영 화백의 만화로 접했던 분들도 적잖으리라고 봅니다. 2005년 작고한 고우영 화백은 〈수호지〉나 〈삼국지〉 말고도 〈열국지〉와 〈서유기〉 그리고 〈일지매〉와 〈가루지기〉 등의 만화를 통해 우리에게 친숙한 이름입니다.

그런데 고우영 화백의 만화들이 다시 부활하고 있습니다. 고우영 화백이 생전에 발표했던 만화 작품들을 한데 모은 '신(新) 고전열전' 시리즈가 출간되었는가 하면 고우영 화백의 〈일지매〉를 원작으로 한 드라마도 방영된 바 있습니다. 생전에 '국민 만화가', '만화로 한국남자들을 키운 작가'라는 평을 듣던 고우영 화백은 작고 후에도 새로운 문화 아이콘으로 떠오르고 있는 겁니다.

고우영 화백은 1939년 만주에서 출생해 해방 후 부모의 고향이었던 평양으로 왔습니다. 1950년 한국전쟁이 일어나자 그 이듬해 1 · 4후퇴 당시 부산으로 피난해 피난지인 부산에서 1954년 〈쥐돌이〉를 출간하면서 만화계에 데뷔했습니다. 남들 같으면 한창 만화 볼 나이에 중학생 고우영은 만화를 그려 팔았던 겁니다. 그 후 고등학교 3학년이 되어서는 둘째 형 고일영이 '추동식'이라는 이름으로 연재하던 〈짱구박사〉라는 만화를 '추동성'이라는 가명으로 이어갔습니다.

33세 되던 1972년은 고우영 화백에게 매우 의미 있는 해였습니다. 우리나라 최초의 스포츠 신문인 〈일간스포츠〉에서 네 칸짜리 시사만화가 아닌 신문 한 면의 4분의 1을 차지하는 극 만화를 싣기로 결정하고 그것을 고우영 화백에게 청탁했기 때문입니다. 1972년 〈일간스포츠〉에 〈임꺽정〉을 연재하면서 고우영 화백은 익살스러운 대사와 빠르고 파격적인 극의 전개로 '만화는 아이들이나 보는 것'이라는 상식을 깨고 수많은 성인 독자를 사로잡았습니다. 바야흐로 고우영 만화시대가 열린 겁니다. 그의 만화는 암울했던 70년대와 80년대를 살아간 대중들의 삶을 위로하기에 적격이었습니다.

특히 1978년부터 연재하기 시작한 〈고우영 삼국지〉는 하나의 문화적 현상이 될 만큼 많은 인기를 끌었습니다. 이 외에도 〈초한지〉, 〈서유기〉, 〈열국지〉, 〈일지매〉, 〈십팔사략〉 등 고전을 각색해 그린 그의 만화에는 단순한 고전의 해석을 넘어 당대 독자들과 공감할 수 있는 유머와 해학이 담겨 있었습니다. 여기에 동양화적인 필치로 탄탄하고 재치 넘치는 대사를 이어갔던 그의 만화는 당대의 문화 그 자체였다 해도 과언이 아닐 겁니다. 특히 민초들에 대한 깊은 애정이 담긴 고우영 화백의 독특한 시선은 그 특유의 재담 및 비틀기와 버무려져 독자들의 억눌린 상상력에 숨통을 틔워 주었습니다.

사실 고우영 화백의 만화는 어린이들에게 꿈과 희망을 주기 위한 교과서 같은 만화가 결코 아니었습니다. 거기에는 부조리한 사회와 인간의 축축하고 노골적인 욕망이 드러나 있었고, 그 욕망을 충족시키기 위해 수단을 가리지 않고 몸부림치는 벌거벗은 인간들의 사악한 음모와 간교, 너절한 배반과 씁쓸한 좌절, 고혹적인 섹스와 잔혹한 폭력이 그대로 살아 움직이고 있었습니다. 그래서 고우영 화백의 만화는 점잖빼는 일이 없었습니다. 고우영 화백은 당시엔 야하고 저속한 만화가라는 말을 들으며 작품을 만들었습니다. 하지만 한 세대가 훌쩍 지난 지금 그의 만화는 저속하기보다는 솔직한 것이고 야하기보다는 정감어리게 보입니다.

그런데 고우영 화백의 만화에 등장하는 인물 중 최고의 인물을 꼽으라면 저는 주저 없이 만화 〈수호지〉에 등장하는 무대(武大)를 꼽을 겁니다. 그는 숱한 영웅들의 틈바구니에 묻힌 평범하다 못해 좀 모자라는 모습의 인물이지만 그 어떤 상황에서도 항상 웃음을 잃지 않은 채 지치고 남루한 자신의 일상마저 덤덤히 견뎌내는 인물이었습니다. 그는 자기 삶의 고통과 애환마저 철저한 자기긍정과 끝없는 희망으로 메워간 존재였던 겁니다. 특히 불황기의 젊은 세대들이 고우영이란 이름을 다시 주목하게 된 것은 그의 만화에 등장하는 '무대'와 같은 캐릭터들이 한결같이 삶의 고통을 승화하는 자기긍정과 내일에 대한 강렬한 희망을 지니고 있기 때문이 아닐까 싶습니다. 최근 부천의 만화박물관은 3층에 '고우영 기념관'을 새로 열었습니다. 그는 이제 명실상부한 한국의 대표 만화가이자 단 하나의 전설이 된 겁니다.

"무엇이든 스스로 해결해야 해"

'미야자키 하야오(宮崎駿)'! 애니메이션을 예술의 경지로까지 끌어올린 그에게 '애니메이션의 대부'라는 칭호는 그렇게 과하지 않아 보입니다. 1978년 제작된 〈미래 소년 코난〉부터 2008년 작 〈벼랑 위의 포뇨〉에 이르기까지 30여 년 동안 그의 손끝에서 창조된 수많은 캐릭터와 작품들은 관객들에게 새로운 세계를 열어주었고, 놀라운 상상력의 진원지 그 자체였기 때문입니다.

애니메이션의 원조인 디즈니의 스태프들조차 "디즈니가 슬럼프에 빠졌던 시기에 우리를 지탱시켰던 건 미야자키의 애니메이션"이라고 회상할 정도로 미야자키 하야오의 애니메이션 세계는 독보적입니다. 아울러 친환경 자연주의를 기본으로 하는 그의 가치관은 자연과 인간의 '상생'을 모색하며 평화와 사랑의 메시지를 가슴 따뜻하게 전달했다는 평을 받습니다.

1941년생인 미야자키 하야오는 비행기 회사를 경영하는 큰아버지, 공장장인 아버지 덕분에 부유한 환경에서 자랐습니다. 그는 이미 고등학교 시절부터 애니메이션 제작의 꿈을 가졌지만 미술학교가 아닌 학습원 대학 정치경제학부에서 일본산업론을 전공했습니다. 그의 선택은 단순히 테크닉을 배우기보다 넓은 세상의 역동성을 배우기 위함이었습니다.

미야자키 하야오는 대학 시절 공산당 기관지인 〈아카하타(赤旗)〉의 청소년판인 〈소년소녀신문〉에 '사막의 백성'이란 제목의 만화연재를 시작했습니다. 당시 그의 만화 작품은 SF와 마르크시즘을 결합시킨 것이었습니다. 이 만화연재를 계기로 이후 그의 애니메이션에서 느끼게 될 여러 가지 가치관들이 형성된 것으로 보입니다. 예컨대 〈천공의 성 라퓨타〉에서 그려지는 아나키스트적 독재비판, 〈바람계곡의 나우시카〉의 현대문명에 대한 저항 등이 엿보이는 겁니다.

대학을 졸업한 후 미야자키 하야오는 '도에이 동화'의 공채에 합격해 본격적인 애니메이션계에 뛰어들게 되었습니다. 후에 그는 인터뷰에서 당시 입사 이유를 "미제국주의 디즈니에 대항하는 애니메이션을 만들기 위해서"라고 밝혔다고 합니다. 이렇게 이념적으로 경사되어 있고 반골기질이었던 그는 회사 노조에서 활동하던 중 다카하타 이사오를 만나게 됩니다. 미야자키 하야오는 다카하타 이사오의 〈태양의 왕자 호루스의 대모험〉과 〈팬더, 아기 팬더〉에 메인스태프로 참가하게 되었습니다. 그 둘은 당시 상업영화가 시도하지 못했던 획기적 실험들을 시도하지만, 이로 인해 회사와 심한 마찰을 겪었습니다. 결국 1971년 그는 도에이 동화를 떠납니다.

그 후 1978년 TV용 애니메이션인 〈미래 소년 코난〉을 통해 연출자로 데뷔하기까지 그는 오랜 침묵과 숙성의 시간을 가지게 됩니다. 그 이듬해인 1979년 제작된 〈루팡 3세 : 카리오스트로의 성〉은 극장용 애니메이션의 새로운 역사를 개척한 작품으로 평가되고 있으며, 흥행에서도 상당한 성과를 거두었습니다. 이후 미야자키 하야오는 애니메이션 분야에서 '미다스의 손'으로 불리게 됩니다.

특히 1984년 작 〈바람계곡의 나우시카〉는 환경문제에 대한 정확한 진단과 인간의 에고이즘에 관한 통찰 등으로 사회적 반향이 컸고 상업적으로도 크게 성공해, 바로 그해에 다카하타 이사오와 함께 지브리 스튜디오를 설립할 수 있는 계기를 만들었습니다. 또 1986년 작인 〈천공의 성 라퓨타〉는 지브리 스튜디오의 첫 번째 작품으로, 스위프트의 〈걸리버 여행기〉에 등장하는 떠도는 성 라퓨타를 모티브로 한 것입니다. 일종의 모험활극인 동시에 기계문명과 독재 권력 비판을 주제로 한 것이죠. 1988년 발표된 〈이웃집 토토로〉는 토토로란 일본전설을 바탕으로 사쓰키와 메이 자매, 고고학자인 아빠, 병원에 요양중인 엄마로 이루어진 가족의 이야기를 다룬 애니메이션으로 한 가족의 따뜻한 마음을 서정적으로 그려내 일본인들이 가장 좋아하는 애니메이션 영화 1위에 뽑히기도 했습니다.

이후 미야자키 히야오는 1989년 한 사춘기 소녀의 불안한 모습을 그린 〈마녀 우편배달부〉, 1992년 돼지 얼굴의 비행정 조종사 포르코를 주인공으로 삼은 〈붉은 돼지〉를 발표했습니다. 특히 1920~30년대 이탈리아를 배경으로 순수한 마음을 가진 아나키스트적인 비행사들을 통해 반전사상을 그려낸 〈붉은 돼지〉는 그해 일본 내 최고 흥행작이 되었고 해외에서도 크게 호평을 받아 대단한 성공을 거두었습니다.

그리고 마침내 2001년에 만든 〈센과 치히로의 행방불명〉은 아카데미상 최우수 애니메이션 부문과 베를린영화제 황금곰상을 수상했고, 2005년 제62회 베니스영화제에선 평생공로상에 해당하는 황금사자상을 품에 안았습니다. 그 후 미야자키 히야오는 최초로 컴퓨터그래픽을 이용해 〈원령공주(もののけ姫)〉를 발표했는데, 이 작품은 그의 최초의 시대극이자, 제작비 20억 엔, 구상기간 16년, 작화장수 14만 4000장 등으로 일본 애니메이션 역사를 다시 쓰게 한 대작이었습니다. 흥행면에서도 1400만 명 이상을 동원한 대기록을 세운 〈원령공주〉는 무로마치 막부의 성립 후 몰락해가는 고대 신화의 세계를 배경으로 문명화에 따른 인간의 이기심과 환경파괴, 남녀차별 등 다각적인 테마를 다루고 있습니다.

미야자키 하야오 작품의 주인공은 언제나 여행을 떠나고 모험을 겪습니다. 그런데 미야자키의 모험세계에는 하나의 규칙이 있습니다. 무엇이든 스스로 해결해야 한다는 것입니다. 〈센과 치히로의 행방불명〉에서 제니바는 센에게 "너를 돕고 싶지만 나도 어쩔 수가 없어. 이 세계의 규칙이니까. 네 부모나 남자친구의 일도 네 스스로 해결할 수밖에 없어"라는 조언을 남깁니다. 그래서 어린 주인공들은 오로지 혼자 힘으로 자신의 삶을 개척하며 성장합니다.

상상의 바다 깊은 곳에서 동심을 퍼올리듯 애니메이션을 만드는 영원한 소년 미야자키 하야오. 그를 통해 우리는 새로운 미래를 뚫어나갈 진정한 상상력의 원천을 만날 수 있고 당면한 과제를 스스로의 힘으로 헤쳐나가는 자세를 견지하도록 배움으로써 결코 포기할 수 없는 기적 같은 내일을 맞게 되는 것인지 모르겠습니다.

나만의 황금률을 새기다

영국에서 가장 오랜 전통을 가진 장례회사 가운데 하나인 'F. A. 앨빈&선즈'의 대표 배리 앨빈 다이어(Barry Albin-Dyer)는 영국에서 가장 유명한 장의사로 꼽힙니다. "만약 여러분이 까닭없이 교통체증에 시달린다면 아마도 그것은 배리 앨빈 다이어와 그가 이끄는 장례행렬 때문"이라는 내용의 기사가 영국의 일간지 〈미러(The Mirror)〉에 실릴 정도로 배리 앨빈 다이어는 유명세를 치르고 있습니다.

장의사를 대물림해온 배리 앨빈 다이어의 집안은 묘지관리인으로 일하던 18세기 후반부터 런던 버몬시(Bermondsey)에서 장례업과 관련을 맺어왔다고 합니다. 그런 까닭에 믿기지 않겠지만 배리 앨빈 다이어는 8세 때 처음으로 관을 메기 시작하고 9세 때부터는 영구차를 청소하는 일을 했으며 예비 장의사로서의 모든 수습과정을 거치고 난 후, 19세 때부터는 어느 소녀의 장례식을 시작으로 직접 장례식을 주관하게 되었습니다. 어쩌면 배리 앨빈 다이어는 태어나면서부터 장의사의 길을 가도록 운명지어졌는지도 모르겠습니다.

장의절차의 첫 단추는 역시 '염(殮)'을 하는 일입니다. '염'을 한다는 것은 죽은 이의 몸을 정성껏 씻은 다음에 수의(壽衣)를 입히고 염포(殮布)로 묶는 일을 말합니다. 장의사의 진가는 얼마나 정성껏 염을 할 수 있느냐에서 판가름난다고 하죠? 배리 앨빈 다이어는 시신을 염할 때 마치 살아 있는 사람을 대하듯 온갖 정성을 아끼지 않습니다.

장의업은 죽음을 다루는 일입니다. 하지만 장의사는 죽은 사람과 일하는 것이 아니라 오히려 살아 있는 사람들과 더 많이 일하는 직업이기도 합니다. 그래서 배리 앨빈 다이어는 장례식의 중심은 망자가 아니라 오히려 살아남은 유족들이라고 말합니다. 설사 장례절차상 다소 전통적 의례와 배치되더라도 유족들의 바람을 최대한 충족시켜주기 위해 배리 앨빈 다이어는 유연한 발상과 건전한 상식에 기초해서 장례진행을 철저히 유족 중심으로 변화시켰습니다. 장례가 망자를 위한 것이기보다는 오히려 살아남은 자들을 위한 것이라는 배리 앨빈 다이어의 장의철학과 신념 때문이지요.

그런데 배리 앨빈 다이어가 망자와 유족에 대한 고객감동을 최우선으로 하는 장의철학과 신념을 바탕으로 해 영국 제일의 장의사로 커오는 데 있어서 가장 중요한 지침을 그의 아버지한테 받았다고 합니다. 역시 장의사였던 배리 앨빈 다이어의 아버지는 그에게 무슨 일이 있어도 "관을 떨어뜨리지 마라(Don't drop the coffin)"는 것을 장의업의 황금률로 가르쳤던 겁니다.

어느 날인가 배리 앨빈 다이어는 그의 아버지와 함께 영구차로 관을 옮기는 일을 하고 있었습니다. 그런데 어린 배리 앨빈 다이어와 그의 아버지가 관을 들고 계단으로 내려오다가 그만 자신의 손이 미끄러지는 바람에 관을 놓쳐버린 그 순간, 관이 벽에 부딪치지 않게 하기 위해서 배리 앨빈 다이어의 아버지는 관과 벽 사이에 자신의 손을 끼워 넣었습니다. 바로 그때 배리 앨빈 다이어는 그의 아버지가 끼고 있던 하얀 손장갑이 피로 빨갛게 물드는 것을 보았습니다. 그러고 나서 배리 앨빈 다이어는 평소에 아버지가 귀에 못이 박히도록 했던 장의사의 첫째 덕목은 관을 지켜내는 것이고 절대로 관을 떨어뜨려서는 안 된다는 그 말씀의 무게를 새삼 절감하고 마음 깊이 새기게 되었다고 합니다.

장의사의 세계는 망자와 관, 빈소와 시체안치소, 그리고 영구차와 묘지와 화장터 등 일반사람들이 꺼리는 것들을 일상적으로 접하는 겁니다. 남들이 들어서길 주저하고 꺼리는 영역으로 기꺼이 들어서야 하는 것이 장의사의 직분입니다. 이처럼 남들이 꺼리는 일을 대신하는 것이 자신의 역할임을 한 순간도 잊지 않고 반세기가 넘는 세월 동안 장의사로서의 일들을 충실하게 감당해온 장의사 배리 앨빈 다이어. 이제는 영국 굴지의 장의업체 대표가 되었음에도 여전히 직접 장례를 주관하면서 망자와 유족 모두에게 기억될 만한 하루를 만들고 최고의 고객감동을 선사하려 혼신의 노력을 다하는 배리 앨빈 다이어. 하지만 무엇보다도 그는 "절대 관을 떨어뜨리지 마라"는 아버지의 가르침을 평생의 좌우명으로 삼고 장의사로서의 일가를 이룬 우리 시대의 진정한 프로페셔널입니다.

장의업의 프로페셔널, 배리 앨빈 다이어! 그에게 기적은 죽은 사람이 다시 살아나는 것이 아니라, 들고 있던 관을 놓쳤음에도 불구하고 관이 땅에 떨어지지 않았던 것일 겁니다. 물론 그런 기적 뒤에는 떨어지는 관을 끝까지 맨손으로 받아냈던 아버지의 피 묻은 손장갑이 있었던 것이고요.

창조적 욕망에 부응하다

진정한 프로는 고독한 법

한때 유행했던 4행시 유머 중에 이런 것이 있었습니다. '앙, 앙녕하세요. 드, 드자이너예요. 레, 레이름은~ 김, 킴봉남이에요.'

본명 김봉남과 예명 앙드레 김은 왠지 불협화음 같고 어색한 듯 어울리지 않지만 정작 앙드레 김 본인은 그 김봉남이란 이름을 마음 깊숙이 간직한 채, 1962년 12월 서울 소공동 반도호텔 다이너스티 룸에서 첫 패션쇼를 연 이후 2010년 사망할 때까지 스타디자이너의 위치를 지켜냈습니다. 그의 학력은 국제복장학원을 이수한 것이 전부이고 변변한 외국유학 한 번 다녀온 적이 없지만 그럼에도 불구하고 그는 세계무대에 한국을 알린 수훈갑의 인물이고 주한 외교가를 위시한 사교계의 별이기도 했습니다.

앙드레 김은 1966년 9월 프랑스 파리에서 프랑스의상협회 초청을 받아 한국인으로서는 처음으로 국제적인 패션쇼를 열었습니다. 당시 31세 된 동양의 젊은 청년 앙드레 김은 일약 세계 패션 계의 총아로 등장했습니다. 그 뒤 앙드레 김은 뉴욕, 워싱턴, 도쿄, 오사카, 베이징, 홍콩, 바르셀로나, 카이로, 시드니, 뉴델리 등 세계 유명 대도시에서 패션쇼를 열며 그만의 독특한 패션감각을 선보였습니다. 그리고 최근에는 패션 디자인뿐만 아니라 화장품, 목욕용품, 골프용품 등은 물론 아파트의 인테리어 디자인과 가전제품 디자인에도 앙드레 김 브랜드가 적용될 만큼 그의 브랜드 파워가 더욱 빛을 발한 바 있습니다.

사실 앙드레 김은 1982년 패션의 본산인 이탈리아의 산드로 페르티니 대통령으로부터 문화훈장을 받은 이후, 다소 뒤늦은 감이 있지만 15년이 지난 1997년에 패션 디자이너로서는 최초로 대한민국 문화훈장을 받기에 이릅니다. 심지어 미국 샌프란시스코 시는 1999년 11월 6일과 2003년 10월 18일 두 번씩이나 '앙드레 김의 날'을 선포하기도 했을 정도입니다. 그만큼 앙드레 김의 성가(聲價)가 남달랐던 겁니다.

변변한 이력도 내세울 만한 학력도 없는 그이지만 과연 앙드레 김에게 무엇이 있었기에 이런 일들이 가능했던 것일까요? 그것은 바로 앙드레 김의 시대를 앞서간 파격과 쉼 없는 노력 그리고 그것을 위한 자신과의 끝없는 싸움 덕분이었습니다.

본명이 김봉남인 앙드레 김은 경기도 고양군 신도면 구파발 즉 지금의 서울시 은평구 구파발에서 농사짓던 집안의 2남 3녀 중 넷째로 태어났습니다. 빠듯하게 고등학교를 졸업한 후 감수성 많은 그는 시인을 꿈꾸기도 하고 화가가 되려고도 했으며 영화배우가 되겠다고도 했습니다. 실제로 그는 1959년 박종호 감독의 데뷔작인 〈비오는 날의 오후 3시〉라는 다소 어색한 제목의 영화에 한국전쟁을 취재하는 프랑스 종군기자역으로 출연하기도 했습니다. 하지만 영화시사회에서 자신의 얼굴이 포토제닉하지 못하다는 것을 깨닫고 미련없이 영화배우의 길을 접게 됩니다. 그리고 그는 명동에 있던 국제복장학원에 1기생으로 등록해 한국 남성으로서는 최초로 패션디자이너의 길로 들어서게 된 겁니다.

그런데 그가 패션계에 뛰어들던 1960년대 초반만 해도 한국에서는 남자가 옷을 만든다는 것이 그 자체로 뉴스거리였습니다. 한마디로 파격이었죠. 하지만 세계무대를 주름잡는 패션디자이너들은 조르지오 아르마니, 베르사체, 피에르 가르뎅 등 대부분이 남자였습니다. 앙드레 김은 우물안 개구리가 아니라 그만큼 세계를 보는 눈이 있었던 겁니다. 그래서 그는 당시로서는 상식을 뒤집는 파격을 통해 성공의 길로 나아갔던 것이죠.

아울러 앙드레 김은 비록 고등학교밖에 나오지 않은 학력이었지만 이미 반세기 전부터 영어가 세계로 나아가는 무기임을 확신하고 있었습니다. 그는 부산 피란시절 한때 미군부대에서 심부름 같은 일을 한 적이 있었는데 이때부터 일찌감치 영어의 중요성에 눈을 떴던 겁니다. 그리고 주한 프랑스대사관의 한 외교관이 조언해준 대로 국제적인 패션디자이너로 대성하려면 외국식 이름이 필요하다고 판단해 패션디자이너 김봉남이 아니라 앙드레 김으로 스스로를 네이밍하고 만들어간 겁니다. 한마디로 그에겐 나름의 세계를 보는 눈과 미래를 내다보는 눈이 있었던 것이죠.

아울러 앙드레 김은 끊임없이 노력하는 사람이었습니다. 매일 아침 5시 30분에 일어나 밤 11시가 넘어 잠자리에 들 때까지 한 순간도 그냥 지나쳐 보내는 시간이 없을 만큼 부지런했습니다. 특히 그는 어느 때나, 또 어디서나 똑같은 디자인의 독특한 흰색 의상을 입고 있었는데 평상시 가까이서 보면 소매 끝이 새까맣게 닳아 있었습니다. 그만큼 일에 몰두한다는 겁니다. 그는 마치 패션이라는 작물을 재배하는 흰옷 입은 농사꾼 같다는 생각이 들 만큼 부지런하고 우직했습니다.

진정한 장인은 누구나 자신만의 철학이 있습니다. 앙드레 김도 예외가 아닙니다. 그는 진정한 프로의 조건은 고독이라고 말한 바 있습니다. 고독 속에서 영감이 떠오르고 때로는 고독을 잊기 위해 일에 몰두하다보면 의외의 좋은 작품이 나오기도 한다고 고백했습니다. 그래서 그는 자신과의 쉼 없는 싸움을 고독한 진화의 과정이라고 말했던 겁니다.

하지만 앙드레 김은 그 고독한 싸움을 끝낸 다음에는 진정으로 나눌 줄도 아는 디자이너였습니다. 그는 전 세계 아동구제에 힘쓰는 유니세프를 위한 패션쇼, 환경을 위한 패션쇼 등을 통해 이웃과 사회와의 나눔과 소통에 그 누구보다도 열정적이었습니다.

그 어떤 후광도 없이 오직 자신만의 힘으로 소처럼 일하며 오늘의 패션명가 앙드레 김을 일궈낸 앙드레 김. 그는 때로 사람들이 비웃고 비아냥거려도 우직하게 자신의 길을 걸었습니다. 이제 사람들은 그의 진실과 그의 노력과 그의 고독마저 공감하고 있습니다. 그는 단지 한 시대를 풍미한 패션디자이너로서가 아니라 아무것도 없는 맨땅에서 한 인간의 정성어린 집념과 매진이 가져올 수 있는 열매가 어떤 것인지를 우리 앞에 당당히 보여주었던 겁니다. 그래서 어쩌면 그의 삶 전체가 '기적의 연속'이었다고 말해야 할지 모릅니다.

'완벽에의 충동'으로 무장하다

루이뷔통(Louis Vuitton)은 150여 년의 역사를 가진 명품 중의 명품입니다. 1852년 프랑스의 황후 유제니를 비롯한 귀족들을 위해 여행 가방을 만들기 시작한 것이 루이뷔통 명품 역사의 시작입니다. 150여 년의 역사 속에서 진화해온 루이뷔통은 오늘날 매출, 시가총액, 브랜드 가치 등 여러 기준으로 따져도 전 세계 명품업계 중 최상위입니다.

바로 그 루이뷔통을 지난 22년 동안 이끌어온 이브 카르셀(Yves Carcelle) 회장은 자신의 재임기간 동안에 매출과 순이익을 약 5배나 올려놓았고, 다소 따분한 이미지였던 루이뷔통 브랜드를 라이벌 회사들이 부러워하는 '명품의 새로운 바로미터'가 되도록 만들었습니다. 실제로 루이뷔통의 브랜드가치는 〈포브스〉가 밝힌 2010년 자료에 따르면 243억 달러에 이릅니다.

그런데 루이뷔통의 브랜드 파워는 이브 카르셀의 경영원칙과 판매방침에 의해 더욱 강고해졌습니다. 흔히 루이뷔통엔 3가지가 없다고 합니다. 첫째는 세일이고, 둘째는 아웃소싱이고, 셋째는 짝퉁에 대한 관용입니다. 먼저 루이뷔통엔 '세일'이 없습니다. 재고가 발생하면 모조리 없애버릴 뿐입니다. 그는 이처럼 세일과

타협하지 않는 것이 지속성장의 비결이라고 말합니다. 또한 루이 뷔통의 사전에는 '아웃소싱'이란 단어가 아예 지워져 있습니다. 이브 카르셀은 전 세계 모든 루이뷔통 제품은 오직 루이뷔통의 기술자들만이 직접 생산할 뿐, 아웃소싱은 있을 수 없다며 고집스런 품질제일의 원칙을 고수합니다. 한마디로 '품질에 대한 비타협'이 그의 경영철학이기도 합니다.

또한 루이뷔통과 이브 카르셀 회장은 짝퉁을 경멸합니다. 경제적인 이유도 물론 있지만 짝퉁을 만드는 행위 그 자체가 창조성에 대한 가장 심각한 도전이라고 보기 때문입니다. 같은 맥락에서 이브 카르셀은 양적 요소에 집착하기보다는 철저하게 질적인 완벽을 추구합니다. "전 세계 매장에서 '물량이 달린다. 제발 물건을 좀 보내달라'고 성화를 합니다. 물론 예전보다 공급 물량이 많아지긴 했지만, 그보다 수요가 더 급증했거든요. 그때마다 '미안, 미안, 물건을 더 생산해낼 수가 없어'라고 대답하고 있지요. 우리는 기술자들에게 얼마나 많은 제품을 만들어냈는지에 대해선 묻지 않습니다. 오히려 얼마나 완벽한 물건을 만들어내는지를 따집니다. 생산 수량과 월급은 전혀 관계 없습니다." 이렇게 해서 루이뷔통은 완벽에의 충동으로 무장한 겁니다.

이런 루이뷔통의 마케팅에는 두 가지 핵심이 있습니다. 하나는 "고객을 애타게 하라"는 것이고 다른 하나는 "나만의 제품을 만든다"는 겁니다. 예를 들어 루이뷔통은 팝 아티스트, 무라카미 다카시의 만화 캐릭터 등을 그려 넣은 '무라카미 백'을 한정 생산해, 전 세계 고객들을 모두 몇 달씩 대기자 명단에 올려놓고 기다리게 하면서 '일부러 애태우는 전략'을 쓰기도 합니다. 또 루이뷔통은 100퍼센트 자신만을 위한 '맞춤형' 주문 서비스를 제공하면서 세계 어디에도 없는 유일의 제품을 갖고 싶어 하는 고객들의 심리를 자극하는 마케팅도 펼칩니다. 이를 위해 루이뷔통은 본사 내에 아예 '스페셜 오더' 부서를 따로 두고 각 고객이 원하는 특성이나 디자인을 반영한 제품을 만들어내기도 합니다.

이브 카르셀은 프랑스의 최고 엘리트 코스인 에콜 폴리테크닉 즉 이공과대학 출신입니다. 하지만 그는 졸업 후 엉뚱하게도 생활용품 회사의 영업사원이 되어 목욕 타월과 살충제를 팔기 시작했습니다. 직업에 귀천이 없다지만 최고 엘리트 코스를 나온 사람이 그렇게 하기란 결코 쉬운 일이 아니었을 겁니다. 이브 카르셀은 그 점에 관해 이렇게 말했습니다.

"제 수학 실력으로는 아인슈타인도 될 수 없고, 노벨상도 못탈 것 같더라고요. 그래서 졸업하고 난 뒤 영업맨이 됐죠. 생활용품 회사에서 살충제도 팔고, 목욕 타월도 팔러 다녔어요. '파는 법을 안다'는 것은 위대한 것이었죠. 어차피 이 세상에서 팔 수 없는 물건은 없으니까요."(2007년 7월 14일자 〈조선일보〉 인터뷰) 하지만 오늘날 그는 더 이상 살충제나 목욕타월이 아니라 세계 최고의 명품을 팝니다.

이브 카르셀은 프랑스어, 영어, 스페인어를 유창하게 구사하고, 독일어와 이탈리아어로도 소통이 가능하다고 합니다. 하지만 더 주목할 점은 그가 비즈니스상 합리성이 필요하면 미국인이 되고, 남성의 매력이 필요하면 이탈리아인으로 변신하며, 자존심

(ego)이 요구되면 프랑스인이 된다는 것입니다.

이브 카르셀은 이렇게 말합니다. "'명품'은 '욕망'이죠. 사람들은 부(富)가 허락하는 한, 그 감성을 누리고 싶어 합니다." 그렇습니다. 명품은 그 자체가 욕망입니다. 명품을 산다는 것은 욕망을 산다는 것이죠. 그 욕망의 시장, 감성의 시장을 앞서 헤쳐가는 발군의 CEO 이브 카르셀! 그 역시 '기적의 생산자'였던 겁니다.

거창하고 고상하고 무거운 것과의 싸움

생존여부와 무관하게 전 세계적으로 가장 인기 있는 아티스트는 과연 누구일까요? 생존인물이냐 아니냐를 묻지 않고 아티스트들의 국제적 활동 순위를 집계하는 '아트팩츠(www.artfacts.net)'에 따르면 지난 1998년부터 10여 년 넘게 줄곧 1위를 달리고 있는 이는 이미 1987년에 세상을 뜬 팝아티스트 앤디 워홀(Andy Warhol)이었습니다. 그는 지난 10여 년간 생존인물이 아님에도 불구하고 212회의 개인전, 815회의 단체전에 초청받아 총 참여 전시횟수가 1027회로 매년 평균 약 100여 개의 전시에 초청받아 참여한 셈이었습니다.

앤디 워홀은 1928년 8월 6일 미국 펜실베이니아 주 피츠버그에서 우크라이나에서 온 이민자의 아들로 태어났습니다. 카네기 멜론 대학교에서 산업디자인을 전공한 앤디 워홀은 1949년 대학 졸업 후 뉴욕으로 이주하여 잡지 삽화와 광고 제작 등 상업미술가로 큰 성공을 거두며 명성을 쌓기 시작했습니다. 특히 1962년 뉴욕 제니스 갤러리에서 열린 '새로운 사실주의자들(New Realists)'

전시에 참여한 앤디 워홀은 배트맨, 딕 트레이시, 슈퍼맨 등 연재 만화의 인물시리즈들과, 캠벨 수프 깡통이나 코카콜라 병, 달러 지폐, 그리고 여러 유명인들의 초상화 등을 실크스크린 판화기법으로 제작하여 선보였습니다. 이때 그가 선택한 작품 주제는 대중잡지의 표지나 슈퍼마켓의 진열대 위에 있는 것들이었습니다.

예술은 대중이 좋아하는 것을 표현하는 것이라 믿은 앤디 워홀은 중세화가들이 과일을 정물로 그렸다면 현대의 일상에서 우리가 보고 먹고 즐기는 것들은 왜 예술 대상이 되면 안 되는지를 되물었던 겁니다. 그래서 앤디 워홀은 일상 속에서 즐겨찾는 수프 깡통과 콜라병 같은 상품과 대중적인 광고와 미디어에서 이미지를 차용한 작품을 선보이며 20세기 미술 거장의 반열에 올랐던 것이죠.

사실 앤디 워홀의 작품세계는 대부분 미국의 물질문화와 연관되어 있었습니다. 그에게 이런 주제들은 미국 문화의 가치를 내포하고 있었던 겁니다. 그는 대중에게 익숙하고 유명한 이미지를 이용해 20세기 미국의 문화적 정체성을 표현했던 것이죠. 특히 앤디 워홀은 20세 때 그린 코를 후비는 자화상으로 시작해서 할리우드 스타를 비롯한 정치·사회·경제·문화계에서 활동한 현대의 우상들을 초상화로 담아냈습니다. 엘비스 프레슬리로부터 알베르트 아인슈타인까지 한 시대를 대표하는 얼굴들을 실크 스크린 기법으로 표현해낸 그의 작품들은 그야말로 20세기 후반의 현대사를 압축한 듯한 풍경이었습니다.

그런가 하면 앤디 워홀은 자신의 예술을 '세상의 거울'이라고 말했습니다. 그러면서 앤디 워홀은 1963년 첫 영화 〈잠(Sleep)〉을 촬영했습니다. 1965년에는 영화 만드는 것에 전념하기 위해 회화와의 작별을 선언하기까지 했습니다. 그 후 그는 총 280여 편의 영화를 찍었습니다. 하지만 이러니저러니 해도 앤디 워홀은 현대 미술의 아이콘 그 자체입니다. 살아 있는 동안에 이미 전설이었던 그는 동시대 문화와 사회에 대한 날카로운 통찰력과 이를 시각화해내는 직관을 가지고 있었습니다. 앤디 워홀의 위대한 매력은 어떤 주제로든 전시를 구성할 수 있을 만큼 그가 손대지 않은 주제나 소재가 없다는 점이기도 합니다. 레오나르도 다빈치가 자기 시대를 통찰하고 표현했던 것처럼 앤디 워홀은 20세기 후반의 시대를 자기 나름의 방식으로 이해하고 해석해서 이를 작품으로 표현해낸 진정한 통찰력의 작가였던 겁니다.

그런데 그가 이끌었던 팩토리 스튜디오의 일원이자 그의 실험영화에 등장하기도 했던 발레리 솔라나스가 앤디 워홀을 저격하는 충격적인 사건이 발생했습니다. 1968년 6월 3일 팩토리 스튜디오의 직원 발레리 솔라나스가 스튜디오에 들어와 앤디 워홀을 총으로 세 발 쏘았습니다. 두 발은 빗나갔지만 세 번째 총알이 그의 양쪽 폐, 지라, 위, 식도를 관통했습니다. 급히 실려간 병원에서 의사들은 그가 죽었다고 선언했으나 앤디 워홀은 놀랍게도 그 총격에서 살아남았습니다. 그러나 죽을 때까지 그것을 완전히 회복하지는 못했습니다. 발레리 솔라나스는 후에 "앤디 워홀은 내 삶의 너무 많은 부분을 통제하고 있었다"라고 말했습니다. 이 사건은 1995년에 〈나는 앤디 워홀을 쏘았다〉라는 제목으로 영화화되기도 했습니다.

총격사건이 있은 후 앤디 워홀은 1970년대부터 다시 사교계나 정치계 인물의 초상화를 그리기 시작했고 1972년엔 그 유명한 '마오(Mao)' 시리즈로 다시 회화제작에 전념하게 되었습니다. 1983년 이후엔 장 미셸 바스키아와 친분을 맺고 함께 작업하기도 했습니다. 그러나 결국 1987년 2월 22일 담낭 수술과 페니실린 알레르기 반응으로 인한 합병증으로 59세라는 아까운 나이에 그만 세상을 떠나고 말았습니다.

앤디 워홀은 생전에 매일 아침 9시 30분이면 어김없이 비서이자 출판 편집자인 팻 해켓에게 전화를 걸어 전날의 일과를 이야기하듯 불러주었다고 합니다. 그러면 팻 해켓은 이것을 받아적어 그날의 앤디 워홀 일기로 만들었습니다. 바로 이것이 앤디 워홀의 시시콜콜한 일상과 유명 예술가들과의 일화가 가득 담긴 《앤디 워홀의 일기》로 출간되기도 했습니다. 흔히 일기는 '쓰는' 것이라고 생각했는데 앤디 워홀은 전화통을 붙들고 누군가에게 '말한' 겁니다. 앤디 워홀은 구어체 그대로 일기에 언제 어디서 누구를 만나 어떤 이야기를 나눴는지 점심값·택시비로 얼마를 냈는지, 팁은 얼마나 줬는지까지 시시콜콜하게 말하며 기록했던 겁니다.

앤디 워홀의 일기에서 특이하면서도 재밌는 내용을 꼽으라면 밤새 벌어지는 화려한 뉴욕의 파티 라이프를 빼놓을 수 없을 겁니다. 그에게 파티는 그저 놀고먹기 위한 파티가 아니라 일종의 일과 같은 것이었습니다. 그리고 그의 일상을 통해 의미와 재미는 분리된 그 무엇이 아니라 통합된 하나가 되었던 것이죠. 결국 그 일상을 통해, 그리고 그 기록으로서의 일기를 통해 앤디 워홀은 자신의 팝아트를 구축해갔던 셈입니다.

팝아티스트 앤디 워홀은 평생 고상함의 세계와 싸웠고 거창하며 무겁게 다가오는 의미의 세계를 경멸했습니다. 그는 흔들리는 20세기를 그 자신도 흔들리고 비틀거리며 살아냈으며 그것을 팝아트라는 형식으로 우리 앞에 펼쳐냈던 우리 시대의 초상 그 자체였던 겁니다. 더구나 세상을 뜬 지 사반세기가 지난 앤디 워홀이 아직도 가장 인기 있는 아티스트로 꼽힌다는 것은 분명 또 하나의 기적일 겁니다. 물론 그가 의도하지는 않았겠지만요.

홀로 빛나는 것은 모두 아름다운 법

시대를 이끈 에로틱한 도전

오랫동안 제국의 영화를 누렸던 오스트리아 사람들은 예나 지금이나 세계 문화의 중심지에 살고 있다는 자부심이 대단합니다. 그도 그럴 것이 클래식 음악을 대표하는 인물로 볼프강 모차르트가 있고, 미술에는 구스타프 클림트(Gustav Klimt)가 있기 때문입니다. 특히 구스타프 클림트의 걸작 〈키스〉는 오스트리아의 국보(國寶)로 추앙될 정도입니다.

　사실 구스타프 클림트의 작품들은 하나하나가 국보급이어서 소장 미술관이 반출을 허락해도 오스트리아 정부에서 엄격한 규정을 만들어 통제하기 일쑤입니다. 설사 해외로 이동하더라도 작품 하나하나가 천문학적 가치를 지닌 만큼 특수 제작된 케이스를 마련하는 등 치밀한 준비가 따르게 마련입니다. 지난 2009년 서울 나들이를 한 클림트의 작품들을 위한 보험가액이 10억 유로, 우리 돈으로 1조 8000억 원이라고 하니 그의 그림 가치의 무게가 상상을 초월함을 알 수 있습니다.

더구나 클림트의 작품은 보안상의 이유 때문에 한 비행기로는 절대 움직이지 않고 각기 다른 스케줄의 항공편에 분승시켜 움직인다고 합니다. 당연히 보존전문가가 그림과 함께 비행기에 타고 가며, 도착하는 대로 작품의 피로 상태를 점검하는 등 작품 관리와 보존에 온 신경을 쏟습니다. 특히 클림트의 최고명작 〈키스〉는 절대 오스트리아 밖으로 내보내지 않는다고 합니다. 몇 년 전 벨베데레 미술관 하궁에서 열린 기획전을 위해 외출한 것을 빼고는 30여 년 동안 벨베데레 미술관 상궁에서 단 한 발짝도 움직이지 않았다는 겁니다. 그 덕분에 매년 수백만 명의 해외관람객들이 클림트의 〈키스〉를 보기 위해 오스트리아를 찾습니다.

구스타프 클림트는 1862년 빈 근교의 바움가르텐에서 귀금속세공사의 7형제 중 차남으로 태어났습니다. 그가 태어난 빈은 세기말의 좌절과 절망 그리고 기대와 흥분이 고스란히 응집된 당대의 세계사적 의미가 깊이 각인된 도시였습니다. 그곳 빈에서는 현실과 환상, 전통과 현대 사이의 긴장 속에서 위대한 상상력과 창조력이 발아되었던 겁니다. 클림트는 바로 이런 역사적 환경 속에서 자랐습니다. 그는 14세에 빈 공예학교에 입학했고 17세가 된 1879년에는 어린 나이임에도 불구하고 빈 미술사 박물관의 중앙 홀 장식을 마무리짓는 일을 공동으로 맡기에 이르렀습니다. 그 후 10년이 채 안 된 1888년 구스타프 클림트는 오스트리아 합스부르크 황가의 황제 프란츠 요제프로부터 황금공로십자훈장을 받을 만큼 출중한 예술적 기량을 펼쳤던 겁니다.

31세 되던 1893년 클림트는 국립미술학교 교수임용에 지원했지만 고배를 마시고 말았습니다. 하지만 클림트는 바로 그 이듬해 빈 국립대학 대강당의 천장 장식화작업을 맡게 되었습니다. 클림트는 천장화의 위선적 엄숙주의에 반대하는 '철학', '의학', '법학'이란 제목의 세 작품을 통해 당시로선 파격에 가까운 에로티시즘을 펼쳐 보였는데 보수적인 빈 대학교수들이 이 작품을 정통에 대한 이단의 공격으로 간주하면서 논란에 휩싸이게 됩니다. 그러자 마침내 1905년 클림트는 빈 대학 천장 장식화 모두를 정부로부터 반환받고 이를 스스로 철거해버렸습니다. 그러나 클림트는 소란한 반론에 위축되지 않고 자신의 작품세계를 계속 밀고 나갔습니다. 〈유디트 I〉(1901), 〈유디트 II〉(1909), 〈베토벤 프리즈〉(1902), 〈희망 I〉(1903), 〈희망 II〉(1907~08), 〈물뱀 I〉, 〈물뱀 II〉(1903~07) 등이 클림트의 에로티시즘의 정수를 보여줍니다.

구스타프 클림트는 19세기 말과 20세기 초의 불안과 우울, 그리고 그것들이 스며든 초월과 관능을 표현한 당대의 문화코드였습니다. 하지만 100년이 지난 지금 클림트 신드롬은 더욱 거셉니다. 몽환적 이미지를 자아내는 클림트 작품의 인기는 가히 글로벌적입니다. 물론 우리나라에도 두꺼운 마니아층이 형성되어 있고 그의 작품을 담은 캘린더와 광고 상품은 지구촌 곳곳에서 어렵잖게 볼 수 있을 정도입니다. 눈 돌리는 곳마다 '클림트'와 마주친다 해도 과언이 아닐 만큼 미술관과 갤러리에서는 물론이고 달력과 포장지 심지어 거리의 광고판에서도 클림트의 그림을 만나는 것은 그리 어렵지 않습니다.

아울러 그의 그림은 세상에서 가장 많이 복제된 그림이며 열쇠고리부터 가구까지 클림트 작품을 모티브로 사용한 생활용품도 쉽게 찾아볼 수 있습니다. 이렇게 보면 어쩌면 우리는 너나 할 것 없이 클림트의 매력과 유혹에 빠져 살고 있다 해도 과언이 아닐 겁니다.

분명 구스타프 클림트의 그림엔 사람들을 빨아들이는 힘이 있습니다. 가히 '클림트 바이러스'라고 할 만한 것입니다. '클림트 바이러스'는 이미 우리 일상에 다종다양한 형태로 파고들었습니다. 2006년 뉴욕 소더비 경매에서 당시 회화 거래사상 최고가인 1억 3500만 달러에 팔린 〈아델레 블로흐 바우어의 초상 I〉이란 클림트의 그림은 두통약 '펜잘'의 겉포장에까지 등장하고 있을 정도입니다. 세기말의 절망과 흥분을 담아 아르누보의 장식 스타일이 녹아든 클림트의 작품들. 첫눈에 화려함으로 사람들의 시선을 사로잡지만 그 안에는 죽음과 사랑의 기묘한 선율이 감춰져 있어 더욱 매혹적입니다.

구스타프 클림트의 작품을 가장 많이 보유한 오스트리아 빈의 벨베데레 미술관 관장 아그네스 휘슬라인아르코는 클림트의 매력을 이렇게 말합니다. "클림트의 작품은 사람의 영혼을 어루만진다고나 할까. 영적이면서도 관능적 매력이 공존하고 있어 보는 것만으로도 큰 즐거움을 느낀다. 또 어린이도 한눈에 알아볼 수 있을 만큼 개성이 뚜렷하다. 미술사적으로 클림트 작품은 유럽의 가장 흥미로운 세기말을 들여다보게 한다. 무엇보다 그의 회화에는 여러 겹의 층이 존재한다. 보는 사람에 따라 해석의 여지가 많다는 뜻이다. 색채와 다양한 장식의 아름다움은 여성들을 사로잡는다. 그는 실제 생활은 그렇지 못했지만 그림에서만큼은 여성의 심리를 너무도 잘 이해하고 표현했다. 〈키스〉에서 볼 수 있듯 여자를 지배하는 카리스마적 매력도 보여줘 남성 관객들도 좋아한다. 한마디로 그의 작품은 볼 때마다 다른 느낌을 준다."(2009년 1월 31일자 〈동아일보〉 인터뷰)

세기말의 절망과 희망, 좌절과 흥분을 에로티시즘으로 승화시켜 화려한 황금빛 유혹으로 우리 앞에 펼쳐놓은 구스타프 클림트. 100년이 지나 또 한 번의 세기말과 세기초를 겪은 지금에도 그는 여전히 더없이 강렬한 유혹의 작가입니다.

기다림은 수동태 아닌 능동태

1952년 47세가 된 아일랜드의 극작가 사무엘 베케트는 〈고도를 기다리며〉를 써냈습니다. 〈고도를 기다리며〉는 2차 대전 중 나치를 피해 남프랑스 보클루즈의 농가에 피신해 있던 사무엘 베케트가 전쟁이 끝나기를 애타게 기다렸던 자신의 경험을 보편적인 기다림의 주제로 승화시킨 작품입니다.

1953년 1월 파리의 바빌론 소극장에서 초연된 〈고도를 기다리며〉는 기껏 한 달 정도 지속되리라던 예상을 깨고 파리에서만 300회가 넘게 공연됐고 전 세계 50여 개국에서 자국어로 번역돼 "오늘 저녁에도 어딘가의 무대 위에서는 두 명의 부랑자들이 오지 않는 '고도'를 기다리고 있을 것이다"라는 〈르몽드〉 기사처럼 세계 곳곳에서 공연되기에 이르렀습니다.

그 덕분인지 1969년 사무엘 베케트는 〈고도를 기다리며〉로 노벨문학상의 영예를 안았습니다. 그리고 바로 그해 12월 〈고도를 기다리며〉의 한국 초연이 있었습니다. 연출자는 당시 33세이던 임영웅(林英雄)이었습니다. 그 후 42년 동안 임영웅은 28회에 걸쳐 이 작품을 연출했습니다. 물론 그때마다 사뭇 달랐습니다. 참으로 대단한 집념과 열정이 아닐 수 없습니다. 그 사이 33세의 혈기 넘치는 검은머리는 은근한 백발로 변했지만 그가 연출한 무대는 결코 늙지도 안주하지도 않았습니다. 오히려 해를 거듭하고 시간이 지날수록 새로웠습니다.

임영웅 선생은 1936년 서울 출생입니다. 그의 집안은 당대의 유명한 음악가 집안이었습니다. 클라리넷을 전공한 그의 아버지 임태식은 초창기 재즈의 개척자로 일본에서 더 유명했는데, '동양의 베니굿맨'이라고 불릴 정도였습니다. 숙부 임원식은 도쿄음악학교와 줄리아드음대에서 지휘를 공부하고 우리나라 최초의 교향악단인 고려교향악단을 만들고 그 상임지휘자로 활약했으며 예원학교와 서울예고를 만들어 한국음악계를 이끌었던 인물입니다. 그런 집안 내력을 바탕으로 임영웅은 서울 휘문고등학교 재학 시절 우연히 좌담회에서 만난 동랑 유치진 선생의 영향을 받아 고교를 졸업한 후 1955년 서라벌예대 연극영화학과에 진학했고 대학 재학 시절, 전국 중고등학교 연극경연대회에서 모교 휘문고의 〈사육신〉을 연출하면서 데뷔했습니다.

그 후 1956년 창간된 세계일보를 시작으로 조선일보, 대한일보 문화부 기자를 거쳐 1963년 동아방송 개국과 함께 라디오 드라마 PD로 활동하기 시작했습니다. 그리고 1964년 말 TBC 동양방송이 개국하자 자리를 옮겨 텔레비전 드라마 PD로 활동하면서 창작뮤지컬 〈살짜기 옵서예〉를 연출하기도 했습니다. 그리고 마침내 1969년 극단 '산울림'을 창단해 이후 〈고도를 기다리며〉를 비롯 〈위기의 여자〉, 〈딸에게 보내는 편지〉, 〈엄마는 오십에 바다를 발견했다〉, 〈세자매〉, 〈밤으로의 긴 여로〉 등 100여 편을 연극무대 위에 올렸습니다.

하지만 임영웅 선생은 원로 연극평론가인 유민영 선생의 말처럼 지난 40년 동안 한국연극사에 길이 남을 수많은 문제작을 무대에 올리면서도 자신의 작품이 어떠니, 연극철학이 어떠니 하는 식의 장황한 이야기는 애당초 늘어놓은 적이 없었습니다. 그만큼 임영웅 선생은 '연출가는 작품으로만 말할 뿐'이라는 원칙과 신념을 고집스러울 만큼 일관되게 지켜온 사람입니다.

아울러 임영웅 연출의 특징 중 하나는 원작을 결코 훼손하지 않는다는 점입니다. 특히 그 내용이 난삽하기로 이름난 〈고도를 기다리며〉는 원작의 단어 하나 빼놓지 않습니다. 그렇다고 그의 연출이 고리타분한 것은 결코 아닙니다. 그는 실험적이라는 말을 쓰지 않을 따름이지 끊임없이 바꾸고 변화시킵니다. 〈고도를 기다리며〉를 42년 동안 30회 가깝게 다시 무대에 올린다는 것 자체가 그런 실험정신 없이는 불가능한 것이기 때문입니다.

이렇듯 임영웅 선생이 무수히 고쳐 무대에 올린 연극 〈고도를 기다리며〉는 블라디미르와 에스트라공이라는 두 늙은 방랑자가 고도라는 인물을 기다리는 것으로 시작해서 그 기다림으로 끝납니다. 그들에게 삶이란 곧 그 기다림이며 그것을 포기하지 않으려는 몸부림입니다. 기다림을 포기하지 않고, 그에 따른 초조함과 낭패감을 떨치기 위해 그들은 끝없이 지껄이고, 장난치며, 놉니다. 그들에게 기다림은 괜한 시간낭비가 아니라 본능적인 삶의 방식입니다. 기다림은 절망을 이기는 방법이고 희망을 품는 자세이기도 합니다. 살아야 할 이유가 거기 있고, 그 기다림 속에서 내일을 기약합니다.

결국, 극이 끝나도록 기다리던 고도는 오지 않았습니다. 하지만 결코 놓아버릴 수 없는 기다림을 향한 절박함이 텅 빈 무대를 후려치듯 끝나는 것이 연극 〈고도를 기다리며〉의 묘한 맛입니다. 누군가를 애타게 기다려본 사람은 압니다. 그 기다림이 사랑임을. 배고파본 사람은 압니다. 한 덩어리의 빵을 간절히 기다림이 곧 생명임을. 신의 응답을 구하며 기다려본 사람은 압니다. 그 기다림이 신앙임을. 그리고 갇혀본 사람은 압니다. 풀려날 날에 대한 기다림이 곧 자유임을. 결국 기다림 그 자체가 우리의 삶인 겁니다. 나아가 무엇을 기다리느냐가 곧 그 사람의 미래이기도 한 것이죠.

사실 기다려야 숙성될 수 있고 기다려야 얻을 수 있습니다. 기다릴 줄 안다는 것은 삶의 놀라운 지혜요 힘입니다. 철없는 자식이 스스로 깨닫도록 기다릴 줄 아는 부모만이 철든 자식을 얻고, 진인사대천명(盡人事待天命)의 자세로 할 바를 다하고 하늘의 뜻을 기다릴 줄 아는 자만이 세상을 얻습니다. 하지만 신호등의 불빛이 바뀌는 것조차 기다리지 못해 경적을 울리며 안달하는 우리들에게 기다릴 줄 아는 것의 힘과 미덕은 사라진 지 오래입니다. 이제 그것을 회복해야 할 때가 아닐까 생각합니다.

사실 기다림은 수동태가 아니라 능동태입니다. 기다림은 막연히 내버려두는 것이 아니라 어미닭이 달걀을 품듯이 꿈, 희망, 미래를 품어 부화시키는 또 다른 의미의 적극적인 행위입니다. 연출가 임영웅 선생이 42년 동안 〈고도를 기다리며〉라는 하나의 작품을 30회 가까이 품고 또 품어 위대한 삶의 작품을 새롭게 부화시켜냈듯이 이제 우리도 나만의 〈고도를 기다리며〉를 품어내야 하지 않을까요? 이 부조리한 세상 속에서 버텨내기 위해서라도 말입니다. 그 기다림과 버텨냄이 또 다른 기적의 시작일 테니까요.

커피를 갈아 황금으로 만든 사나이

미국의 경제전문지 〈포브스〉지는 스타벅스를 가리켜 '전 세계에서 가장 다이내믹한 브랜드'라고 평가한 적이 있습니다. 그도 그럴 것이 미국 북서부의 시애틀을 중심으로 4개 매장에 불과했던 스타벅스가 약 20년 만에 8000여 개의 지점을 거느린 글로벌 기업으로 성장했기 때문입니다. 더구나 1999년 베이징에 1호점을 낸 뒤 중국에서만 지금까지 수백 개의 지점을 내는 공격적 마케팅을 펼쳐 그야말로 커피 하나로 만리장성을 넘은 셈입니다.

바로 이런 스타벅스 성공신화를 일궈낸 하워드 슐츠(Howard Schultz)에게는 '커피역사를 바꾼 사나이'라는 닉네임이 늘 따라 붙고 '커피를 갈아서 황금으로 만든 주인공'과 같은 화려한 수식어가 붙어다닙니다.

하워드 슐츠는 1953년 뉴욕 브루클린 빈민가에서 태어났습니다. 그는 1975년 노던 미시건대학교에서 경영학으로 학사학위를 받은 후 제록스사에 입사해 3년간 세일즈와 마케팅 분야에서 일했습니다. 그 후 스웨덴 회사 해마플라스트의 부회장 겸 총지배인이 되었습니다. 그러다 우연한 기회에 스타벅스 커피맛을 본 하워드 슐츠는 신대륙을 발견한 듯 환호했습니다. 그리고 이내 "다이아몬드 원석을 다듬어 빛나는 보석을 만들고 싶다"는 강렬한 욕망을 갖고 1982년 기업의 부회장 자리를 박차고 나와서 당시 고작 4개 매장만을 갖고 있던 보잘것없는 스타벅스에 뛰어들어갔던 겁니다. 스타벅스의 커피 맛에 반해 일을 친 셈이었죠.

　　그러나 하워드 슐츠는 입사 후 5년 만인 1987년 8월 본래 창업자들로부터 스타벅스를 380만 달러에 사들여 회장 겸 최고경영자가 되었고 1992년에는 스타벅스를 가판용 커피 회사로서는 최초로 상장기업으로 만들었습니다. 그리고 그는 유럽과 달리 카페 문화가 존재하지 않는 미국에서 일체의 광고를 하지 않으면서도 매년 놀라운 수익률 증가를 보이며 지금은 전 세계적으로 수천 개의 매장을 갖춘 세계 최고의 커피 브랜드를 탄생시켰던 겁니다.

　　사실 하워드 슐츠는 단지 커피를 판 것이 아니라 문화와 향취를 팔았습니다. 스타벅스 매장을 '집'과 '일터'의 중간쯤 되는 '제3의 휴식처'로 만들겠다는 하워드 슐츠의 일상문화전략은 빠르게 사람들의 마음을 사로잡았습니다. 어쩌면 이것이 미국에서 아니 세계에서 가장 인기 있는 커피판매점으로 스타벅스를 자리잡게 만든 비결이 아닐까 싶습니다. 하지만 스타벅스를 단기간 내 세계 최대 커피전문점으로 키워낸 하워드 슐츠는 "나는 고독한 승리를 원하지 않는다. 많은 승리자들과 함께 환호하며 결승점에 도달하고 싶다"고 말합니다. 실제로 하워드 슐츠는 '성공의 공유'를 역설하고 이를 몸소 실천해온 경영자로도 유명합니다.

그래서 하워드 슐츠는 자신의 기업에는 물론이고 다른 기업들을 향해서도 승리하고 싶거든 조직구성원과 성공을 공유하라고 말합니다. 성공은 공유되었을 때 최고의 가치를 발휘하기 때문이라는 것이죠. 기업이 지속적으로 성장하기 위해서는 기업의 구성요소인 직원들이 자기 스스로를 향해 중요감을 가질 수 있도록 하고 궁극적으로는 그들과 성공을 공유해야 한다는 겁니다. 그런 취지에서 하워드 슐츠는 매장 내에서 파트타임으로 일하는 직원들에게도 포괄적인 의료 서비스와 스톡옵션마저 제공하는 독특한 기업문화 프로그램을 마련했습니다.

하워드 슐츠는 직원 한 사람 한 사람을 자신의 사업 파트너라고 생각합니다. 연간 수십억 달러 이상의 매출을 올리는 전 세계 스타벅스 매장들의 고객 1인당 평균 매출액이 3달러 60센트인 점을 감안해본다면, 정작 매장에서 직원들이 접촉해야 하는 고객 수가 얼마나 많은지 대략적으로나마 짐작하실 수 있을 겁니다. 따라서 직원들의 사기가 높지 않고, 직원 스스로 자기가 하는 일에 자부심과 열정을 가지지 않으면 스타벅스는 결코 최상의 서비스를 할 수 없고, 최상의 서비스를 하지 못하면 더 이상 지속적으로 존재할 수도 없다는 것을 하워드 슐츠는 정확하게 인식하고 있었던 겁니다.

그래서 그는 이렇게 말합니다. "우리 회사가 최우선으로 생각하는 것은 직원들의 만족이다. 직원들이야말로 회사의 열정을 고객에게 전달할 책임을 지는 사람들이기 때문이다. 고객만족은 그다음이다. 아니 직원을 만족시키면 고객도 만족시킬 수 있다. 그래서 직원만족과 고객만족이라는 이 두 가지 목표가 이뤄져야만 주주들에게 장기적인 이익을 안겨줄 수 있다."

조직 구성원들 하나하나를 소중하게 대하며 그들과 성공을 공유하고자 했던 사람, 하워드 슐츠. 그는 성공의 공유를 통해 직원들에게 소속감과 신뢰감을 깊게 심어주었고 그것으로부터 돌려받은 조직에 대한 충성심을 통해 마침내 고객한테 더 많은 편안함과 신뢰감을 줄 수 있었던 겁니다.

직원들이 회사를 신뢰하지 않는다면 고객도 그 회사를 믿을 수 없지 않겠습니까. 하지만 직원들이 신뢰하면 고객도 당연히 신뢰하게 됩니다. 하워드 슐츠는 스타벅스의 성공을 통해 우리에게 이것을 분명하게 확인시켜줍니다. 결국 직원만족과 고객만족을 함께 이끌어내고 성공의 공유를 통해 진정한 윈윈(win-win)의 모범을 보여준 하워드 슐츠야말로 우리 일상과 사업에서 진정한 기적의 씨앗이 무엇인지 간파한 사람 아닐까요?

유전자를 깨운 차이의 거장
'찰스 다윈'

**인문과학의
통섭자
찰스 다윈**

인류에 가장 큰 영향을 끼친 3대 과학자를 꼽는다면, 갈릴 레오 갈릴레이, 아이작 뉴턴, 그리고 찰스 다윈을 들 수 있습니다. 즉 이들은 인간 사고의 패러다임을 바꾼 위대한 지성들입니다. 이 중 찰스 다윈은 지난 2009년 탄생 200주년을 맞고 그의 저작 《종의 기원》 또한 출간 150주년을 맞으면서 그의 업적이 새롭게 기념되고 평가받았습니다.

그런데 왜 인문학, 사람공부를 논하는 이 자리에서까지 '다윈'을 말하는지 의아할 수도 있겠지만, 그 이유는 명백합니다. 다윈은 《종의 기원》(1859), 《인간의 유래》(1871), 《인간과 동물의 감정표현》(1872) 등의 저작을 통해 인간의 근원적 본질을 파헤쳤기 때문입니다. 그런 의미에서 다윈만큼 '인문'의 근본, 사람공부의 모범에 맞닿은 자연과학자도 드뭅니다. 아니 다윈은 그 자체가 인문과 자연 그리고 사회의 통섭자입니다. 그래서 우리는 다윈을 만나면 벌거벗은 인간의 본질을 마주하게 됩니다.

그렇다면 왜 지금 '다윈'을 말하는 걸까요? 다윈과의 만남 그 자체만으로도 유익하긴 하지만 한 걸음 더 나아가 위기와 역경 그리고 시련의 시대를 돌파해야 하는 오늘의 우리에게 우리 안에 '역경극복의 유전자'가 존재함을 확인하고 싶은 욕망이 있기 때문이기도 합니다.

'가문의 힘'을 갖추다

말콤 글래드웰은 《아웃라이어(Outlier)》에서 "무에서 유를 창조한다든지, 부모나 후견인에게 빚지지 않고 성공할 수는 없다. 성공한 사람들은 특별한 기회나 문화적 유산의 혜택을 받은 사람들"이라고 강조했습니다. 찰스 다윈도 예외가 아닌 듯합니다. 찰스 다윈의 할아버지는 식물학자였고 아버지는 의사로서, 다윈의 진화론은 그의 가문 내력과 무관치 않습니다. 그래서 혹자는 찰스 다윈의 진화론을 가리켜 '가문의 힘'에 바탕한 것이라고도 말합니다.

찰스 다윈의 친할아버지인 에라스무스 다윈은 《식물원》과 《주노미아(Zoonomia, 동물생리학)》 등의 저서를 남긴 식물학자이자 외과 의사였습니다. 그는 "세계는 아주 미미한 것으로부터 발생해 고유한 활동에 따라 점차적으로 성장해 위대해진다"고 말했는데, 이것이 찰스 다윈 진화론의 근본인식과 잇닿아 있음은 물론입니다. 그리고 외할아버지 조시아 웨지우드는 영국의 유명한 도자기회사인 웨지

우드의 창업 2세였습니다. 찰스 다윈은 기업가 집안과 의학자 집안이 결합한 산물인 것입니다.

다윈의 아버지 로버트 다윈은 에라스무스 다윈의 막내아들로, 그 역시 의사였습니다. 아버지 로버트 다윈은 평생 별다른 직업을 갖지 않았던 찰스를 재정적으로 아낌없이 후원했는데, 물론 처음부터 그런 것은 아니었습니다. 그도 아들 때문에 걱정이 많았습니다. 다윈이 사냥에 빠져 지내고 강아지를 돌보거나 쥐 잡는 것에만 열중한다고, 그래서는 스스로에게도 집안에도 망신거리밖에는 되지 않는다고 심하게 꾸짖었습니다. 집안의 바람에 따라 의사가 되겠다더니 의학공부를 집어치우고, 목사가 되겠다고 해놓고는 딱정벌레나 쫓아다니는 아들 다윈이 아버지는 미덥지 못했습니다.

그러나 비글호 항해를 통해서 다윈은 가문의 망신거리에서 일약 가문의 자랑이 됩니다. 여행 중에 주고받은 서신이 널리 알려져 당대 학계의 유명인사가 되었고 여행에서 수집한 자료들을 바탕으로 필생의 업적을 완성합니다. 아버지의 기대를 저버리고 다른 길을 걸었던 아들은 결국 아버지의 가장 큰 자랑이 된 것입니다.

**차이 나는
몰입과
소통의 대가**

다윈은 관찰의 대가였습니다. 어려서부터 그는 곤충, 새 등의 관찰에 흥미를 가졌습니다. 그래서 얻은 별명이 '포코크란테'(한눈만 파는 아이)입니다. 아울러 다윈은 발견의 대가였습니다. 특히 갈라파고스의 생태계에서 다양한 종(種) 들이 생존을 위해 어떻게 변이하고 적응하는지를 다채롭 게 발견했습니다.

다윈은 1832년 브라질 밀림지대를 탐험하고 1835년 세인트 카를로스 만에서 화산 폭발과 수백 차례의 지진 해 일을 목격했습니다. 다윈의 생각, 그의 천재성은 그런 현 장 속에서 벼려졌습니다. 또한 다윈은 몰입의 대가이자, 연구광이었습니다. 그는 8년간 바다 갑각류 중 하나인 따 개비를 조사하고 분류했고 무려 1만 개의 서로 다른 변이 들을 연구하고 기록했습니다. 그의 관심은 식충식물, 동물 과 사람의 감정 표현, 꽃의 변이, 벌레의 습관 등 다양다종 하고 변화무쌍했습니다. 하지만 몰입 대상을 한번 잡으면 끝까지 물고 늘어져 당대 최고의 연구 성과를 내놓았습니 다. 다윈이 벌레를 연구할 때는 스스로 '벌레의 영혼'에 감 정이입할 만큼 몰입했던 것입니다.

그런데 다윈은 40여 년간 병명도 모른 채 몸이 쇠약해 지는 끔찍한 병을 안고 살았습니다. 그 사이 아들과 딸을 잃는 고통도 겪었지만 그는 2~3년에 한 번씩 새 저서를 내 놓는 정열을 과시했고 그가 쓴 책은 매번 베스트셀러가 됐 습니다.

그리고 찰스 다윈은 소통의 달인이기도 했으니, 그는 일생 동안 2000여 명의 인물들과 1만 5000여 통의 편지를 주고받았습니다. 12세 무렵에 주고받은 편지부터 그가 죽기 이틀 전까지 매년 240여 통의 편지를 주고받은 셈입니다. 그 편지들에는 일상사 말고도 중요한 학술적 관점이 담겨 있습니다.

또한 그는 질문하는 데 주저함이 없었습니다. 그는 재배 식물의 변이에 관해 의문이 있으면 정원사나 농부에게 질문을 던졌습니다. 야생동물에 대해선 사냥꾼이나 개 주인에게까지 질문을 퍼부었습니다. 그는 분명 질문의 힘을 알고 있었고, 따라서 권위와 체통을 내세워 질문을 죽이지 않았습니다.

한마디로 다윈은 통섭자였습니다. 지질학자로 출발해 동물학·식물학·조류학 등의 수많은 학문 분야를 망라한 통섭자. 마찬가지로 그가 뿌린 생각의 씨앗은 인류학·사회학·심리학·의학 등 거의 모든 분야에 영향을 미치고 있으며, 이 몰입과 소통의 대가가 펼친 이론이 인류의 기원을 바꿔놓은 것입니다.

다윈 진화론에 대한 2가지 오해

그런데 다윈 진화론에 대해서는 두 가지 큰 오해가 존재합니다. 그 첫 번째가 다윈이 진화론의 최초 주창자라는 것입니다. 하지만 아닙니다. 사실상 다윈 이전에도 진화론 주창자는 존재했습니다. 《종의 기원》 도입부에는 "종의 기원에 대한 제 학설의 역사적 개요"라는 제목 아래 종의 변이 내지 진화를 언급했던 33명의 학자를 거론하고 있는데, 거기엔 용불용설을 주장했던 라마르크부터 다윈의 조부 에라스무스 다윈까지가 포함됩니다.

이들 학자 중 라마르크는 자신의 저서 《동물철학》 (1809)에서 "진화론이란 ……단순한 생명체가 여러 세대를 거치게 되면 점점 더 복잡한 개체로 진보하는 것이다"라고 했습니다. 그러나 이것은 다윈의 진화론과는 거리가 멉니다. 여기서 다윈 진화론에 대한 두 번째 오해가 등장합니다. 다윈은 진화＝진보라는 관념의 등식을 거부했습니다.

다윈 이전 진화론에서 생물 진화의 패턴은 하등동물이 시간이 흐르면서 점차 고등동물로 진화해간다는 '사다리 모형' 이론이었습니다. 이 사다리 모형에서는 동물원 원숭이도 시간이 흐르면 언젠가 인간이 될 수 있다고 봤던 것입니다. 하지만 '생명의 나무 모형'을 제시한 다윈의 진화론에서는 원숭이는 인간이 될 수 없습니다. 이미 인간과 원숭이는 서로 다른 가지(종)로 갈라져 진화하고 있기 때문입니다. 결국 다윈의 세계에서는 종 사이의 우열은 없고 단지 차이만 있을 뿐입니다.

따라서 다윈은 결코 원숭이가 사람이 됐다고 주장하지 않았습니다. 단지 인간과 원숭이의 조상이 같다고 주장할 뿐입니다. 아직도 많은 사람이 "우리 인간은 다른 동물들과 본질적으로 다르다"고 합니다. 그러나 다르지 않습니다. 다윈은 생물의 구조를 표현할 때 절대로 '고등'이나 '하등'이라는 말을 하지 않았습니다. 진화와 진보를 연계하려는 사상이야말로 인간 중심적인 최악의 편견입니다.

지구상에 살고 있는 100만 종 이상의 생물은 나름대로 외부 환경에 적응한 '승리자'입니다. 누가 우월하고 누가 열등한 것이 아닙니다. 개체들은 장차 태어날 세대들에게 자신의 유전자를 좀 더 많이 전달하고자 맹렬히 노력할 뿐 진화에는 목적이 따로 없습니다. 아울러 진화에 정해진 방향은 없습니다. 진화란 반드시 더 높은 단계로 나아가는 과정도 아닙니다.

인간은 미리 예정된 과정의 가장 위대한 창조물이거나 지구와 생물들을 지배하고 소유할 수 있는 운명을 타고난 존재가 아닙니다. 그런 생각 자체가 인간의 '우주적 오만'입니다. 다윈은 우리가 흔히 품고 있는 우주적 오만을 정면으로 거부합니다.

진화론의 핵, 자연선택

생물학자 프란시스코 아얄라는 이렇게 말했습니다. "다윈은 오늘날 우리가 알고 있는 것의 99퍼센트를 알지 못했다. 하지만 그가 알던 1퍼센트는 가장 중요한 것이었다."

사실상 다윈은 오늘날 우리가 알고 있는 것의 99퍼센트, 즉 유전자의 존재를 몰랐습니다. 그렇다면 그가 알던 1퍼센트는 무엇일까요? 그것이 자연선택(natural selection)입니다.

찰스 다윈의 '자연선택' 이론은 외부 환경에 조금이라도 더 유리한 신체, 혹은 사회 구조를 가진 생물들이 살아남아 더 많은 후손을 남기게 된다는 게 요지입니다. 그런데 자연 앞에서 속수무책이었던 인간이 과학기술을 통해 외부 환경에 능동적으로 대처하는 게 가능해지면서 자연 선택의 개념은 도전받고 있습니다. '자연'만이 가장 적합한 개체를 선택하는 진화를 넘어 인간 스스로 진화의 방향을 결정할 힘을 갖게 됐기 때문입니다.

영국의 사회학자 허버트 스펜서는 다윈의 '자연선택(=자연도태)' 이론을 '적자생존' 개념으로 환치해 사회적 다위니즘을 주창했습니다. 그러나 다윈의 진화론과 달리 스펜서의 사회적 다위니즘은 진화=진보라는 신화를 만들어 냈는데, 진화=진보라는 생각은 인간중심적인 통념의 편견일 뿐입니다. 다윈은 애초에 '진화(evolution)'라는 표현 대신 '변이를 수반한 유전(descent with modification)'이란 표현을 썼습니다.

생물에 유전자가 존재한다는 사실을 죽을 때까지 알지 못했던 다윈은 무엇이든 다른 것을 이용해 자연선택의 메커니즘을 설명하려고 노력했습니다. 자연선택의 구체적인 메커니즘이 유전자(gene)를 통한 형질의 유전이라는 점을 처음으로 발견한 사람은 멘델입니다.

이후 리처드 도킨스는 유전자들의 투쟁을 선언하는데, 그는 《이기적 유전자》에서 진화의 메커니즘은 생식을 위한 개체들 간의 경쟁이 아니라 유전자들 간의 경쟁이라고 말합니다. 유전자 눈높이에서는 동물의 이타적 행동이 모두 이기적일 뿐이고, 인간은 '유전자의 운반자'일 뿐이라는 것입니다. 또한 윌슨은 다윈의 자연선택이 경쟁을 부추기는 본질적으로 이기적인 현상이라는 점에 의문을 제기하고 이타적 유전자의 존재를 주장합니다.

진화론자 데이비드 슬론 윌슨에 따르면 결국 진화론은 "살아 있는 모든 것이 왜 그렇게 행동하는가를 설명하는 이론"입니다. 다윈이 진화론을 처음 내놓았을 때 사람들은 그를 '원숭이 인간'이라 부르며 진화론을 비웃었지만 진화론은 발전을 거듭했고 이제는 생물학의 범주를 넘어 다양한 분야에 영향을 끼치고 있습니다.

새로운 심리학의 토대를 만들다

모든 생물에게 생존이란 투쟁입니다. 하지만 생존의 무기가 발톱이나 이빨일 필요는 없습니다. 번식유형도 생존의 무기인 셈입니다. 포유류의 번식전략은 세 가지로 구분해 볼 수 있습니다. 우선 A형은 임신기간이 짧아 개체의 성숙상태는 빈약하나 많은 수의 개체를 낳아 생존 가능성을 도모합니다. 그리고 B형은 임신기간이 길어 분만 후 개체상태가 스스로 자기방어를 할 수 있을 만큼 발달한 소수의 개체를 낳습니다. 마지막 C형으로, 인간의 아기는 10개월이라는 짧지 않은 임신기간을 거쳐 출산하지만 분만 후 개체상태는 매우 미약합니다.

그렇다면 인간은 왜 10개월 만에 출산하는 것일까요? 왜 기왕이면 임신기간을 더 늘려서 태어나자마자 개체 스스로 설 수 있게 하지 않았을까요? 그 이유는 인간 뇌에 있습니다. 만약 인간이 태어나자마자 스스로 걸을 수 있도록 하려면 임신기간이 지금의 두 배가량 되어야 하는데, 그렇게 될 경우 인간은 어미 몸 밖으로 분만이 이뤄질 수 없습니다. 인간 뇌는 대단히 큰 까닭에 분만에 성공하려면 뇌가 최종 크기의 4분의 1이 되었을 때 아기가 태어나도록 해야 했던 것입니다.

그 딜레마에 대한 진화론적 해답이 바로 10개월이란 임신기간입니다. 비록 분만 후 곧장 걸을 수는 없지만 그때의 두뇌 크기는 어미의 골반을 재설계하지 않는 한 산도를 타고 나올 수 있는 최대치입니다. 그런데 누가 이 시기를 선택하고 결정했을까요? 찰스 다윈은 그것을 '신의 선택'이 아니라 '자연의 선택'이라 보았습니다. 10개월 만에 출산해서 산모와 아이 모두 살아남은 경험의 개체들이 그 성공의 유전자를 퍼뜨리고 대물림한 결과였던 것입니다. 결국 10개월이란 임신기간은 종의 개체를 확보하려는 자연선택의 산물인 셈입니다.

그런데 요즈음에는 저출산 문제가 심각합니다. 왜 젊은 사람들이 아이를 낳지 않을까요? 팍팍한 현실에서 꿈을 갖기 어렵기 때문입니다. 결국 꿈과 희망이 없으면 생명은 이어지지 않습니다. 출산율을 높이려면 살고 싶은 꿈을 마련해줘야 합니다. 결국 꿈꾸는 유전자가 살아남고 꿈을 포기하는 유전자는 사라지고 마는 것입니다.

다윈은 《종의 기원》 말미에서 "심리학이 새로운 토대

위에 세워질 것"이라는 뜬금없는 예언을 던진 바 있습니다. 이른바 진화심리학은 인간의 마음과 행동을 진화론적 관점에서 이해하려는 시도입니다. 이것은 남녀의 짝짓기 행동, 사회성, 인지 능력 등에 대해 기존의 심리학적 설명을 보완하거나 그에 도전합니다. 가령 질투심의 성(性) 차이에 대한 연구는 널리 알려져 있습니다.

동서양의 문화권에서 모두 남성의 경우에는 짝의 육체적 불륜에, 여성은 짝의 정서적 배신에 더 큰 스트레스를 받는다는 연구결과가 나왔습니다. 왜 그럴까요? 진화심리학자들의 대답은 이렇습니다. "남성은 '부성 불확실성'(내 짝이 낳은 자식이 실제론 내 자식이 아닐지 모른다는 의심)의 문제를 해결하는 방식으로 질투심을 진화시켰다. 반면 여성의 경우에는 짝의 마음을 다른 여성에게 빼앗기면 모든 자원을 빼앗긴다는 뜻이기에 정서적 배신에 특히 민감하도록 질투심을 진화시켰다."

다윈이 일깨운 것은 유전자의 힘

아직 초창기에 머물러 있는 현대 디지털 문화는 앞으로 오감을 섞는 방향으로 끊임없이 진화해갈 것입니다. 테크놀로지(technology) 즉 기술의 로직(the logic of technic)에서 센소로지(sensology) 즉 느낌 · 감성 · 감각의 로직(the logic of sense)으로, 그리고 셰어로지(sharelogy) 즉 나눔의 로직(the logic of share)으로 말입니다. 바야흐로 나누는 만큼 커지고, 펼치는 만큼 넓어지며, 도전하는 만큼 열리는 세상입니다.

따라서 가능한 한 나누고, 펼치고, 도전해야 합니다. 그리고 무엇보다 본능에 충실해야 합니다.

자연계의 모든 몸부림은 생존에의 투쟁이고, 생존에의 몸부림 속에서 자연은 전략을 낳습니다. 전략은 결코 관념의 산물이 아닙니다. 그것은 생존에의 몸부림이란 본능의 소산입니다. 그러니 난세일수록 생존의 더듬이를 바짝 세우고 본능에 충실할 필요가 있습니다.

오늘의 위기는 우리 안에 새로운 유전자를 더해줄 것입니다. 하나의 '역경 극복의 유전자'입니다. 위기 앞에 무릎 꿇으면 우리 안의 역경극복의 유전자도 죽는 것입니다. 오늘의 시련과 역경과 위기는 바로 우리 안의 유전자를 더욱 강하게 만들기 위한 과정일 뿐입니다. 우리는 오늘의 위기, 시련, 역경을 돌파할 의무가 있습니다. 그럼으로써 우리 후대에 더 강고한 역경극복의 유전자를 물려줘야 하지 않겠습니까. 다른 하나는 '기적 산출의 유전자'입니다. 우리의 삶의 고비 고비마다 사람이 기적이 되는 순간이 존재합니다. 그리고 그 순간들이 쌓이고 쌓여 축적되면 기적 산출의 유전자로 자리매김되고 결국엔 그 유전자를 대물림하게 됩니다.

우리의 세포 하나하나에 불굴의 의지와 기적의 산출로 어떠한 난관도 기필코 극복해내는 특유의 유전자가 있다는 사실을 잊지 맙시다. 그것이 다윈이 일깨워준 유전자의 힘입니다.

빽견우 모차르ㅌ

달라이 라마 백

피터 바틀

난도 파라도 니

홍수환 에디트

지현곤 탈 벤 시

04

바로 이 순간, 완전한 나로 살다

하루하루 불꽃처럼 타오르다

넘다 죽어도 좋을 그 산을 향해

내 또래의 평범한 사람들에게 백건우라는 이름은 피아니스트보다는 왕년의 여배우 윤정희 씨의 남편으로 더 잘 알려진 사람인지 모릅니다. 하지만 이제는 뒤바뀌어 배우 윤정희의 남편 백건우가 아니라 피아니스트 백건우의 아내 윤정희인 것 같습니다. 그도 그럴 것이 피아니스트 백건우 씨가 지난 2007년 12월 8일부터 14일까지 7일 동안 8회의 연주회를 통해 베토벤 피아노 소나타 32곡 전곡 연주에 성공하며 세계연주사에 새 장을 썼기 때문입니다.

피아니스트 백건우의 베토벤 피아노 소나타 전곡 연주 대장정의 매 순간순간은 놀랄 만큼 인상적이었습니다. 폭풍우가 몰아치다 하늘이 갈라지며 한 줄기 햇살이 대지에 내려꽂히는 듯한 강렬함과 고요함의 극적인 대비, 촛불이 꺼질 듯 말 듯하다 다시 마지막 불꽃을 일으키며 타오르다 갑자기 사그라지는 듯한 극적인 반전과 결말. "역시 베토벤이야" 하는 감탄사가 절로 터져나왔습니다. 베토벤의 그 맛은 환갑, 진갑을 거치며 인생의 단맛, 쓴맛을 모두 맛본 노장 피아니스트 백건우 같은 이만이 담아 전할 수 있는 것이었습니다.

백건우는 8세 때부터 피아노를 치기 시작해 10세 때 국립교향악단과 그리그의 피아노 협주곡으로 데뷔무대를 가질 만큼 일찍부터 두각을 나타냈습니다. 16세 되던 1961년 미국 뉴욕으로 건너가 줄리아드 음악학교에서 로지나 레빈으로부터 사사하고 나움버그 콩쿠르와 부조니 콩쿠르 등에서 우승하는 등, 촉망받는 연주자로 급부상했습니다.

그 후 1972년 26세 나이에 뉴욕 링컨센터에서 라벨의 피아노곡 전곡 연주로 국제적인 명성을 얻은 백건우는 그해 평생의 연인이자 동반자인 윤정희를 만났습니다. 1972년 백건우는 뮌헨올림픽의 문화축전에 초대된 윤이상의 오페라 〈심청〉을 보기 위해 날아갔고 거기서 신상옥 감독의 영화 〈심청〉의 주연배우로 문화축전에 참가한 윤정희를 만났던 겁니다.

35년 가까이 함께해온 백건우와 윤정희 부부의 삶은 말 그대로 심플라이프입니다. 두 사람은 프랑스 파리 동남쪽 외곽의 뱅센숲 근처에 있는 5층짜리 아파트에서 28년째 살고 있습니다. 그들은 그 흔한 자동차도 없이 삽니다. 파리에서는 늘 지하철을 이용합니다. 물론 연주여행을 가면 주최측에서 차량을 마련해주지만 그마저도 놓아둔 채 택시를 즐겨 타곤 합니다. 화려한 것보다는 들꽃 같은 삶을 좋아하는 그들의 일관된 삶의 자세가 그런 것을 더욱 자연스럽게 만듭니다.

　백건우의 삶은 피아노 건반과의 고독한 여행이었습니다. 그는 레슨을 통해 가르치지도 않았고 교수직에 있지도 않았습니다. 오직 연주에만 목숨 걸고 살아왔던 겁니다. 그런 프로정신 덕분에 백건우는 1992년과 1993년에 연달아 디아파종 상과 프랑스 3대 음반상을 수상하며 유럽 언론의 찬사를 받았고 2000년에는 프랑스 정부로부터 예술문화기사훈장을 수여받기도 했습니다. 현재 파리에 거주하며 에메랄드 코스트 음악축제의 예술감독직도 맡고 있는 백건우는 이제껏 라벨, 스크리아빈, 리스트, 라흐마니노프, 멘델스존 그리고 베토벤에 이르는 다양한 앨범을 녹음했고 특히 한 작곡가의 작품에 몰입해서 전곡 연주하는 것을 주로 해왔습니다.

　흔히 전곡 연주회라고 하면 마지막 날 가장 많은 찬사와 환호를 보냅니다. 하지만 저의 경우엔 베토벤 피아노 소나타 32곡 중에서도 '함머클라비어(Hammerklavier)'라는 별칭이 붙은 베토벤 피아노 소나타 제29번을 가장 좋아하고 또 흠모합니다. 베토벤은 극도로 곤궁했던 1818년 영국 브로드우드사로부터 새 피아노 한 대를 선물받았습니다. 그것은 빵도 아니고 돈도 못 되었지만 그가 이제껏 접했던 그 어떤 피아노보다도 강력한 해머를 장착한 말 그대로 '쇠망치 피아노' 즉 '함머클라비어'였습니다. 베토벤은 이 신무기를 갖고 1819년 '함머클라비어를 위한 대소나타'를 작곡했습니다. 당시 49세의 베토벤은 이 곡을 쓰고 난 후에 "이제야 작곡을 알게 되었다"고 고백했을 만큼 '함머클라비어'는 베토벤의 역사에서 하나의 분수령이었습니다. 특히 그것은 피아노 소나타라고 하기보다는 차라리 오케스트라가 동원돼야 할 만큼 거대하고 웅장한 교향곡 같은 소나타입니다. 그래서 피아니스트들에게 '함머클라비어'는 결코 쉽게 넘볼 수 없는 거대하고 또 위험천만한 산입니다. 마치 히말라야의 8000미터 고봉들 중에서도 죽음의 산으로 불리는 K2 같다고나 할까요.

백건우의 베토벤 피아노 소나타 전곡 연주회 6일째 되던 날, 그는 천근만근 무거워진 발을 한 걸음, 한 걸음 내딛듯이 그 고통의 연주를 계속하며 그 거대하고 위험천만한 산을 힘겹게 올랐습니다. '함머클라비어'는 수많은 협곡과 크레바스를 가진 K2처럼 쉬이 정상을 내주지 않았습니다. K2가 수많은 알피니스트들을 주저앉히고 죽음의 협곡에서 삼켰듯이 '함머클라비어'는 피아니스트 백건우를 삼켜버릴 듯했습니다. 베토벤이 남긴 그 거대한 산 앞에서 그는 초라하게까지 느껴졌습니다. 하지만 백건우는 투혼의 몸부림을 그치지 않았습니다. 마침내 그는 '함머클라비어'라는 거대하고 위험천만한 산을 기어이 올랐습니다. 마른 잔기침마저 참고 누르며 숨죽이던 청중들은 그의 처절한 투혼에 박수를 그칠 수 없었습니다. 어쩌면 그 박수에는 넘어야 할 산을 바라만 보고 안주하던 자신들을 향한 질책이 숨어 있었는지도 모릅니다.

누구나 삶에는 넘어야 할 산이 있습니다. 하지만 대개는 평생 그 산을 쳐다만 보다 죽습니다. 그 산에서 죽더라도 올라야 진짜 삶이 펼쳐짐을 모르진 않습니다. 하지만 두렵고 겁나서 바라만 봅니다. 그러다 결국 인생의 막을 내리기 일쑤입니다. "자, 나의 산은 어디에 있나. 내가 넘다 죽어도 좋을 산은 과연 어디에 있나. 아직도 그 산을 발견조차 못했나. 아니면 눈앞에 두고도 오르지 못하나. 진짜 행복은 내가 넘다 죽어도 좋을 그 산을 발견하고 그 산을 오르고 또 오르다 거기서 죽는 것이 아닐까요?" 백건우의 기적 같은 투혼이 부러운 까닭이 바로 여기 있습니다.

자유롭게 놀 줄 아는 영혼

"누구나 모차르트 속에서 살고 있다." 필립 솔레르스가 자신이 쓴 《모차르트 평전》에서 한 말입니다. 우리네 일상적인 삶 속에 모차르트(Wolfgang Amadeus Mozart)의 음악이 스며들지 않은 곳이 없기에 나온 말입니다. 휴대전화 벨소리에도, 전화 대기음에도, 엘리베이터 안과 쇼핑몰에서도 어딜 가나 모차르트의 음악이 흐르고 있습니다. 심지어 어머니 뱃속에서부터 모차르트의 〈마술피리〉를 태교음악으로 듣고 세상에 나와, 〈피가로의 결혼〉을 테마곡으로 삼아 짝을 찾고 〈레퀴엠〉의 선율 아래 영면한다고 해도 과언이 아닐 정도입니다. 그래서 언젠가 알베르트 아인슈타인은 이렇게 말한 적이 있습니다. "죽는다는 것은 더 이상 모차르트를 들을 수 없게 된다는 의미다"라고 말입니다.

이처럼 모차르트 음악의 파워는 '일상적인 친숙함'에서 나온다고 해도 과언이 아닙니다. 베토벤의 운명적인 엄격함이나 바흐의 초월적인 경건함과는 사뭇 다른 것이죠. 모차르트는 밝고 쉽고 재미있고 감미롭습니다. 그래서 오늘을 사는 우리들의 감성코드와 그대로 들어맞는다는 이야기입니다. 실제로 모차르트가 살아 있어 저작료를 받는다면 오스트리아를 통째로 살 수 있을 것이란 말이 있을 정도입니다. 심지어 모차르트의 경제적 효과가 88억 달러, 우리 돈으로 10조 원에 달한다는 통계도 있습니다. 특히 모차르트의 고향 잘츠부르크는 모차르트 덕분에 먹고산다는 말을 들을 정도입니다.

이 도시에서는 티셔츠와 연필, 재떨이와 라이터는 물론 맥주와 골프공까지 웬만하면 다 '모차르트 표'입니다. 그의 얼굴을 인쇄한 초콜릿, 모차르트 쿠겔은 한 해만도 1억 개, 약 580억 원어치가 수출된다고 합니다. 그래서 잘츠부르크시는 모차르트의 브랜드 가치만 54억 유로, 우리 돈으로 약 8조 억 원에 달한다고 평가했습니다. 하지만 정작 생전의 모차르트는 편안한 궁정작곡가의 길을 포기한 후, 늘 돈에 쪼들렸습니다.

1756년 1월 오스트리아의 음악도시 잘츠부르크에서 태어난 모차르트는 4세 때부터 연주를 시작하고 6세 때 첫 작품을 작곡한 말 그대로 '음악의 신동'이었습니다. 모차르트의 아버지 레오폴트는 작곡가이자 잘츠부르크 대주교 악단의 부악장이었으며 어머니 안나 마리아는 장크트 길겐 출신으로 관료의 딸이었습니다. 모차르트는 궁정작곡가였던 아버지의 배려로 어린 시절부터 연주 여행을 다니면서 하이든 등 당대 음악가들과 활발하게 교류하며 자신의 음악세계를 넓혀나갈 수 있었습니다. 그 덕분에 모차르트는 클래식 음악의 전성기였던 18세기 유럽의 다양한 음악을 자연스럽게 접하면서 이를 하나로 통합해, 자신만의 독특한 음악세계를 창조해냈던 겁니다.

이로써 자신만의 음악세계를 인정받은 모차르트는 16세이던

1772년 궁정 오케스트라 리더인 콘체르트 마이스터가 되어 본격적인 활동을 시작합니다. 하지만 10년 후 모차르트는 잘츠부르크 주교 콜로레도와 결별하고 이때부터 진짜 자기만의 음악인생을 걷게 됩니다. 모차르트가 잘츠부르크 궁정음악가라는 안정된 삶을 팽개치고 빈에 온 것은 1781년이었습니다. 그리고 그는 생애 마지막 10년 동안 이곳에서 프리랜서 음악가로 활동하며 그의 천재성을 유감없이 발휘했던 겁니다. 비록 이 시기에 그는 궁핍했지만 그의 영혼은 자유로웠고 이 시기야말로 오늘날 우리 모두를 사로잡는 진정한 모차르트가 탄생한 시기였던 겁니다. 만일 모차르트가 안온한 궁정을 뛰쳐나와 자유로운 정신이 춤추던 빈에서 활동하지 않았다면 모차르트의 천재성은 결코 활짝 피지 못하고 땅에 묻혔을지 모릅니다.

사실 모차르트의 말년은 불우하고 궁핍했습니다. 그럼에도 불구하고 모차르트는 창작의 열정을 불태워 오페라 〈피가로의 결혼〉, 〈돈 조반니〉를 비롯해 600여 곡을 작곡했고, 〈레퀴엠〉을 미완으로 남겨둔 채 1791년 12월 35세의 나이로 빈에서 세상을 떠났습니다. 천재는 그렇게 갔던 겁니다. 하지만 그의 정신은 생생히 오늘을 살고 있습니다. 우리가 모차르트를 흠모하는 것은 그의 음악에 담긴, 그 무엇에도 얽매이지 않은 자유롭고 독창적인 '모차르트 정신' 그 자체가 아닐까요?

모차르트는 자유롭게 놀 줄 아는 영혼의 소유자였습니다. 만일 모차르트가 살아 있다면 그는 아마도 록이나, 힙합, 랩도 자유자재로 구사했을 것이라고 말하는 평론가들이 있을 정도입니다.

세레나데 등 파티에서 와인을 마시면서 흥겹게 듣도록 작곡된 모차르트의 음악을 오늘날 현대인들이 너무 지나치리만큼 진지하게 듣고 있는 것은 그 자체가 또 하나의 코미디일 수 있다고 말하기도 합니다. 그래서 혹자는 "모차르트는 당대의 팝스타였다"고까지 말합니다. 실제로 모차르트는 단지 귀족을 위한 교향곡이나 오페라뿐 아니라 수많은 파티용 경음악과 종교음악까지 장르를 가리지 않고 625곡에 이르는 걸작을 남겼기 때문입니다.

서른다섯 해의 짧은 생을 마감한 천재, 모차르트. 그는 단지 음악신동이요 요절한 천재에 그친 것이 아니라 시대의 경계들을 넘고 장르의 속박을 넘어서서 우리의 일상 속에 살아 있는 선율을 심고 그것을 통해 자유롭고 독창적인 '모차르트 정신'으로 우리 내면을 일깨웠던 '음악의 기적' 그 자체였던 겁니다.

최고의 몰입으로 나를 불사르다

"불효자는 산소에 엎드려 울어야만 합니~다. 북망산천이 십리입니까, 백리입니까, 천리입니까. 어머님, 왜 대답이 없습니까? 왜 말이 없어요, 어머니……."

무성영화 〈불효자는 웁니다〉의 한 대목입니다. 무성영화 시절, 최고의 인기를 누리던 화려한 이력을 뒤로 한 채, 이제는 걷는 것조차 힘에 겹고, 가끔씩 마른기침을 해대는 노변사. 하지만 영화 대사를 읊을 때면 여든을 훌쩍 넘긴 나이가 무색할 만큼 쩌렁쩌렁 힘이 넘칩니다. 바로 변사(辯士) 신출 옹입니다.

본명이 신병균(申秉均)인 신출 옹이 13세 나이에 처음 변사를 시작했을 때, 사실 그것은 내켜서 한 일이 아니었습니다. 1928년 대동강 하류인 평안남도 진남포 출생으로 평양에 살던 그는 12세에 의붓어머니 구박을 못 견뎌 가출을 했습니다. 가출 후 떠돌이 신세가 된 그는 평양 성결 가설극장을 맴돌다 극장 관리인이 사주는 우동 한 그릇에 이끌려 그곳에서 청소 등 허드렛일을 시작했습니다. 그에게 영화관은 제2의 집이자 학교였습니다. 청소 등 허드렛일을 하던 도중 빈 극장에서 당시 최고인기 변사 고(故) 김선동 씨를 흉내 내는 것이 그나마 낙이 되곤 했습니다. 그러던 어느 날 변사 김선동 씨가 주독이 덜 풀려 출연을 못하게 되자 그의 대타 역할을 한 것이 신출 옹이 변사로 입문하게 된 계기가 되었던 겁니다. 나운규의 영화 〈아리랑〉의 변사를 맡은 그날, 그는 관객의 박수와 환호를 잊지 못해 그 후 평생을 변사로 살게 된 겁니다.

항상 우연이 필연을 만드는가 봅니다. 신출 옹은 김선동 씨를 따라 전국 극장을 돌며 변사 훈련을 계속했습니다. 신의주에서 시작해 원산 · 원주 · 대구 · 경주를 돌며 수업을 받다가 14세 땐 아예 당대 최대 극장인 서울 종로구 관철동 우미관에서 청소를 맡아 숙식을 해결해가며 변사 활동에 몰입했습니다. 같은 해 평양으로 돌아갔지만, 그는 집 대신 극장에서 살았습니다. 그 사이 〈검사와 여선생〉을 비롯, 〈홍도야 울지 마라〉, 〈며느리 설움〉, 〈임자 없는 나룻배〉 등 대부분의 무성영화가 그의 목소리를 거쳐갔습니다. 하지만 변사가 되는 일은 쉬운 길이 아니었습니다. 인물들의 대사와 상황설명은 물론 배경음악까지 담당하는 감독 같은 존재였기 때문입니다. 상황에 따라 다른 색깔의 목소리를 내고 관객들의 분위기도 파악해야 했습니다. 그는 수많은 연습을 했고 구성진 목소리를 내기 위해 말 그대로 '피를 토할' 정도로 소리도 질렀습니다. 그 덕분에 평생 목이 쉰 적도 없고 감기 한 번 걸리지 않았다고 합니다.

변사는 당대 최고 인기스타였습니다. 영화만 끝나면 서울 종로 명월관 기생들이나 고관대작이 목소리를 들으려고 변사를 인력거로 납치해갈 정도였던 겁니다. 신출 옹은 당시를 이렇게 회상합니다. "그때 변사의 인기는 지금 가수나 탤런트에 비할 바가 아녜요. 저도 여러 번 납치됐죠. 그만큼 기분도 좋고 자부심도 대단했습니다."

해방 직후 그는 자신의 두 형과 함께 '합동영배사(영화사)'를 세워 영화 순회 상영을 시작했습니다. 영사기사였던 첫째 형이 일본인들이 버린 영화 필름을 돌리고, 둘째 형이 극장을 섭외하고, 그는 변사를 맡았습니다. '신출'이란 예명을 지은 것도 이때였습니다. 그 후 영화사 이름도 '신출영배사'로 바꿨습니다. 그 덕분에 떼돈을 모은 삼형제는 영화 제작에 돈을 투자하기도 했습니다. 서울 중구 장충동의 과자점 '태극당' 건물터도 전성기 때 신 씨 형제 소유였답니다.

하지만 당대의 인기스타 변사로 승승장구하던 그에게 시련이 닥쳐왔습니다. 유성영화가 대세가 되고, 삼형제가 경기도 포천에 갖고 있던 영화관에 불이 나면서 사업은 내리막을 걸었습니다. 결국 1970년대 중반 그는 영화사업을 접고 택시기사로 생계를 유지해야 했습니다. 그러나 아무리 삶이 고단하고 힘들어도 신출 옹은 영화와 무대에 대한 미련을 버릴 수 없었습니다. 1991년 8월에 한 대학생이 그의 택시에 타서는 축제에 출연예정이던 연예인 공연이 취소됐다며 걱정하자 그가 한 시간 동안 만담과 노래를 해주며 왕년 변사의 실력을 보여주겠다고 자청해서 나섰던 겁니다. 그리고 그것이 신문에 기사화되면서 그동안 잊혀졌던 마지막 변사의 존재가 다시 알려지게 되었고. 그 후로 무성영화를 다시 틀어달라는 요청도 이어졌습니다.

그래서 2001년부터는 택시기사를 그만두고 주로 양로원 등을 돌아다니며 자신에게 남아 있던 유일한 필름인 〈검사와 여선생〉을 상영했습니다. 다른 필름은 모두 헐값에 팔아넘겼지만 그 필름만은 아내가 당신 세상 떠날 때 관속에 넣어가지고 가라고 애써 숨겨놓은 것이었다고 합니다. 나이 탓에 이제는 어쩌면 오늘이 마지막이 될지도 모르지만, 무대에 설 때마다 느끼는 설레임과 흥분은 예나 지금이나 다름없다고 신출 옹은 말합니다. 사람들의 박수소리와 함께 올해 나이 84세의 신병균은 또다시 이 시대 마지막 변사 '신출'이 됩니다. 그의 대표작 〈검사와 여선생〉 필름이 돌아가면서, 녹슬지 않은 왕년의 실력이 관객들을 웃기고 울립니다. 대본도 없이 한 시간을 끌고 가는 그의 구성진 목소리가 시작되고, 관객들은 마치 자신이 주인공이 된 듯 영화에 빠져듭니다. 그리고 그와 관객들은 어느새 눈시울까지 붉어집니다. '최고의 몰입'이 이뤄지는 장면입니다.

계모의 구박을 못 견뎌 가출한 후 오갈 데 없는 처지였기에 극장으로 가서 청소와 허드렛일을 하던 중 우연찮게 시작한 일이 평생의 업이 되었던 우리 시대의 마지막 변사, 신출. 자신을 "불러주는 곳이 있는 한 끝까지 해보고 싶다"고 말하는 우리 시대의 진정한 예술장인 신출. 오늘이 마지막이 될지 모르지만 최고의 몰입을 위해 자신을 불사르는 위대한 변사 신출. 그의 삶은 고단하고 힘겨웠는지 모르지만 흘러간 무성영화 한 편에 몰입하는 순간 그와 영화는 동시에 되살아납니다. 이것이야말로 '삶이 기적이 되는 순간' 아니겠습니까?

살아 있음을 경외하다

마음 깊은 긍정이 바로 '행복'

브래드 피트가 주연한 〈티베트에서의 7년〉이란 영화를 기억하십니까? 이 영화는 오스트리아의 유명한 산악인이자 작가인 하인리히 하러(Heinrich Harrer)가 티베트의 영적 지도자 달라이 라마와 만나 7년간 교분을 쌓은 실화를 바탕으로 제작된 것이었습니다.

2006년 93세를 일기로 타계한 하인리히 하러는 1938년 아이거 북벽 등정으로 세계적인 명성을 얻게 됩니다. 곧 이어 하인리히 하러는 1939년 독일 히말라야 탐험대의 낭가 파르밧(Nanga Parbat) 등정에 참여하게 됩니다. 그런데 그 와중에 제2차 세계대전이 발발하자 하인리히 하러와 그 일행은 인도에 주둔하던 영국군 부대의 포로가 되고 맙니다. 하인리히 하러는 포로수용소에 머무르는 동안 네 번이나 탈출을 시도했다 실패하고 다섯 번째에 이르러서야 드디어 탈출에 성공하게 됩니다.

1944년 4월 29일 동료 한 명과 함께 수용소를 탈출한 하러는 티베트까지 2000킬로미터가 넘는 길을 자그마치 1년 10개월 동안 헤매다가 금단의 도시 라싸에 닿게 되었던 겁니다. 그리고 거기서 1946년부터 1951년까지 7년을 머물면서 어린 달라이 라마의 조언자이자 교사로 인연을 맺게 됩니다. 그 후 다시 서방세계로 돌아온 그는 1953년에 티베트에서의 경험담을 기록한 책 《티베트에서의 7년(Seven Years in Tibet)》을 출간해 작가로서 세계적인 명성을 얻게 되었습니다. 하인리히 하러는 늘 "티베트에서의 7년이 나의 인생을 바꿨다"고 말하곤 했습니다. 도대체 무엇이, 또 어떤 힘이 그를 변화시킨 것일까요? 그것은 다름 아닌 달라이 라마의 마음이었던 겁니다.

달라이 라마는 티베트어로 '지혜의 큰 바다' 혹은 '큰 지혜를 가진 스승'이라는 의미로 티베트인의 정치와 종교 지도자를 말합니다. 본래 달라이 라마는 티베트불교의 최대종파인 겔룩파의 지도자를 일컫는 칭호로 제1대 달라이 라마는 14세기 말 15세기 초의 게뒨둡파(1391~1475)였습니다. 그다음 대부터의 달라이 라마는 모두 게뒨둡파가 환생한 존재로 여겨지고 있습니다.

지금 이 자리의 주인공은 바로 제14대 달라이 라마인 텐진 갸초(Tenzin Gyatso)입니다. 그는 1935년에 티베트 북동부의 탁처라는 작은 마을에서 태어났습니다. 어린 시절 이름은 라모 톤둡이었습니다. 티베트불교의 전통에 따라 4세 때 달라이 라마 환생자로 인정받은 텐진 갸초는 1940년에 정식으로 제14대 달라이 라마에 즉위했고 1950년 15세 나이로 티베트의 실질적인 통치자가 되었습니다. 하지만 1950년 10월 중국 인민해방군이 티베트를 침공하는 사태가 벌어졌습니다. 1954년 19세의 달라이 라마는 당시 중국의 최고지도자였던 마오쩌둥을 만나 담판으로 문제를 해결하려 했지만 허사였습니다. 마침내 1959년 티베트에서는 중국에 저항하는 대대적인 국민봉기가 일어났고 중국 당국은 군대를 동원해 무자비하게 이를 진압해버리는 사태가 벌어지고 말았습니다.

이에 달라이 라마는 1959년 3월에 수도 라싸를 떠나 히말라야 산맥을 넘어 인도로 망명해 다람살라에 망명정부를 세우게 되었습니다. 그 후 달라이 라마는 반세기 동안 평화와 비폭력 정신으로 티베트의 독립을 위해 헌신했습니다. 그가 티베트의 아픔과 비극을 알리기 위해 중국 당국의 방해에도 불구하고 방문한 나라만도 50여 개국이 넘었습니다. 그리고 달라이 라마는 1989년 노벨평화상을 받기에 이릅니다. 비록 안타깝게도 티베트의 독립은 아직도 달성되지 못했지만 달라이 라마의 조용한 마음의 혁명은 전 세계 사람들을 감동시켰습니다. 그는 이제 단지 티베트의 망명정부를 이끄는 지도자로서가 아니라 세계인들의 마음을 파고든 정신적인 멘토가 되어 있는 겁니다. 그래서 그가 펴낸 40여 권의 책들은 각국어로 번역되어 세계인들의 마음과 정신의 진한 자양분이 되었습니다.

몇 년 전 인도의 북부도시 바라나시의 티베트불교대학 교정에서 달라이 라마와 한국의 여성 수도자들로 구성된 '삼소회' 일행 16명이 만났습니다. 삼소회란 비구니 스님, 원불교 교무, 천주교·성공회 수녀 등 각기 다른 네 종교의 여성 수도자들로 구성된 모임입니다. 이처럼 달라이 라마는 종교를 넘어서서 전 세계인들과 만나 그들로부터 존경받고 사랑받는 인물입니다. 하지만 그는 우리에게 호탕한 웃음 속에 녹아난 건강한 지혜와 결코 권위적이지 않은 소탈한 모습 속에 담긴 깊이 있는 영감을 줍니다.

달라이 라마가 이런 말을 한 바 있습니다. "마음의 수행이란 긍정적인 생각을 키우고 부정적인 생각을 물리치는 일입니다. 진정한 내면의 변화와 행복도 바로 긍정을 키우고 부정을 물리치는 데서 옵니다." 물론 마음의 수행은 진정한 행복을 찾기 위한 몸부림입니다.

결코 과장되지 않은 몸짓으로, 결코 위선적이지 않은 모습으로 우리에게 마음 깊은 긍정 그 자체가 행복의 저장탱크임을 일깨워주는 달라이 라마. 그는 기적을 행하진 않았지만 우리 마음 안에 기적의 씨앗이 있음을 일깨워주는 진정한 마음의 리더인 겁니다.

미래를 먼저 읽은 사내

2006년 백남준 선생이 미국 마이애미에서 타계하자, 〈뉴욕타임스〉는 "비디오아트의 선구자, 백남준 사망하다"라는 제목으로 장문의 부음기사를 실었습니다. 〈뉴욕타임스〉는 고인에 대해 "비디오아트의 창시자로 인정받는 예술가이자 일찌감치 텔레비전의 위력을 감지하고 이를 예술에 도입한 작가"라고 평했습니다. 아울러 "그의 작품은 심오하고 시각적으로 현란하며 때로 거부할 수 없을 만큼 재미있다"고도 덧붙였습니다. 실제로 백남준 선생은 심오하고 현란하며 재밌고 결코 거부할 수 없는 인물이었습니다.

백남준은 1932년 서울에서 섬유업으로 큰돈을 번 거부의 다섯째 아들로 태어났습니다. 경기중학교를 다녔던 백남준은 1950년 한국전쟁이 발발하자 가족과 함께 홍콩으로 피난 갔다가 다시 일본으로 건너갔습니다. 그는 일본 동경대학에서 미술사학과 음악사를 전공하고 '아놀드 쇤베르크 연구'를 논문으로 제출하면서 1956년 졸업을 했습니다. 그 후 백남준 선생은 다시 독일로 건너가 1956년부터 58년까지 뮌헨대학에서 음악사를 전공하고 프라이부르크 음악학교에서 작곡을 공부했습니다.

1958년 전위예술가 존 케이지와 만나 쾰른의 한 방송국(WDR) 스튜디오에서 작업을 시작했고 1961년에는 요제프 보이스, 조지 메키어너스를 만나 플럭서스 운동에 참여하게 됩니다. 그리고 마침내 백남준은 1963년 독일 부퍼탈의 파르나스 화랑에서 '음악의 전시-전자 텔레비전(Exposition of Musik-Electronic Television)'이라는 첫 개인전을 열면서 텔레비전 모니터를 사용한 최초의 전시회를 개최했습니다. 비디오아트가 창시된 겁니다.

이듬해인 1964년 미국으로 건너간 백남준은 뉴욕에서 샬럿 무어맨과 함께 파격적인 행위예술과 비디오아트가 결합된 독창적인 무대와 작품들을 선보이게 됩니다. 그리고 마침내 1982년 한국 작가로서는 최초로 뉴욕 휘트니 미술관에서 회고전을 가졌고 1984년 1월 1일 벽두에는 조지 오웰의 소설 〈1984〉를 소재로 한 인공위성 프로젝트 '굿모닝 미스터 오웰(Good Morning Mr. Orwell)'을 파리의 퐁피두센터와 뉴욕의 스튜디오를 통해 위성으로 생중계해 세상을 놀라게 했습니다. 이후에도 그는 '바이바이키플링', '세계는 하나' 등의 초대형 인공위성 프로젝트를 계속 수행했습니다.

1984년 6월, 35년 만에 고국 땅을 밟은 백남준은 기자들 앞에서 이렇게 말했습니다. "원래 예술이란 반이 사기입니다. 속이고 속는 거지요. 사기 중에서도 고등사기입니다. 대중을 얼떨떨하게 만드는 것이 예술입니다." 너무 솔직하다 못해 민망하기까지 했던 말이지만 여기서 진짜로 주목할 것은 예술이란 '얼떨떨하게 만드는 것'이라는 한마디입니다. 요즘 시쳇말로 하자면 '죽이는 것'을 만드는 것이 예술인 게지요. 킬링 상품, 킬링 콘텐츠를 만들어야 한다는 겁니다. 한편 1988년에는 서울 올림픽을 기념하고 10월 3일 개천절을 떠올리며 1003개의 모니터를 쌓아 만든 미디어 타워 '다다익선(The more the better)'이란 작품을 선보였는데 이것은 현재 과천 국립현대미술관에 전시되어 있죠.

그런데 1996년 백남준 선생은 뇌졸중으로 몸의 왼쪽 부분이 마비되는 난관에 부닥칩니다. 엎친 데 덮친 격으로 그는 당뇨합병증으로 인해 한쪽 눈의 시력조차 잃어갔지만 오히려 "일목요연, 눈이 하나라 더 잘 보인다"고 말하며 작품활동을 계속해왔을 만큼 불굴의 의지마저 지닌 진정한 장인이요 예술가였습니다. 결국 백남준 선생은 20세기를 넘어 21세기로 나아간 우리 시대의 레오나르도 다빈치요, 미켈란젤로였습니다. 특히 그의 비디오아트는 전자기술을 예술과 결합시키고 퍼포먼스를 설치예술과 결합시킨 탁월한 창조성이 인정되어 2000년 뉴욕 구겐하임 미술관의 21세기 첫 전시회의 주인공으로 초청받기에 이르렀던 겁니다.

백남준. 그는 '미래를 먼저 읽은 사내'였습니다. 그는 브라운관이 캔버스를 대신할 것이라고 내다봤고 그 통찰력을 그의 작품들에 담아냈습니다. 더구나 말년에 그는 '비디오 이후의 프로젝트'라고 이름한 레이저 작업으로 다시 한 번 세상을 놀라게 하겠다고 말했고 뉴욕 구겐하임 미술관에서 레이저아트를 선보이기도 했습니다. 한마디로 그는 텔레비전을 캔버스 삼고, 레이저를 붓 삼으며, 인공위성을 팔레트 삼아 전 세계를 아틀리에로 꾸민 진정한 월드 클래스 아티스트였던 겁니다.

백남준. 그는 "예술가의 역할은 미래를 사유하는 것"이라고 말한 것처럼 남보다 먼저 미래를 읽어낸 사내였습니다. 그에게 창조란 불확실성의 세계를 깨고 뚫고 나오는 겁니다. 그래서 그는 파격과 일탈을 일삼았고 장르와 영역을 넘나들었습니다. 심지어 자신이 하고 있는 예술조차 사기라고까지 서슴지 않고 말할 정도로 그에게 정지한 것, 안주하는 것은 용납될 수 없었습니다. 말년에도 휠체어에 의지한 채이긴 했지만 후배들에게 장난치며 "많이 놀고 열심히 일하라"고 입버릇처럼 말하곤 했던 백남준. 그는 비록 고인이 된 지 오래지만, 그의 아트는 여전히 살아서 숨 쉽니다. 예술이 기적인 까닭이 여기 있습니다.

진정한 웰빙의 완성은 웰다잉

1996년 어느 날, 피터 바튼(Peter Barton)은 성대한 파티를 열었습니다. 그것은 자신이 45년 6개월을 산 아버지의 수명을 넘긴 것을 자축하는 파티였습니다. 그의 가계(家系)는 대대로 단명했고 그의 아버지 역시 심장마비로 45세라는 한창 나이에 돌연사했기 때문입니다.

누구나 오래 살고 싶어 합니다. 그러나 '인명재천(人命在天)'이란 말처럼 사람의 수명은 알 수 없습니다. 그런데 경영학의 구루, 피터 드러커는 모든 사람들이 "내가 무엇으로 기억되길 원하는가?"라는 물음을 피해갈 수 없을 것이라고 말하지 않았습니까. 그래서 진짜 제대로 잘살고자 하는 사람이라면 진지하게 자신의 죽음에 대해 생각하기 마련입니다. 물론 이렇게 죽음을 생각한다는 것은 역설적으로 주어진 삶을 더 잘살기 위한 것이겠죠. 요즘 '웰빙'이 유행이죠? 이런 의미에서 진정한 웰빙의 완성은 '웰다잉 (Well-dying)'에 있습니다. 피터 바튼은 바로 그 '웰다잉'에 대해 진지하게 고민한 CEO였습니다.

대대로 단명했던 그의 가계 탓이었을까요? 그 역시 40대 후반에 돌연 암선고를 받고 말았습니다. 1998년의 일이었습니다. 하지만 피터 바튼은 당황하지 않고 오히려 "하느님, 인생을 마무리할 시간을 주셔서 감사합니다"라고 말하면서 '웰다잉'의 길을 모색하기 시작했습니다. 그는 후회 없는 마지막을 향해 나아갔습니다. 스스로의 단명을 운명으로 받아들인 그는 "병은 내 몸에서 함께 살아야 하는 룸메이트"라며 마지막 순간까지 삶을 긍정하면서 행복한 삶, 더 나아가 행복한 죽음을 실현해 보였습니다.

피터 바튼의 아버지는 대기업 임원이었고 그의 유년시절은 풍요롭고 안정적이었습니다. 하지만 아버지의 돌연사로 그의 삶은 하루아침에 180도 바뀌었습니다. 돈에 대한 개념이 없는 어머니와 어린 동생들을 책임지는 소년가장이 된 겁니다.

졸지에 소년가장이 된 그는 '200퍼센트 압축성장'을 인생 좌우명으로 삼게 되었습니다. 단명하는 집안인 만큼 남들 정도의 삶을 누리려면 최소한 같은 시기에 두 배 이상의 노력을 해야 한다는 것이었죠. 남들보다 뒤늦게 하버드 경영대학원을 졸업한 뒤 피터 바튼은 연봉이 많은 대기업들을 마다하고 TCI라는 작은 케이블 TV에 들어갔습니다. 그리고 우여곡절 끝에 그는 1986년 최초의 홈쇼핑 채널을 만들어냈고 그것은 결국 대대적인 성공을 거뒀습니다. 하지만 여기서 그치지 않고 피터 바튼은 1991년에 리버티 미디어를 창립해 CEO를 역임하고 디스커버리 채널 등을 거느리며 자산을 눈덩이처럼 불려나갔습니다. CNN, MTV 등의 회사를 설립하는 데도 자금을 지원했습니다. 그의 삶은 마치 단 한 번도 브레이크를 밟지 않고 가속페달만을 밟고 달리는 자동차와도 같았습니다.

이처럼 피터 바튼은 2002년 51세로 생을 마칠 때까지 '질주하듯' 살았습니다. 그는 이렇게 말하곤 했습니다. "만약 실수를 기꺼이 감수할 요량이라면 가속페달에만 발을 올려놓아라. 브레이크를 밟을 준비를 하고 달린다면 나와 같이 일할 자격이 없다"고 말입니다.

피터 바튼의 말처럼 "죽어가는 것은 슬픈 일이지만 그건 정확히 같은 분량으로 모든 사람에게 주어지는 마지막 선물"입니다. 물론 예정된 죽음으로 한 발짝씩 다가간다는 것은 결코 쉬운 일이 아닐 겁니다. 그러나 피터 바튼은 특유의 긍정적 사고와 돌파력으로 죽음과 담판을 지었고 결국 그의 인생은 '웰빙'의 고지를 넘어서서 '웰다잉'을 향해 나아갔던 겁니다.

누구나 사라집니다. 아니, 죽습니다. 하지만 죽더라도 제대로 죽고 사라지더라도 멋지게, 최소한 추하진 않게 사라져야 하지 않겠습니까? 그러려면 "나는 무엇으로 또 어떻게 기억되고 싶은가?"라는 물음 앞에 분명하게 답해야 합니다. 그리고 그렇게 기억되고 싶은 모습이 되기 위해 최선의 노력을 경주해야 합니다.

돈 많고 힘 있는 사람으로 기억되고 싶다면 돈과 권력을 좇겠지만, 정녕 아름다운 사람으로 기억되고 싶다면 자기만의 향기 있는 가치를 만들고 그것을 유산으로 남겨야 하지 않을까요? 〈설원(說苑)〉에 이르길 '화향천리행 인덕만년훈(花香千里行 人德萬年薰)'이라고 했습니다. 말 그대로 꽃향기는 천리를 간다지만 사람의 덕과 가치는 만 년 동안 향기로운 법입니다. 결국, 진정한 '웰빙'의 완성은 '웰다잉'에 있습니다. 그런 의미에서 우리에게 '웰빙'을 완성할 '웰다잉'의 가치를 일깨워준 피터 바튼이야말로 죽음은 결코 끝이 아니라, 삶의 기적 같은 완성임을 웅변해줍니다.

'시간의 축복'에 사무치다

숨 쉴 때마다 나는 살아 있는 것

안데스 산중에 추락한 뒤 극적으로 귀환한 난도 파라도(Nando Parrado). 1949년 우루과이 몬테비데오에서 태어난 난도 파라도는 대형 철물 체인점을 운영하는 아버지 덕에 부촌 카라스코에서 유복하게 자랐습니다. 9세 때부터 럭비를 시작해 올드 크리스천스 럭비팀에서 2열 포워드를 맡았던 난도는 안데스에 추락하기 전까지 모든 것이 풍요로웠고 아무런 걱정거리 없이 젊음을 만끽하며 살고 있었습니다. 하지만 안데스에서의 경험은 그를 송두리째 바꿔놓았습니다.

1972년 10월, 13일의 금요일이었습니다. 우루과이의 올드 크리스천스 럭비팀 일행 45명은 친선 경기차 페어차일드기를 타고 칠레로 날아가던 중 안데스 산중에 추락하고 말았습니다. 45명의 일행 중 추락 당시 13명이 즉사하고 부상자를 포함해 32명이 간신히 살아남았습니다. 난도 파라도의 어머니도 즉사자에 포함되었습니다. 중상을 당했던 여동생도 추락 8일째 되던 날 세상을 떠났습니다. 난도의 가장 친한 친구 귀도와 판치토도 숨을 거둔 상태였습니다. 게다가 난도 파라도 자신도 추락 충격에 사흘 동안 의식불명 상태였습니다. 하지만 간신히 의식을 회복한 후 그에게 찾아온 것은 영하 40도에 가까운 살인적인 추위와 조금만 걸어도 숨이 막힐 정도의 희박한 공기 그리고 타는 듯한 갈증이었습니다. 주변은 고개를 완전히 젖혀야만 볼 수 있을 만큼 높게 솟은 눈 덮인 봉우리들뿐이었습니다.

안데스는 이미 인간이 지상을 걸어다니기 수백만 년 전에 지각으로부터 불쑥 융기하여 존재하고 있었습니다. 그 거대한 산악의 압도적인 위용, 순백으로 빛나는 자태, 너무 청명한 하늘…… 안데스는 원초적인 자연 그대로 눈부시게 아름다웠습니다. 하지만 그것은 또한 공포에 가까운 아름다움이었습니다. 그곳에서 인간은 극히 미미한 존재에 지나지 않았던 겁니다.

조난당한 지 17일째 되는 날 눈사태로 8명이 추가로 사망하고 비행기 동체마저 눈 속에 파묻혀버렸습니다. 결국 45명의 탑승자 중 16명만이 간신히 삶을 허락받았지만, 허락된 삶의 시간은 그리 길어 보이지 않았습니다. 파나마에서 시작해 칠레의 남쪽 끝까지 펼쳐지는 안데스 산맥은 평균기온이 영하 30도 아래에 머물고 적설량은 수십 미터에 달하는 극한지대였기 때문입니다. 엎친데 덮친 격으로 추락 후 시간이 지연되자 칠레 정부의 수색 활동도 중단되었습니다.

풀잎 하나 없는 겨울 산중에서 생존자들은 살기 위해 불가피하게 동료 사망자의 인육(人肉)을 먹어야 했습니다. 그래서 아직도 많은 사람들은 안데스에서의 조난 이야기를 인육을 먹으며 살아남은 엽기적인 사건 정도로 기억합니다. 그러나 당시 상황은 굶어죽거나 인육을 먹거나 하는 극한적인 양자택일의 순간이었던 겁니다. 인육을 거부하는 생존자들도 있었지만 그때 끝까지 먹지 않았더라면 절대 생존하지 못했을 것입니다.

그래서 그들이 구조된 후인 1972년 12월 교황청은 "생존을 위해 인육을 먹는 것은 죄가 되지 않는다"고 발표하기도 했습니다. 가톨릭 관계자들은 인육 먹기를 거부하여 죽음을 택한 것이 오히려 죄를 구성한다고 해석하기도 했습니다. 그건 일종의 자살이란 해석이었죠. 뿐만 아니라 죽은 사람들의 부모들도 그 행동을 불가피했던 것으로 이해해주었습니다. 그래서인지 난도 파라도는 당시 상황을 언급할 때, 카니발리즘(cannibalism) 즉 '동족을 먹는 것' 대신 네크로퍼지아(necrophagia) 즉 '죽은 시체를 먹는 것'이라는 용어를 써달라고 말하기도 했습니다.

사실 조난을 당한 후 생존자들은 몇 차례에 걸쳐 탈출을 위해 자체 등반을 시도했지만 실패로 돌아가고 말았습니다. 차가운 백색의 세계는 그렇게 생존에 관한 아무런 단서도 내놓지 않았던 것입니다. 하지만 안데스의 공포와 절망, 그리고 어머니와 누이동생을 잃은 상실과 슬픔 속에서도 난도 파라도는 삶에 대한 희망의 끈을 결코 놓지 않았습니다.

결국 난도 파라도는 친구 로베르토와 둘이서 해발 5000미터의 겨울 안데스를 넘어 칠레까지 도보로 가는 대원정을 감행하기로 작정했습니다. 난도 파라도는 엄홍길이나 박영석 같은 전문산악인도 아니고 새클턴처럼 위대한 탐험가도 아니었습니다. 부유한 집안에서 아무런 걱정 없이 인생을 즐기던 22세의 럭비를 좋아하는 청년이었을 뿐입니다. 하지만 너무나도 평범했던 청년이 너무나 크나큰 시련 앞에서 의연히 보여준 그 경이로운 힘은 인간이란 존재의 가능성과 생명력에 대한 깊은 경외심마저 갖게 합니다.

사실 저지대 국가 우루과이 출신의 난도 파라도는 제대로 된 산을 타본 경험도 없었습니다. 게다가 60일이라는 긴 시간 동안 추위와 배고픔으로 탈진된 상태였습니다. 그런 그가 눈 덮인 산을 타기 위한 어떤 장비도 없이 그저 몇 벌의 여름옷을 겹쳐 입고 운동화를 신은 채 안데스를 넘어 칠레 로스 마이테네스까지 100킬로미터를 걸어 구조 요청에 성공했던 것입니다. 실로 기적 같은 일, 아니 기적 그 자체였습니다. 2006년 2월 〈내셔널지오그래픽〉지는 전문산악인들로 팀을 구성해 난도 파라도의 탈출경로를 재현했는데 그들조차 이것은 기적이고 위대한 인간 의지의 승리라고 경이로워했을 정도였습니다.

난도 파라도가 안데스에서 내딛은 한 걸음 한 걸음은 말 그대로 죽음과의 피나는 투쟁이었습니다. 하지만 그는 끝까지 포기하지 않은 채 또 한 걸음, 한 걸음을 내디뎠습니다. 결국 난도 파라도는 추락 현장에서 칠레 로스 마이테네스에 이르는 100킬로미터를 걸어서 구조 요청에 성공했습니다. 그리고 72일간의 사투를 이겨낸 16명의 동료들도 모두 살아서 돌아올 수 있었습니다. 놀라운 인간승리 그 자체였습니다.

극적인 생환의 주인공 난도 파라도는 현재 우루과이에 기반을 둔 여러 회사들의 CEO이기도 합니다. 아버지로부터 물려받은 전국적인 철물 체인망을 바탕으로 홍보 및 마케팅 회사와 TV 프로그램 제작사 등을 함께 운영하고 있습니다. 하지만 그는 또 안데스에서의 극적인 생환 스토리를 바탕으로 글을 쓰고 강연을 해 사람들에게 그 어떤 상황과 조건에서도 삶은 포기될 수 없는 소중한 것임을 일깨워주고 있습니다. 그의 육성을 들어보시죠.

"안데스 산중에서 우리는 심장의 한 박동에서 다음 박동으로 근근이 이어가면서도 삶을 사랑했다. 인생의 매초 매초가 선물이었고 의미와 목적으로 환히 빛나고 있었다. 나는 생환 이래 그렇게 삶을 살아가려고 애썼고 그 결과 내 인생은 더 많은 축복과 환희로 채워지게 되었다. 안데스 산중에서 나는 이렇게 되뇌어 말하곤 했다. '숨을 쉬어라. 다시 숨을 쉬어라. 숨을 쉴 때마다 너는 살아 있는 것이다.' 이제 그때로부터 40년 세월이 흘렀지만 내가 여러분에게 해줄 수 있는 최선의 조언은 한결같다. 당신의 존재를 사랑하라. 매순간을 충실하게 살아가라. 결코 단 한 순간도 낭비하지 마라."

난도 파라도의 이 말을 가슴 깊이 새겨봅니다. 기적은 거기서부터 시작되는 것이기 때문입니다.

행복은 시간의 축복, 불행은 시간의 보복

"남자는 전장에서 빠르게 나이를 먹는다." 나폴레옹(Napoleon Bonaparte)이 한 말입니다. 장군으로서, 제1통령으로서 또 황제로서 지휘하고 통치했던 21년간 나폴레옹은 거의 잠시도 쉬지 않고 전쟁을 치렀습니다. 그는 줄잡아 60여 회의 전투에서 승리했습니다. 나폴레옹만큼 많은 전투를 치러본 통치자는 역사상 없었습니다. 그에게 전쟁이란 곧 삶이었습니다. 사실 프로이센의 군사전략가 칼 폰 클라우제비츠가 "전쟁이란 다른 수단에 의한 정치의 연장"이라는 유명한 테제를 담은 《전쟁론》을 저술할 수 있었던 배경에는 바로 나폴레옹이란 존재가 있었던 겁니다.

나폴레옹은 1769년 8월 15일 이탈리아에서 프랑스로 병합된 코르시카의 아작시오에서 태어났습니다. 10세 되던 1779년 프랑스 왕립군사 아카데미에 장교후보생으로 입학해 6년 뒤인 1785년 9월에 16세의 어린 나이에 포병소위로 임관했습니다. 그는 특히 수학에 뛰어났고 전략전술에 관한 고전들을 두루 섭렵했으며 위인들의 전기를 탐독했습니다.

나폴레옹의 나이 20세 때인 1789년 프랑스혁명이 일어났습니다. 나폴레옹은 왕당파의 반란을 토벌하는 국민공회의 여단 장교로 무훈을 세워 1793년 24세란 젊은 나이에 준장으로 진급했습니다. 그리고 3년 후인 1796년 3월, 27세 나이에 이탈리아 원정군 사령관으로 임명되기에 이릅니다.

1799년 이집트 원정에서 돌아온 후 나폴레옹은 브뤼메르 18일 즉 11월 9일에 무력으로 의회인 500인회를 해산시키고 원로원으로부터 제1통령으로 임명됩니다. 그의 나이 30세 때의 일이었습니다. 그 후 1802년 스스로 종신통령의 자리에 오른 나폴레옹 보나파르트는 1804년 35세 나이에 전대미문의 화려한 대관식을 거행하며 프랑스 황제로 즉위했습니다. 그리고 그는 자신의 정통성의 뿌리를 전왕인 루이 16세가 아닌 샤를마뉴대제에게서 찾았습니다.

나폴레옹은 끊임없이 공격을 추구했습니다. 방어는 그의 관심사가 아니었습니다. 결국 그의 일차적 승리비결은 민첩성에 있었습니다. 그래서 부대의 이동, 화력의 재배치, 기병대의 공격 등 모든 것이 신속해야만 한다는 것이 나폴레옹 병법의 제일원칙이기도 했습니다. 하지만 군사전략가 리델 하트 경(Sir, Liddell Hart)이 적절히 지적했듯이 나폴레옹의 결정적 승리비결은 다름아닌 적의 심리적 균형(Psycholosical Balance)을 허무는 데 있었습니다.

그렇지만 나폴레옹이 늘 승리만 한 것은 물론 아니었습니다. 오르막이 있으면 내리막이 있는 법입니다. 1812년 나폴레옹은 65만여 명에 달하는 대규모 병력을 이끌고 러시아 원정에 나섰지만 처절한 패배를 맛봅니다. 나폴레옹은 퇴각하는 러시아군과 싸운 것이 아니라 혹독한 추위의 '동(冬)장군'과 싸워야 했습니다. 37만 명 이상의 병사가 죽었고 20만 명 가까운 병력이 포로가 되었습니다. 그리고 단지 8만 명 미만의 병력만이 살아돌아올 수 있었습니다.

러시아 원정에서 실패하고 돌아온 나폴레옹은 결국 1814년 퇴위당해 엘바섬에 연금당하게 됩니다. 하지만 1년도 채 안 된 1815년 3월 1일 나폴레옹은 엘바섬을 탈출해 다시 파리로 돌아옵니다. 그 후 나폴레옹은 워털루에서 마지막 전투를 치릅니다. 1815년 6월 영국군 총사령관 웰링턴 경이 이끄는 10만 7000여 명의 병력과 216문의 화포가 벨기에의 브뤼셀에서 남쪽으로 약간 떨어진 작은 마을 워털루에 집결했습니다. 아울러 프로이센의 용장 블뤼허 원수가 이끄는 12만 8000여 명의 병력 또한 워털루로 향했습니다.

나폴레옹은 워털루에서 프랑스군의 두 배에 달하는 영국과 프로이센 연합군을 맞아 싸워야 했습니다. 실로 운명을 건 일전이었습니다. 하지만 결과는 나폴레옹의 패배였습니다. 나폴레옹이 워털루전투에서 패배한 일차적인 원인은 다름 아니라 모든 것이 나폴레옹 한 명에 의존했다는 사실이었습니다. 오직 나폴레옹 자신만이 지시하고 모두가 그 지시에 복종해야 했던 것이 일차적 패인이었던 겁니다. 하지만 더 결정적인 패인은 바로 나폴레옹 군대의 심리적 균형이 허물어진 데 있었습니다. 적의 심리적 균형을 허물어 결정적인 승기를 얻곤 했던 나폴레옹과 그의 군대가 역으로 허가 찔린 셈입니다. 결국 승부의 세계에선 영원한 승자도 영속하는 강자도 없습니다. 오히려 승리에 겸허할 수 있는 자가 그나마 오래 그 승리의 자리를 유지할 수 있는 겁니다.

워털루전투에서 패배한 나폴레옹은 아프리카 서해안으로부터 1850킬로미터나 떨어진 절해 고도 세인트헬레나섬에 유폐되었습니다. 6년 후인 1821년 5월 그곳에서 최후를 맞았습니다. 그런데 이런 마지막 말을 남겼다고 합니다. "오늘 나의 불행은 언젠가 잘못 보낸 시간의 보복이다"라고 말입니다. 나폴레옹조차 피해가지 못했던 시간의 보복. 뭔가를 해야 할 때, 하지 못하고 그 때를 놓치는 것, 그것이야말로 가장 두려운 시간의 보복을 잉태하는 일이 될 겁니다. 지금 이 순간이야말로 기적을 잉태할 바로 그때이기 때문이죠.

누구에게나 한방은 있다

35년 전 일입니다만, 1977년 11월 27일 WBA 주니어 페더급 챔피언 결정전! 기억하십니까? 홍수환 선수와 '지옥에서 온 악마'라는 별명을 지녔던 파나마의 헥토르 카라스키야와의 챔피언 결정전 말입니다. 이날 경기에서 홍수환은 2회에 네 차례나 다운을 당하고도 3회 48초 만에 기적 같은 역전 KO승을 거두었습니다. 바로 '4전 5기' 신화창조의 순간이었습니다. 당시 이 경기를 위성으로 중계방송했던 동양방송(TBC)에서는 그날 당일에만 무려 27회나 재방송을 틀었을 정도로 정말이지 대단한 경기였습니다.

6·25 발발 한 달 전인 1950년 5월 26일 서울에서 출생한 홍수환 선수는 고등학교를 졸업한 직후인 1969년 프로권투에 입문해서 1972년 OPBF 밴텀급 동양챔피언에 올랐습니다. 그 후 1974년 무려 30여 시간에 걸쳐 비행기를 여섯 차례나 갈아타며 남아프리카공화국으로 날아가 아놀드 테일러를 꺾고 WBA 밴텀급 세계챔피언 벨트를 거머쥐었습니다. 이때 시합이 끝난 후 어머니와의 국제통화에서 "엄마, 나 챔피언 먹었어!"라고 말하자, 홍선수의 어머니가 "그래, 대한국민 만세다"라고 화답한 것은 두고두고 사람들 입에 회자되기도 했었죠.

하지만 1년 후인 1975년 홍 선수는 그 세계챔피언 타이틀을 알폰소 사모라에게 4회 KO패를 당하며 내주고 말았습니다. 당시

26세였던 홍수환 선수는 비록 경기에서는 졌지만 돈은 벌 만큼 벌었으니 권투를 그만둬야겠다고 생각했습니다. 그래서 자신의 후원회장이던 정모 회장을 찾아가서 권투를 그만 하겠다고 말했답니다. 그러자 그 분이 이렇게 말했다고 합니다. "수환아, 야, 임마! 권투엔 백스텝이 있지만 인생엔 백스텝이 없어. 여기서 그만두면 넌 이미 니 인생에서 진 거야!" 그 한마디에 정신이 번쩍 들어 홍 선수는 다시 운동화끈을 조여매고 로드웍을 시작했고 마침내 체급을 바꿔 카라스키야와 챔피언 결정전을 벌여 4전 5기의 신화창조도 할 수 있었던 겁니다.

하지만 가로 세로 6.1미터의 사각링에서 만들었던 4전 5기의 신화창조도 인생의 링에서는 지속되기가 어려웠나 봅니다. 4전 5기의 신화창조에 자만했던 걸까요? 4전 5기 이후 홍수환의 삶은 한마디로 풀려버렸습니다. 한꺼번에 삶 전체를 뒤덮어버린 돈과 명성에 취한 나머지 그는 연습을 게을리했고 유명 여가수와의 염문에도 휩싸였습니다. 결국 그는 타이틀 방어에 실패했고 팬들로부터도 철저히 외면당하는 신세로 전락하고 말았습니다. 그래서 그의 권투인생도 50전 41승(14KO) 4무 5패로 막을 내렸습니다.

그 후 그는 잊혀진 사람이었습니다. 첫 부인과 이혼한 뒤 재혼했던 여가수 옥희 씨와 다시 이혼하고서 82년에 홀연 미국으로 떠나 알래스카 앵커리지에서 10년을 틀어박혀 살았습니다. 그는 밥을 굶지 않기 위해 택시운전을 해야 했고 그러다가 마약을 운반한다는 의심을 받아 경찰에 연행당하기도 했습니다. 끝이 보이지 않는 터널 속에 갇힌 것처럼 우울한 세월이었습니다. 10년의 세월이 지난 93년. 그는 국내로 들어와 사업을 하려 했지만 이번엔 조직폭력배와 연결되어 있는 해결사로 오인받아 곤욕을 치러야 했습니다. 무죄를 입증받기까지는 1년여의 시간이 필요했습니다. 그 후 그는 우연한 기회에 자신의 인생역정을 밑천삼아 사람들 앞에서 인생강연을 하게 되었습니다.

그의 입심이 주먹 못지않았던지, 아니면 그만큼 그의 인생역정이 자못 의미심장했기 때문인지 그는 지금껏 많은 '감동적인' 강연을 계속하고 있습니다. 4전 5기 신화창조의 그때 그 장면을 비디오로 틀어주며 진행되는 그의 강연에는 항상 '도전'과 '희망'의 메시지가 담겨 있다고 하더군요. 공군사관학교 생도들에게 복싱교실을 통해 4전 5기의 성신력을 전수하기도 했던 그는 복싱과 다이어트를 결합시킨 체육관을 운영하면서 방송국 복싱 해설위원으로도 활약하고 있습니다. 그리고 가수 옥희 씨와도 재결합을 했습니다. 몇 년 전엔 책도 냈는데 그 제목이 뭔 줄 아십니까? 바로 《누구에게나 한방은 있다》랍니다.

4전 5기 신화창조의 주인공 홍수환 선수. 하지만 4전 5기 이후 인생의 링에서 온갖 시련과 곡절을 겪은 끝에 다시금 도전과 희망의 메시지를 전하는 전문 강사로 변신한 홍수환. 그는 누구에게나 자신만의 기적 같은 4전 5기를 이룰 그 한방이 있다는 것을 새삼 일깨워줍니다.

행복의 씨앗은 바로 '나'

사랑 없인 난 못 살아

영화 〈라 비 앙 로즈〉(원제 'La Mome')를 보셨는지요? 평생 사랑에
목말라하고 사랑을 갈망하며 불꽃같은 삶을 살다간 프랑스의 전
설적인 샹송가수 에디트 피아프(Edith Piaf, 본명 Edith Giovanna
Gassion)의 너무나도 가슴 저린 일생을 그린 영화였습니다.

제 1차 세계대전이 한창이었던 1915년 12월 19일 에디트 피
아프는 프랑스 파리의 빈민가인 벨 베이르 72번가 길 위에서 태어
났습니다. 그녀의 어머니가 무료자선병원으로 가던 중 거리를 순
찰하던 경찰관이 산파 역할을 해 기적적으로 태어났던 겁니다. 어
머니는 길거리에서 노래를 부르던 가수였고 아버지는 곡예사였습
니다. 어릴 적 지어진 이름은 에디트 지오바나 가숑이었습니다. 하
지만 가숑의 아버지는 군대에 징집당하고 어머니는 갓난쟁이 그
녀를 제대로 키울 여건도 의지도 없었습니다. 결국 어린 에디트 지

오바나 가숑은 외할머니 손을 거쳐 다시 사창가 포주였던 할머니 집에서 자라게 됩니다.

에디트 지오바나 가숑은 매춘부들의 보살핌 속에서 자라납니다. 비록 어린 여자아이가 자라나기엔 결코 적절치 못한 생활환경이었지만 티틴이란 이름의 매춘부는 어린 가숑을 자기 친딸처럼 보살펴줍니다. 그러던 중 가숑은 심한 결막염에 걸려 맹인이 될 위기에 처하게까지 됩니다. 하지만 할머니와 창녀들의 기도 속에서 가숑은 기적적으로 다시 눈을 뜨고 볼 수 있게 됩니다.

전쟁이 끝나 군에서 제대하고 돌아온 아버지는 어린 딸 가숑을 데리고 다시 이리저리 떠돌아다니는 곡예사 생활을 합니다. 아버지가 속한 곡예단을 따라다니며 어린 가숑은 노래와 춤 그리고 사람들의 천태만상을 구경하게 됩니다. 하지만 곡예단에서 불화를 일으킨 아버지가 그곳에서마저 쫓겨나다시피 하게 되자 결국 아버지는 길거리에서 흔해빠진 묘기를 선보이고 어린 가숑에게 노래를 부르게 했습니다. 아버지의 길거리 곡예에는 시큰둥하던 사람들이 어린 가숑의 노래에는 박수를 보내고 비록 동전 몇 닢이지만 아낌없이 던지곤 했습니다.

이때부터 에디트 지오바나 가숑은 매일 길거리에서 노래를 부릅니다. 조금 더 자라서는 아버지와 헤어져 홀로 노래를 불렀습니다. 그러던 중 가숑은 길거리를 지나다 그녀의 노래를 듣던 카바레 겸 술집인 '거니(Gerny)'의 지배인 루이 르프레의 눈에 띄어 그의 카바레에서 가수로 정식 데뷔를 하게 되었습니다. 1935년의 일이었습니다. 이때 루이 르프레가 지어준 이름이 바로 '라 모메 피아프(La mome Piaf)' 즉 '작은 참새'였던 겁니다. 그녀의 다 자란 키가 147센티미터에 불과했지만 노래만은 기가 막히게 불렀기 때문에 지어진 이름이었습니다. 하지만 이 이름이 전설적인 샹송가수의 이름이 될 줄은 당시에 아무도 몰랐던 겁니다.

그러나 하늘은 그녀에게 쉽게 길을 터주지 않았습니다. 어느 날 갑자기 루이 르프레가 에디트 피아프와 알고 지내던 거리의 폭력배들에게 피살당하자 에디트 피아프는 살인혐의를 받고 법정에 서게 되었습니다. 사실상 가수로서의 생명도 끝나는 것처럼 보였습니다. 그 후 그녀는 마약과 술에 찌들다시피 했습니다. 하지만 에디트 피아프에게 또다시 은인이 찾아들었습니다. 바로 시인이자 작사자인 레이몽 아소와 여류 작곡가 마그리트 모노였습니다.

특히 당대 프랑스 최고의 시인으로 불리던 레이몽 아소는 제대로 음악교육을 받아봤을 리 없는 에디트 피아프에게 엄격한 발성과 무대 매너를 가르치고 자신이 쓴 시로 곡을 지어줘 에디트 피아프를 단숨에 스타덤에 올려놓았습니다. 1937년의 일이었습니다. 프랑스인들은 147센티미터의 작은 체구에서 뿜어져나오는 믿기지 않을 만큼 폭발적인 가창력과 그녀의 열정적인 무대 매너에 열광하기 시작했던 겁니다.

프랑스의 시인 자크 프레베르는 "에디트 피아프의 초상화를 그리기 위해서는 하나의 재료만으로도 충분하다. 그것은 사랑이다"라고 말했습니다. 샹송의 여왕으로 불린 에디트 피아프는 애정결핍증 환자처럼 언제나 사랑에 목말라했습니다. 하지만 그 사랑은 좀처럼 이뤄지지 않았습니다. 에디트 피아프는 1944년 이브 몽탕과 만나 사랑에 빠져 결혼을 발표했지만 이브 몽탕은 그녀를 버리고 마릴린 먼로의 품으로 빠져들었습니다.

어릴 적 부모로부터 제대로 된 사랑을 받지 못해 형성된 그녀의 애정결핍증은 수많은 이들을 사랑이란 이름으로 그녀와 마주하게 했습니다. 그리스 가수 조르주 무스타키도 그 중 한 명이었고 죽기 두 해 전이던 1961년에 만난 21세 연하의 남자 미용사 출신의 그리스 청년 테오파니 랑부카스도 마찬가지였습니다. 하지만 죽음의 순간까지도 그녀를 사로잡았던 거의 유일한 남자는 비운의 비행기 사고로 죽은 막셀 세르당이었습니다. 유부남인 줄 알면서 시작한 세계 미들급 복싱 챔피언 막셀 세르당과의 애절한 사랑은 1950년 갑작스런 비행기 사고로 그가 졸지에 사망함으로써 너무나 허망하게 끝나버리고 말았지만 말입니다.

그러나 이런 사랑의 아픔이 그녀로 하여금 불후의 명곡을 부를 수 있게 했는지도 모릅니다. 이브 몽탕과의 이별은 '라비앙 로즈(La Vie en Rose)' 즉 '장밋빛 인생'으로, 또 막셀 세르당과의 애절하게 심금을 울리는 슬픈 사랑은 역설적으로 '사랑의 찬가(I' Hymne l'amour)'라는 불후의 명곡을 만들어냈던 겁니다. 영혼의 연인 막셀 세르당의 갑작스런 사망 이후 마약과 알코올에 의지하면서도 그녀가 처절하게 상처 입은 삶을 이끌어온 이유는 오직 하나 "죽은 연인을 위해 노래하기로" 결심했기 때문이었습니다.

에디트 피아프는 생전에 한 인터뷰에서 이렇게 말했습니다. 나이 든 사람들에게 하고 싶은 말은? "사랑하세요." 젊은이들에게 하고 싶은 말은? "사랑해라." 어린아이들에게 하고 싶은 말은?

"사랑하렴." "사랑은 경이롭고 신비하고 비극적인 것, 사랑은 나로 하여금 노래하게 만드는 힘, 나에게 노래 없는 사랑은 존재하지 않고, 사랑 없는 노래 또한 존재하지 않는다." 이렇게 말하며 47년 동안 불꽃같은 삶을 살다간 에디트 피아프. 그녀에게 삶은 '사랑의 기적' 그 자체였던 겁니다.

"당신의 평범이 내겐 소중합니다"

교과서에도 그의 카툰(cartoon)이 실린 카투니스트 지현곤 씨는 1961년 8월 경남 마산에서 출생했습니다. 그런데 그는 7세 때 척추결핵에 걸려 허리 아래 뼈와 살이 말라붙어버리는 바람에 하반신이 마비돼 40년 동안 집 밖으로 한 번도 나가지 못한 중증장애인입니다. 그는 초등학교 1학년 여름방학 이후 경남 마산시 월영동의 단칸방 바닥에 엎드려서 평생 만화와 카툰을 그리며 40년을 넘게 살았습니다. 집 밖 외출은 초등학교 1학년 때가 마지막이었습니다. 국립 마산 결핵병원 부설 저소득층 수용 병실에 몇 달간 입원했다가 퇴원하면서 마산 시내를 한 바퀴 빙 돈 것이 전부였습니다. 그 후 그는 하체가 거의 발달하지 않아 바지를 입을 수도 없을 정도가 돼 허리 아래를 담요로 감싼 채 두 손으로 기어다니며 좁은 단칸방에서 생활해왔습니다.

남들은 학교도 가고 소풍도 가는데 왜 나만 여기서 이렇게 누워 있어야 하냐고 세상 원망을 한 적도 숱하게 많았습니다. 하지만 그는 그 원망과 분노를 삭이는 방법으로 만화를 끄적거리기 시작했습니다. 그는 만화책으로 한글을 깨우치고 세상을 접했습니다.

그는 그때 상황을 이렇게 회고합니다. "그때 방학이 되니까 허리에 신경마비가 와서, 칠팔십 된 할머니 할아버지처럼 힘이 없어지더라고요. 그냥 모든 것이 개인의 불행이지 사회의 책임이나 의무는 없을 때지요. 다들 먹고살기 바쁜 시절이었으니까요. 그렇게 된 아이가 달리 무얼 할 수 있겠습니까. 동생을 시켜 만화방에서 만화를 빌려보면서 그걸 따라서 끄적거렸던 거죠."

하지만 그는 남에게 의존하는 성격이 못 됩니다. 그는 수십 년간 자기 혼자 힘으로 대소변 문제를 해결해왔을 만큼 자존심도 강합니다. 그는 그것이 스스로에 대한 인간으로서의 마지막 존엄성을 지키는 것이라고 믿고 있습니다. 그는 방 안에 딸린 화장실에서 혼자 씻고 혼자 머리도 깎습니다. 모양은 별로 나지 않지만 말이죠.

그림공부도, 글공부도 마찬가지였습니다. 그 누구도 그에게 가르쳐주지 않았지만, 종이에 볼펜으로 만화책을 베끼고 또 베끼며 만화 그리기에 빠져들었습니다. 중·고등학교 문턱도 구경 못한 그에게 만화는 생활의 '전부'였습니다. 그러기를 어언 40여 년. 1990년대 들면서 만화잡지 독자란에 그림을 투고하기 시작한 그는 1991년 5월 제3회 주간만화 신인만화 공모전 카툰 부분 가작으로 당선된 것을 시발로 해서 1993년 대전국제만화영상전 동상 수상, 1995년 8월 제5회 국제서울만화전 대상 수상, 1996년 12월 제3회 운평만화대상 카툰 부분 우수상, 2001년 9월 제10회 대전국제만화대상전 공로상, 2006년 제15회 대전국제만화영상전 우수작가상 등을 차례로 수상했습니다.

지현곤 씨는 하나의 아이디어로 한 점의 그림을 그리는 데 보통 한 달 반 정도의 시간을 들일 정도로 과작(寡作)하는 작가입니다. 작품들은 대부분 셀 수 없이 많은 점과 짧은 선들을 꼼꼼하게 찍어 점묘화처럼 그렸습니다. 하지만 그런 지 씨가 지금까지 그려온 그림 수는 셀 수도 없고, 2002년부터 그린 것만 150점이 넘습니다. 서울시 산하기관인 서울애니메이션 센터는 지 씨가 추석선물용 갈비박스에 보관하던 이 카툰작품들을 가지고 2007년 7월과 8월에 걸쳐 남산에 있는 서울애니메이션센터에서 작품전시회를 열었습니다. 지현곤 씨만의 독특한 작품세계에 전문가들은 물론이고 일반인들마저 찬사와 감탄을 그치지 않을 만큼 큰 호응을 얻었습니다.

　　하지만 생애 첫 개인전이었음에도, 전시장에 갈 수 없었던 지현곤 씨는 팸플릿에 이런 인사말을 남겼습니다. "한계선상에서 고민하다 노력한 흔적이라도 보여드리자는 심산으로 하얀 도화지 위를 펜 선으로 가득 채웠습니다. 그동안 흘린 땀과 눈물의 결정을 보여드리게 되어 보람과 영광을 느낍니다"라고.

　　카투니스트 지현곤 씨는 우리에게 살아 있다는 것의 의미를 다시 생각하게 해줍니다. 장애로 얼룩진 그의 삶은 그의 마음속에 염세(厭世)와 어두움이 뒤덮게 했지만 그는 한 컷짜리 풍자만화 즉 카툰으로 그것들을 뒤집고 돌파해낸 것입니다. 실제로 그의 그림에는 힘든 현실을 예술에 대한 집념으로 뛰어넘어 보는 이들에게 행복을 주는 힘이 있습니다.

　　그는 이렇게 말합니다. "육체적으로 멀쩡한 사람들이 스스로 삶을 포기하는 뉴스를 보면 그 육체가 참 아깝다는 생각이 듭니다. 저와 같은 사람들에게는 그런 포기해버린 육체조차 염원의 대상이기 때문이죠. 사실 장애인들은 옥상 꼭대기에 올라가서 뛰어내리려고 해도, 그렇게 올라갈 힘조차 없는 사람들이지 않습니까?" 우리의 멀쩡한 몸을 정말이지 다시 생각하게 만드는 이야기가 아닐 수 없습니다.

그는 비록 어지러운 단칸방이지만 그 안에 엎드려서 늘 공상하고 꿈꿨습니다. 특히 그는 꿈을 꿔도 만화처럼 앞뒤가 안 맞는 꿈만 꾸었습니다. 하지만 그것이 그의 카툰세계를 열었습니다. 누군가 그에게 지금 가장 갖고 싶은 것이 무엇이냐고 묻자, 그는 엉뚱하게도 달을 볼 수 있게 천체망원경이 있었으면 좋겠다고 답했습니다. 그는 만월(滿月)이었다가 줄어들고 없어졌다 다시 커지는 그런 달의 변화를 보면서 자기 생활의 변화 없음을 위로했는지 모릅니다. 그는 달을 보고서 '아, 좋다'고 말할 수 있는 사람이 점점 드물어지는 이 세태의 사람들에게 이 한마디를 꼭 해주고 싶다고 말합니다. "그대 일상에 평범한 게 다른 사람에게는 소중한 것이 될 수 있다. 그러니 평범한 것을 귀하게 여기라"는 겁니다.

그래서일까요. 천체망원경을 선물받은 그해 겨울, 그는 만화 그리는 일을 멈추고 그냥 방문을 열어놓고 밤새 달만 처다봤다고 합니다. 하지만 정작 선물받은 천체망원경으로는 달을 볼 수 없었습니다. 왜냐구요? 천체만원경이 너무 크고 높았기 때문에 방바닥에 늘 엎드려있는 지현곤 씨의 눈높이에 맞출 수 없었기 때문입니다. 하지만 그냥 그것만으로도 마냥 자유롭고 편안했다고 고백하는 카투니스트 지현곤. 그는 대신 작은 디지털 카메라로 여러 장의 달 사진을 찍었습니다. 망원렌즈가 없어, 쌍안경을 구해가지고 카메라렌즈에 연결해 찍었다고 합니다. 그가 담아낸 달 사진이 궁금하지 않으십니까? 그것 역시 우리가 너무 익숙해져 잊고 또 잃어버린 것들이죠. 우리 삶에 기적은 도처에 있습니다. 하지만 그것들을 너무 당연하게 여겨 보지 못할 뿐입니다.

행복 6계명을 전도하다

언젠가 '하버드대학의 공부벌레들'이란 외화가 인기를 끌었던 적이 있었습니다. 하버드 법대의 킹스필드 교수의 강의실을 중심으로 벌어지는 이런저런 이야기들을 꽤 흥미롭게 전해주었지요. 하버드대학 하면 통칭 최고의 대학으로 간주됩니다. 그만큼 들어가기도 쉽지 않지만 들어가서 생존하려면 혹독한 경쟁을 치러야 합니다. 그래서일까요? 매년 적잖은 학생이 성적 스트레스를 이겨내지 못해 자살하는 곳이 하버드라고 합니다.

그런 하버드에 '행복 전도사'를 자처하는 강사가 나타났습니다. 하버드대학에서 기록적인 수강생 수를 점유하는 최고 인기강좌인 '긍정 심리학(Positive Psychology)'과 '리더십의 심리학(The Psychology of Leadership)'을 담당하는 심리학 교수 탈 벤 샤하르(Tal D. Ben-Shahar)가 바로 그 주인공입니다. 도대체 탈 벤 샤하르의 강의에 무엇이 있기에 그런 인기를 모으고 있는 것일까요? '긍정 심리학' 과목 소개를 찾아보니 이 코스는 풍성하고 풍요로운 삶의 심리학적 측면에 초점 맞춰 행복, 자기긍정, 우정, 사랑, 성취, 창조,

영성 그리고 유머의 토픽들을 다룬다고 되어 있습니다.

실제로 벤 샤하르는 추상적인 심리학 이론을 늘어놓는 대신 심리치료를 연상케 하는 집단 워크숍 방식으로 수업을 진행한다고 합니다. 그래서 이를테면 '신체의 건강'을 주제로 한 수업이 끝나면 8시간 이상을 자고 오라는 다소 어처구니없어 보이는, 하지만 하버드의 학생들에겐 그 무엇보다도 꼭 필요한 과제를 내주기도 합니다. 물론, 수업시간 도중에 조명을 낮추고 명상시간을 갖는 것은 비일비재하구요. 그렇다고 벤 샤하르의 강의가 대충 때우는 수업이라고 생각하시면 오산입니다. 벤 샤하르의 긍정심리학과 리더십의 심리학은 하버드의 여느 과목들처럼 매주 과제물과 리딩 어사인먼트 즉 읽을거리가 제시되고 중간·기말시험도 어김없이 치르는 결코 만만치 않은 과목입니다. 정작 벤 샤하르 교수는 자신의 강의가 다소 쉬운 것처럼 보인다면 그것은 자신의 강의가 학생들 삶에 깊숙이 침투해 밀착감을 주기 때문일 것이라고 말합니다.

결국 벤 샤하르의 강의가 최고의 인기를 누리는 비결은 1등만을 추구하며 정신없이 경쟁해온 하버드 학생들에게 그의 강의가 단지 쉼이 아니라 근원적인 자기행복에 대한 실마리를 찾아주었던 까닭이 아닐까 싶습니다. 그래서일까요? 벤 샤하르의 강의에 대한 수강생들의 반응은 폭발적입니다. 수강생들은 너나 할 것 없이 벤 샤하르의 강의를 후배들에게 '하버드 최고의 강의'라고 추천하기를 주저하지 않습니다. 그리하여 하버드대학의 학보격인 〈하버드 크림슨〉은 벤 샤하르를 가리켜 교수이기보다도 진정한 인생의 멘토라고 말할 정도입니다.

그렇다면 벤 샤하르가 말하는 행복은 무엇일까요? 그의 이른 바 '행복 6계명'을 살펴보면 이렇습니다. 첫째, 원초적 인간답게 자연스러워지라는 겁니다. 아무리 힘든 상황이나 공포, 슬픔, 불안 같은 감정도 자연스럽게 받아들이면 결국 극복할 수 있다는 것이죠. 둘째, 행복은 즐거움과 의미의 교차로에 있음을 잊지 말라는 겁니다. 의미만 추구하면 딱딱해지기 쉽고 즐거움만 좇다보면 경망해지기 쉽습니다. 진정한 행복은 그 의미와 즐거움이 만나는 교차점에 있다는 것이죠. 셋째, 행복은 통장잔고에 있는 것이 아니라 마음상태에 달려 있음을 명심하라는 겁니다. 행복은 눈에 보이는 외형에 있는 것이 아니라 각자 내면의 보이지 않는 곳에 있다는 것이죠. 넷째, 삶을 단순화하라는 겁니다. 자신의 삶을 너무 복잡하게 만들면 그만큼 행복도 멀어진다는 것이죠. 다섯째, 몸과 마음이 연결되어 있음을 기억하고 규칙적인 운동, 적절한 수면, 좋은 식사 습관과 같은 일상적인 것에서 얻는 행복을 놓치지 말라는 겁니다. 우리의 일상이야말로 행복의 보물창고인 까닭이죠. 여섯째, 항상 감사하고 그 감사의 마음을 적절히 표현하라는 겁니다. 바로 그 감사하는 마음에 행복이 깃들기 때문입니다.

　　행복도 바이러스입니다. 내가 진정으로 행복하면 그 행복한 기운이 다른 사람들에게 전달됩니다. 격심한 경쟁의 긴장 속에서 살아가는 하버드 학생들에게 진정한 행복이 무엇이며 진정한 리더가 어떻게 만들어지는가를 참으로 행복하게 설파하는 탈 벤 샤하르. 그를 보노라면, 일상의 작은 행복이야말로 진정한 기적의 가장 분명한 존재 방식이 아닌가 생각됩니다.

지금 이 순간의 진실을 역설한 '진시황'

아무것도 가질 수 없었던 '그'

중국이 오늘날과 같은 정체성을 형성한 때는 전국시대를 통일하면서부터이고 그 주역은 역시 진시황제라 하겠습니다. '중국'이라는 지리적 판도는 물론 '중국인'이란 문화적 동질성을 뒷받침할 문물의 통일이 진(秦)나라 진시황에 이르러 비로소 완성된 것입니다. 이처럼 진나라 진시황이 갖는 문화적 · 역사적 의미는 그 어느 왕조보다 크다 하겠습니다.

강력한 카리스마로 통일제국 진나라를 탄생케 해 세상을 다 거머쥐었던 진시황, 그리고 죽어서도 그것들을 틀어쥐려 했던 진시황, 하지만 결국 아무것도 지킬 수 없었던 진시황. 그 진시황의 남다른 차이에의 '열정'이 오늘을 사는 우리에게 던져주는 메시지는 과연 무엇일까요?

**불같은
카리스마의
진시황,
영정**

진나라의 정치가 여불위(呂不韋)는 조나라에 인질로 잡혀 있던 진나라의 공자 자초(子楚)를 찾아갔습니다. 자초는 진나라 태자 안국군(安國君)의 아들이지만 그의 모친이 안국군의 총애를 받지 못하는 바람에 조나라에 인질로 보내졌습니다. 여불위는 자초에게 물심양면으로 다가갔습니다. 당시 진나라 태자 안국군이 가장 총애하는 화양(華陽)부인에게는 아들이 없었습니다. 여불위는 이 틈을 비집고 들어가 결국 자초를 화양부인의 양자로 들이게 만듭니다. 안국군에겐 장자 자해가 있었지만 결국 박힌 돌인 자해 대신 굴러온 돌인 자초가 안국군을 이어 진나라의 태자가 된 것입니다.

태자 자초의 사부가 된 여불위는 자신의 애첩 조희를 자초에게 바칩니다. 자초는 조희의 매력에 흠뻑 빠져 그녀를 취하지만 여불위의 집을 떠날 때 이미 조희는 여불위의 자식을 갖고 있었습니다. 궁으로 들어간 조희는 여불위의 씨를 태자의 아들인 양 낳습니다. 이것이 훗날 진시황이 된 영정(嬴政)입니다. 안국군이 사망하자 태자 자초가 뒤를 이어 장양왕이 되었습니다. 하지만 과도하게 여색을 밝혔던 장양왕은 왕이 된 지 3년이 채 안 되어 죽고 13세 된 태자 영정이 왕위에 오릅니다. 결국 여불위의 씨가 왕이 된 것입니다.

어린 왕 영정을 대신해 섭정을 한 승상 여불위는 옛날 애첩 조희가 태후 자리에 앉은 후에도 통정을 했습니다. 여불위는 진왕 영정이 장성함에 따라 자신의 사생아에게 보복을 당할지 모른다는 생각이 들었습니다. 그는 태후 조희에게 노애라는 사내를 환관으로 위장시켜 접근케 한 후 둘 사이에 두 아들을 낳게 했습니다. 진왕 영정 곧 진시황을 견제하려는 목적에서였습니다. 하지만 결국 진왕 영정이 친정(親政)을 시작하자 사태가 급변했습니다. 영정은 어머니 조희태후와 통정한 노애를 잡아들여 삼족을 멸하고 태후가 낳은 자신의 동생인 두 공자를 자루에 넣은 후 산 채로 쳐 죽였습니다. 그리고 어머니 조희 태후는 역양궁에 연금시키고 생부 여불위는 뤄양으로, 다시 파촉으로 유배시킨 후 어지(御旨)를 내려 자결케 했습니다. 실로 피도 눈물도 없는 궁정비사가 아닐 수 없습니다.

진시황 영정은 13세에 즉위해 22세에 면류관을 쓰고 친정에 나선 이후 33세 때 형가의 암살미수사건을 겪고 39세에 천하를 통일해 황제가 되었고 50세에 죽었습니다. 38년의 치세 중 25년은 전국시대 진나라의 왕으로, 12년은 중국을 통일한 시황제로 군림한 것입니다. 그의 용모와 성격을 《사기》에서는 이렇게 표현했습니다. "진왕은 코가 높고 눈이 길며 가슴이 매처럼 튀어나왔고 목소리는 승냥이와 같았다. 또 인정도 각박하고 호랑이와 이리 같은 마음을 가졌으며 어려울 때는 남에게 쉽게 겸손을 부리지만 뜻을 얻으면 쉽게 남을 잡아먹을 사람이다."

천하통일
주역
진시황의
치적

진시황은 기원전 221년에 최후까지 남아 있던 산동반도의 제나라를 멸망시킴으로써 비로소 천하를 통일했습니다. 그의 통일사업은 기원전 230년부터 221년까지 비교적 짧은 기간에 이루어졌습니다. 진시황은 기원전 221년 전국시대를 평정한 후 문자, 수레의 폭, 도량형, 화폐 등을 통일하고 군현제(郡縣制)를 실시해 전국을 직접 통치했습니다.

전국시대엔 각 나라마다 글자 형태가 달랐습니다. 은(殷)나라의 갑골문자에서 모두 나온 것이지만 지역에 따라서 자체(字體)가 달랐던 것입니다. 시황제는 진나라의 소전(小篆)이란 글자형태를 천하의 문자로 정하고 나머지 육국문자(六國文字)들을 폐지시켰습니다. 화폐도 마찬가지였습니다.

또한 동궤(同軌)라 해 수레바퀴 폭을 통일했는데, 전국시대엔 제각기 수레바퀴 폭이 달랐습니다. 당시 수레는 대부분 말이 끄는 전차(戰車)였습니다. 전쟁중에는 타국의 전차가 들어오지 못하도록 바퀴 폭을 다르게 하는 것이 옳았겠지만 천하가 통일된 뒤엔 하나로 하는 것이 당연했습니다. 아울러 진시황은 전국에 '치도(馳道)'라는 도로를 만들었습니다. 치도의 폭은 50보(步)였습니다. 그것을 3차선으로 나눠 가운데로 진시황제의 수레가 다니게 했으며, 3장(丈)마다(당시의 1장은 2.25미터이며 3장은 6~7미터) 가로수(대부분 소나무)를 심었습니다.

그리고 대규모 토목사업을 벌였으니 만리장성, 아방

궁, 진시황릉 등이 그것입니다. 기원전 214년 진시황의 명을 받아 장군 몽염이 축조한 판축토성(높이 2.5~3미터)이 지금의 내몽골 포두시 고양현에 남아 있습니다.

진시황의 공과를 따질 때 가장 먼저 떠오르는 진시황릉 건설은 진시황이 진왕으로 즉위하던 원년(기원전 246년)부터 시작된 것으로 당시 그의 나이 14세 때였습니다. 왜 그토록 이른 나이에 황릉 건설을 서두른 것일까요? 진시황의 할아버지 효문왕, 아버지 장양왕은 즉위 후 각각 사흘과 3년 안에 서거하는 비운을 맞았고 이를 보면서 진시황 역시 죽음의 공포로부터 결코 자유롭지 못했던 것입니다.

한편 그의 치수(治水)사업은 높이 평가받습니다. 전국시대 말기 한(韓)나라의 첩자 정국(鄭國)이 진왕에게 관개시설 공사를 추진하도록 부추겼는데, 이는 대규모 인력이 동원되는 관개시설 공사가 진나라의 군사력을 약화시킬 것이라고 예상한 술책이었습니다. 그래서 만들어진 것이 정국거(鄭國渠)입니다(기원전 246~237년). 하지만 '정국거'는 가뭄이나 홍수로 인한 흉년을 없애 관중의 땅을 기름지게 하고 진나라를 망하게 하기보다 오히려 부강하게 했습니다. 따라서 이는 결국 진시황의 업적이 된 것입니다.

전국통일 후 진시황은 중국 역사상 최초의 황제가 되어 '시황제(始皇帝)'라 칭하고 이후부터 2세, 3세, 그리고 만세(萬世)까지 무궁하게 황제 자리를 전하겠다고 천명했습니다. 진시황은 태황의 태(泰)를 떼어내고 황(皇)만을 취하고 삼황오제(三皇五帝, 중국 고대의 전설적 제왕)의 오제에서 제(帝)를 택해서 '황제'로 칭하기로 했던 것입니다. 따라서 '황제'라는 말에는 진시황 자신이 삼황오제의 덕을 겸비한다는 뜻도 포함되어 있었습니다.

하지만 진시황은 결국 잔혹한 폭군이었습니다. 진시황은 양아버지 노애를 거열형으로 죽이고 생부 여불위를 자살하게 만들었으며 분서갱유(焚書坑儒)로 책을 불사르고 유림을 몰살했습니다. 대규모 토목사업을 일으켜 백성들의 원성이 거리에 가득했습니다. 사람들은 "그의 고기를 씹어먹지 못하고 그의 껍데기를 덮고 자지 못해서 원통하다"고 할 정도였습니다.

바람처럼 사라진 진시황, 진제국

우리에게 잘 알려져 있는 진시황의 유명한 분서갱유 사건, 그것은 단지 책을 불사른 일회적 사건이 아닙니다. 기원전 213년 유생들이 철저한 군현제 시행을 반대하고 봉건제 부활을 주장하자 승상 이사(李斯)가 유생들의 정치비판을 본원적으로 봉쇄하기 위해 《진기(秦紀)》 이외의 사서는 모두 불태우고 시(詩), 서(書), 백가어(百家語)를 수장한 자는 30일 이내에 모두 관에 신고해 불태우도록 건의하자 시황제가 이를 재가합니다. 이것이 분서(焚書)입니다.

진시황은 전국통일 이듬해인 기원전 220년부터 죽음을 맞은 기원전 210년까지 10년 동안 5회에 걸쳐 순유(巡

遊)를 실시합니다. 이것은 처음에는 통일의 위업을 선전하고 조상신과 하늘신에 대한 제사를 모시기 위한 것이었지만 뒤에는 자신의 장생불사 묘약을 찾기 위한 행사로 바뀝니다.

기원전 219년에도 진시황은 수도 함양을 떠나 순유에 나섭니다. 주목적은 태산(泰山)에서의 봉선(封禪)의식이었지만 진심은 역시 불로장생하는 신선의 존재를 확인하고 불로장생의 신묘한 약을 얻기 위함이었습니다. 하지만 불로장생의 묘약을 얻도록 해주겠다는 서복(徐福)이란 일개 유생의 감언이설에 농락당한 후 진시황은 배신감에 분노를 삭이지 못해 여산 골짜기 온곡으로 수박잔치를 벌인다며 유생 460여 명을 불렀습니다. 그리고 그들을 몽땅 골짜기로 유인한 후 병사들로 하여금 흙을 부어 골짜기를 메우도록 명합니다. 이것이 갱유(坑儒)입니다.

진시황은 기원전 210년 다섯 번째 순행 도중 사구(沙丘)에서 병을 얻어 죽습니다. 사구는 은나라의 마지막 왕 주왕이 술을 가득 채워 못을 만들고 고기를 가지에 걸어 숲을 만들며 그 사이로 남녀를 벌거벗겨 거닐게 했다는 주지육림(酒池肉林) 고사가 만들어진 곳입니다. 진시황은 하필이면 그곳에서 죽습니다. 이로써 장생불사의 꿈은 물거품이 되고 만세를 칭하려던 시황제의 꿈은 겨우 다음 대에 끊어지고 맙니다.

진시황이란 상징적 존재가 사라지자 제국의 근간을

이뤘던 제도와 규범이 무너졌습니다. 그동안 전쟁에 억눌렸던 민중이 불만을 터뜨리며 폭발하면서 진제국은 순식간에 중심을 잃고 사분오열했습니다. 결국 진(秦)은 통일제국의 완성을 이룬 지 불과 15년 만에 무너지고 만 것입니다.

세속의 사람인 이상 진시황의 몸뚱이는 유한할 수밖에 없습니다. 팔방에 떨친 기상도 가는 세월과 함께 안개처럼 사라졌습니다. 평생을 바쳐 이룩한 대제국 역시 세월이 흐르면서 연기처럼 사라졌습니다. 모두 바람처럼 사라진 것입니다.

무한 상상력
자극하는
진시황릉,
병마용

중국 능묘사(史)에서 가장 유명한 능은 역시 진시황릉입니다. 위압적인 규모와 전설처럼 전해지는 지하궁의 모습은 지금도 사람들의 무한한 상상력을 자극하고 있습니다. 능묘 안에는 토용으로 만든 수많은 문무백관과 갖가지 진귀한 보물이 함께 매장돼 진시황은 죽어서도 살아 있을 때처럼 황제 지위를 유지할 수 있었습니다.

더욱이 이 능묘는 외부 침입을 막기 위한 갖가지 보안장치가 설치돼 불순한 의도를 가지고 접근하려는 자가 있다면 순식간에 화살로 온몸을 관통당하게 되어 있습니다. 특히 이 지하궁전에는 수은을 이용해 인공으로 강과 호수는 물론 바다까지 만들어놓았습니다. 천장에는 하늘의 별자리를 새겨넣었고 바닥에는 산이며 강, 계곡까지 지상의 모습 그대로를 구현해놓았습니다.

이렇듯 사람들의 무한 상상력을 자극하는 진시황릉은 시안(西安)에서 36킬로미터 떨어진 산시성 임동현 동쪽에 자리잡고 있습니다. 남으로는 여산(驪山)을 등지고 북으로는 위수(渭水)에 임하여 수려한 풍광과 웅장한 기세를 자랑합니다. 진시황릉은 72만 명의 백성을 동원해 36년에 걸쳐 지어졌습니다. 이집트 쿠푸왕의 피라미드보다 건설 기간이 7년이 더 길고 참여인력도 여덟 배나 많은 중국 역대 황릉 중 최대 규모의 공사입니다.

진시황이 죽자 진 2세 호해는 아직 다 자라지도 않은 황궁 내의 모든 궁녀를 순장토록 명했습니다. 비밀이 누설되는 것을 막기 위해 능묘 조성에 참여한 기술자까지 모조리 생매장했다고 합니다. 진시황릉은 함양의 아방궁과 함께 진시황이 세운 진나라의 상징이자 폭정의 증거로 두고 두고 비판의 대상이 돼왔습니다. 항우는 진의 수도 함양에 입성한 후 진 왕조의 잔재를 청산한다는 명목으로 아방궁을 불태웠지만 진시황릉은 아직 발굴조차 되지 않은 채 온존해 있습니다.

그리고 세계 8대 불가사의 중 하나인 진시황 병마용. 진흙으로 실제와 거의 흡사하게 병사와 말 모형을 빚어 불에 구워낸 뒤 청동제 무기로 완전군장을 시킨 수천 개의 병마용은 지난 세기 고고학계의 가장 큰 발견 성과 중 하나입니다. 지하에 2000년 넘게 묻혀 있던 이 기세당당한 병마용은 진시황의 강력한 군대를 그대로 축소해놓은 것이었습니다. 진용(秦俑)의 조형과 제작기술은 중국은 물론 세계 조각계의 진귀한 보물이며 찬란한 중국 고대 문명의 상징입니다.

진시황의 병마용에는 진군(秦軍)이 주류입니다. 하지만 진시황이 통일했던 전국시대 나머지 6개국의 문화적, 군사적 특색을 엿볼 수 있는 병마용도 함께 있습니다. 이것은 전국을 통일한 진시황이 병마용에도 '여럿에서 하나됨'의 가치를 표현하려 했던 것이라고 추측됩니다. 결국 병마용에 구현된 정신이 바로 '여럿에서 하나로 된 진'이라 할 것입니다. 일찍이 이런 가치를 주창한 진시황의 생각은 실로 '트이고 열린' 것이라 하겠습니다.

또한 진시황의 병마용은 그 형태가 모두 제각각입니다. 얼굴모양과 표정, 갑옷형태, 들고 있는 무기까지 저마다 다른 모양인 것입니다. 병마용의 가장 큰 가치는 바로 이러한 차이에서 나옵니다. 이러한 차이 때문에 각각의 진용은 그 표정과 자세가 살아 숨 쉬는 듯 생동감이 넘칩니다. 만약 모두 찍어낸 듯 같았다면 그 위용이 아무리 거대하다 해도 이토록 경이롭지는 못했을 것입니다.

그런데 진시황의 병마용은 사실상 그 무엇보다도 '불안'의 창안물이라 할 수 있습니다. 자신의 사후세계를 어떻게 하면 지켜낼 수 있을까 하는 불안의 강박관념이야말로 병마용을 만든 진짜 동력이었습니다. 하지만 그 병마

용은 아무것도 지킬 수 없었습니다. 그것은 단지 불안의
무덤일 뿐입니다.

**지금이
할 때이고,
그때는
다시없는 법**

장안으로 더 잘 알려진 시안은 중국에서 흥망성쇠를 거듭
했던 여러 왕조들 가운데 자그마치 13개 왕조가 수도로 삼
았던 곳입니다. 특히 중국이 가장 강성했던 한당성세(漢唐
盛世) 시절의 수도가 바로 장안, 지금의 시안이며 그곳은
실크로드의 출발지이기도 합니다. 그 시안의 한복판에 명
태조 주원장이 다시 쌓은 장안성이 자리잡고 있습니다.

영화 〈ET〉를 보면 자전거를 타고 하늘을 나는 장면
이 나옵니다. 그렇듯 실제로 장안성곽 위를 자전거를 타고
달리면 마치 하늘을 나는 것 같습니다. 그도 그럴 것이 높
이가 12미터나 되는 성곽 위에 폭 12~14미터의 벽돌로 포
장된 길이 직사각형 형태로 총 13.7킬로미터나 깔려 있으
니 그 위를 자전거를 타고 질주한다고 생각해보십시오. 정
말이지 하늘을 나는 느낌이 들지 않겠습니까?

언젠가 2인용 자전거 뒷자리에 어린 딸을 앉히고 거
칠 것 없이 탁 트인 그 장안 성곽 위를 지그재그로 신나게
질주했던 일이 있습니다. 그때 혼자 생각했습니다. "만약
딸이 좀 더 크고 내가 좀 더 나이 들면 그래도 이렇게 달릴
수 있을까?" 아닙니다. 오직 지금입니다. 지금이 아니면
할 수 없는 겁니다. 나중은 없습니다. 나중으로 미루는 그
순간, 그 나중은 실종되고 미래는 사라지고 맙니다. 그래

서 지금이 바로 할 때입니다.

　진시황은 죽어서도 자신의 모든 것을 움켜쥐고 지키려 했습니다. 그러나 그 끝이 어떠했습니까? 진시황이 오늘을 사는 우리에게 던져주는 회한의 메시지는 바로 이것입니다. "애써 움켜쥐지 마라. 삶은 어차피 바람 같은 것. 쥐었다고 생각할 때 이미 그것은 없다! 그러니 너무 안달하지 말자. 조금 여유로워지자. 조금 대범하자. 너무 집착하지 말자. 어차피 영원히 쥐고 갈 순 없지 않은가."

　진시황을 통해 우리가 역설적으로 얻어내야 할 것은 바로 지금의 소중함입니다. '즉시현금 갱무시절(卽時現今更無時節)'이라, 지금이 할 때이고 그때는 다시없는 법이라는 '지금 이 순간'을 향한 열정이 정말 소중합니다. 지금 이 순간의 행함이 미래라는 기적을 만들 테니까요.

대니 메이어 이

정화 신중현 이

루치아노 베네통

크레이그 배릿

프랭크 윌리엄

공병우 진창현

파격과 혁신,
그 숭고한 자유의 삶

어제와 다른 오늘을 기획하다

나의 성공 비결은 도전과 배려

'미식가들의 바이블'이라 불리는 세계적인 외식 가이드 〈자갓 서베이(Zagat Survey)〉는 2005년부터 2007년까지 3년 연속, '그래머시 태번'과 '유니언스퀘어 카페'를 각각 뉴욕 최고의 레스토랑 1위, 2위로 선정했습니다. 그런데 이 두 레스토랑의 공통점을 아십니까? 바로 모두 대니 메이어(Danny Meyer)가 경영하는 레스토랑이란 사실입니다. 세계적인 레스토랑이 즐비한 뉴욕은 미식가들에게는 천국 같은 곳이지만 레스토랑 경영자들에게는 지옥과도 같은 치열한 격전지입니다. 그 격전지에서 대니 메이어는 살아 있는 '전설'입니다.

1985년 불과 27세 나이로 뉴욕 변두리에 유니언스퀘어 카페를 오픈한 후 대니 메이어는 레스토랑 네 곳, 바비큐 전문점, 재즈 클럽, 핫도그를 파는 야외 매점, 카페 그리고 고급 출장연회업체를 차례로 성공시켰습니다. 그는 2004년에는 모마(MOMA) 즉 뉴욕 현대미술관에 레스토랑 '더 모던'을 오픈해 현재 11개의 레스토 랑에 1500여 명의 직원들을 거느린 뉴욕 최고의 외식그룹 CEO 로 성장했습니다. 실제로 〈자갓 서베이〉가 꼽은 '뉴욕 최고 맛집' 목록에서 최상위 식당 18곳 중 다섯 곳이 대니 메이어가 운영하는 집입니다. 특색 있는 레스토랑을 도전적으로 오픈해 〈자갓 서베 이〉, 〈뉴욕타임스〉 등 영향력 있는 잡지와 언론의 주목을 받은 그 는 2005년에는 최고의 레스토랑 경영자에게 주는 제임스 비어드 상을 수상하기도 했습니다.

대니 메이어는 미국 중부의 미주리 주 세인트 루이스 출신입 니다. 외할아버지는 예일대학교를 나온 갑부였고, 할아버지와 아 버지는 대를 이어 프린스턴 대학을 졸업한 엘리트였습니다. 여행 사와 호텔을 운영한 아버지는 매년 아내와 세 아이를 이끌고 유럽 을 돌았으며 집은 각지에서 온 손님들로 늘 북적거렸습니다. 특히 메이어 가문은 전통적인 식도락가 집안이었습니다. 집에서 키우 는 개 이름도 프랑스 프로방스 지방의 토속 요리 이름을 따서 '라 타투이'라고 지었을 정도입니다. 대니 메이어는 코네티컷 주 트리 니티 칼리지를 졸업한 후 한때 도난방지 장치를 만드는 중소기업 에 취직해 영업사원으로 승승장구하기도 했습니다. 80년대 초반 에 본봉과 성과급을 합쳐서 연봉 12만 5000달러(약 1억 4000만 원) 를 받았을 정도였습니다. 하지만 늘 속으로는 과연 자신이 평생의 업을 제대로 찾았는지 확신이 없었습니다.

그러던 중 1983년 회사에서 런던 지사에 자신을 발령냈을 때, 대니 메이어는 미련 없이 사표를 냈습니다. 처음에는 로스쿨에 가려고 했지만 로스쿨 입학시험 바로 전날, "평생 동안 하고 싶은 일을 찾으라"는 외삼촌의 말 한마디에 어릴 때부터 너무나 익숙하게 즐겼던 음식과 식당 일에 인생을 걸기로 마음먹었습니다. 대니 메이어는 뉴욕의 한 식당에서 8개월간 주방 보조로 일한 뒤 훌쩍 유럽으로 떠나 100일간 이탈리아와 프랑스의 맛집을 순례한 뒤, 1985년 첫 식당 '유니언스퀘어 카페'를 차렸던 겁니다. 인테리어는 소박하게, 서비스는 일류로, 음식은 고급스럽게 냈습니다. 하지만 "다른 욕은 다 먹어도 '비싸다'는 욕만은 먹지 않겠다"고 각오하고 음식값을 아주 싸게 받았습니다.

대니 메이어는 첫 식당을 낸 지 9년 뒤, 조심스레 두 번째 식당을 냈습니다. 이번에는 고급스런 정통 프랑스 레스토랑이었습니다. 도전은 성공이었습니다. 그 후 대니 메이어의 행보는 조금씩 빨라지기 시작해 세 번째, 네 번째, 다섯 번째 식당이 뒤를 이었습니다. 하지만 그는 한 가지 종목에서 성공한 뒤 분점을 여러 개 내는 방식이 아니라 동네 식당에 이어 프랑스 식당을 내고, 프랑스 식당에 이어 인도 요릿집을 내고, 그 후속타로 미국 중서부식 바비큐 전문점과 미술관 카페를 여는 등 매번 새로운 도전을 했습니다. 그래서 그가 문을 연 식당들은 모두 성격이 다릅니다. 하지만 그의 식당은 모두 달라도 그가 성공한 비결은 하나였습니다. 바로 '배려(hospitality)의 힘' 덕분이었습니다.

한번은 인도 요릿집 '타블라(Tabla)'에 온 손님이 "택시에 휴대폰과 지갑을 두고 내렸다"며 어쩔 줄 몰라 하자 메이어는 "돈은 나중에 내도 되니 걱정 말고 식사부터 하시라"고 손님을 안심시킨 후 직원에게 일러 예약받을 때 받아둔 손님 휴대폰 번호로 계속 전화를 걸게 했습니다. 마침내 그 휴대폰이 떨어뜨려져 있는 택시의 운전사와 연결되자 직원은 부리나케 30분 이상 떨어진 브롱스까지 택시를 타고 달려가 손님의 지갑과 휴대폰을 가지고 돌아왔던 겁니다. 물론 그러고 나서 그 손님에게 '짠!' 하고 지갑과 휴대폰을 내밀었던 것이죠. 비록 왕복 택시비로 30달러를 썼지만, 그 손님은 그 뒤 '타블라의 움직이는 광고판'이 되었음은 물론입니다. 만나는 사람마다 대니 메이어의 정성어린 배려를 칭찬했기 때문입니다. 대니 메이어는 식당에서 음식만 판 것이 아니라 진정으로 배려하는 마음을 판 것입니다.

대니 메이어의 배려정신은 거기서 그치는 것이 아닙니다. 야외 매점 '셰이크'에서 2500원짜리 핫도그를 사먹는 손님도 프랑스 식당 '그래머시 태번'의 고급 단골손님처럼 환대합니다. 또 붐비는 시간에 혼자 밥 먹으러 와서 독상을 받는 손님을 구박하지 않고 오히려 귀빈 대접을 해서 다음에는 다른 사람들을 데려오게 만들었습니다. 심지어 맛없는 요리는 아예 돈을 받지 않았고, 실수로 직원이 손님 옷에 음식을 쏟으면 즉시 초고속 드라이클리닝 가게로 뛰어갔습니다. 그런데 식당종업원이 실수를 아무리 사과해도 손님이 계속 신경질을 내면 어떻게 해야 할까요? "또 다시 한 번 허리를 꺾으라!"는 것이 대니 메이어의 지론입니다.

대니 메이어는 요식업계의 거물이 된 지금도 초년병 시절처럼 일합니다. 그는 하루 평균 다섯 곳 이상 자기 식당을 돌며 단골

손님들과 인사하고, 식당 운영 상태를 살피며, 오래된 친구들과 특별한 손님들에게 일일이 전화를 겁니다. 대니 메이어는 제2의 대니 메이어를 꿈꾸는 사람들에게 이렇게 충고합니다. 첫째, 맛집 기자가 냉정한 평을 쓰면, 오히려 "더 나아질 도전의 기회를 줬다"고 생각할 것. 둘째, 직원을 뽑을 때 서비스 숙달도는 49퍼센트만 보고, 천성적으로 친절하고 발랄하며 배려할 줄 아는 감성적 재능을 51퍼센트 볼 것. 결국 그가 뉴욕의 전설이 될 수 있었던 것은 도전과 배려 덕분이었던 겁니다. 그리고 그것이 레스토랑 업계의 '미다스의 손'을 만든 기적의 숨은 비결이었습니다.

통합과 창조, 그 일상의 혁명가

20세기의 패션 아이콘으로 특히 여성복에 혁명을 가져온 패션디자이너 이브 생 로랑(Yves Saint-Laurent)은 '시인의 외모'와 '자유로운 영혼'을 지닌 디자이너였습니다. 1936년 알제리의 오란에서 태어난 이브 생 로랑의 본명은 이브 앙리 매튜 생 로랑입니다. 보험회사 간부인 아버지와 열렬한 패션 애호가로서 아들의 재능에 결정적 영향을 미친 어머니 사이에서 장남으로 태어난 이브 생 로랑은 책 읽기를 좋아하는 내성적인 소년이었습니다. 그리고 책을 읽지 않을 때는 두 명의 여동생에게 인형 옷을 만들어주었을 정도로 자상한 오빠이기도 했습니다. 물론 이브 생 로랑은 12세 때 이미 어머니와 동생들 앞에서 자신만의 패션쇼를 열었을 만큼 일찌감치 패션에 대한 재능을 드러냈습니다.

1953년 17세의 이브 생 로랑은 부모의 곁을 떠나 파리로 향했습니다. 파리로 온 이브 생 로랑은 이듬해인 18세에 프랑스 〈보그〉의 아트 디렉터 미셸 드 브룬호프의 권유로 국제양모사무국이 주최한 디자인콘테스트에 출전해 드레스 부문 1등을 차지했습니다. 이를 계기로 이브 생 로랑은 심사위원으로 참석했던 당대의 최고 거장 크리스찬 디올과 운명적인 만남을 가진 후 그의 조수로 채용되어 패션계에 입문했습니다. 그 후 이브 생 로랑은 1957년 크리스찬 디올이 갑작스레 세상을 뜨자 그의 뒤를 이어 크리스찬 디올사의 디자인을 책임맡게 됩니다.

하루아침에 크리스찬 디올의 후계자가 된 21세의 수줍음 많은 청년 이브 생 로랑에 대해 프랑스 패션계는 반신반의했습니다. 하지만 그것은 기우였습니다. 오히려 "스물한 살짜리 청년 덕분에 파리를 대표하는 오뜨 꾸뛰르 하우스가 더 젊고, 더 활기찬 모습으로 다시 태어났다"고 언론이 입을 모을 정도였습니다. 그가 내놓은 컬렉션은 언제나 논란의 중심에 있었고 크리스찬 디올의 매출은 꾸준히 증가했습니다.

하지만 이브 생 로랑은 군입대로 크리스찬 디올사를 떠나지 않을 수 없었습니다. 이브 생 로랑은 1960년 프랑스 군대에 징집된 후 훈련소에서 보름 남짓 지내던 중 심한 스트레스로 인한 신경쇠약 증세가 악화되면서 징집에서 해제됩니다. 하지만 그는 크리스찬 디올로 돌아갈 수 없었습니다. 이미 크리스찬 디올의 후계자 자리가 마크 보한에게 넘어간 상태였기 때문입니다.

결국 이브 생 로랑은 24세 되던 1962년 자신의 이름으로 브랜드숍을 열었습니다. 하지만 초반엔 경영면에서 고전을 면치 못하다가 평생의 파트너 피에르 베르주의 도움으로 기사회생해 그 후 이브 생 로랑은 승승장구하게 됩니다. 특히 1966년 가을겨울 시즌을 겨냥해 디자인된 '르 스모킹' 라인은 남성용 턱시도를 여성용으로 변형한 것으로 이 룩은 남성 복식과 여성 복식의 구분이 확연하던 당시로서는 '혁명'이나 마찬가지였습니다. "샤넬이 여성들을 해방시켰다면, 이브 생 로랑은 여성들에게 권력을 주었다." 이브 생 로랑이 여성 패션에 수트를 도입한 까닭에 패션 평론가들이 붙여준 이와 같은 명성은 지금까지도 유효합니다.

그밖에도 이브 생 로랑은 아프리카 수렵 복장으로 여겨지던 사파리 재킷을 패션 아이템으로 변형시켰고, '싸구려'로 치부되던 히피 룩을 하이패션으로 승화시켜 패션과 예술 사이의 경계를 허물고, 그 둘의 성공적 결합 가능성을 보여주었습니다. 특히 어머니가 건네준 몬드리안 화보집에서 영감을 얻어 디자인했던 '몬드리안룩'은 미술과 패션을 성공적으로 결합시킨 20세기 패션사에서 가장 혁신적인 의상 중 하나로 손꼽힙니다.

중심 소비 계층이 40대 귀부인에서 20대 젊은이로 넘어갈 것을 남들보다 한발 앞서 예감한 이브 생 로랑은 젊은이들의 패션에 늘 관심을 기울였는데, 그 결과물의 하나로 디자이너로서는 처음으로 청바지를 내놓기도 했습니다. 아울러 젊은 세대를 위한 라인 '이브 생 로랑 리브 고쉬'를 만들어 젊은이들도 꾸뛰리에가 만든 완성도 높은 의상을 즐길 수 있도록 했던 겁니다.

그러나 대체로 천재의 삶이 그렇듯 이브 생 로랑의 삶도 그다지 행복하지만은 않았습니다. 그는 언제나 피로한 천재였습니다. 21세에 디올의 후계자가 된 후 지속적으로 쏟아진 세간의 관심은 심약한 그에게 엄청난 스트레스로 다가왔고, 그 때문에 적지 않은 시간을 신경쇠약을 치료하기 위해 병원에서 보내야만 했습니다. 그래서일까요? 2002년 자신의 레이블을 구찌 그룹에 넘기고 패션계를 떠나면서 이브 생 로랑은 "그 어느 때보다 지금 행복을 느낀다. 늘 새로운 룩을 발표하던 시기가 그립기는 하겠지만 은퇴가 고통스럽거나 괴롭지는 않다"고 말했던 것인지 모릅니다. 그만큼 최고의 패션디자이너 이브 생 로랑의 이름에 따르는 창조의 고통과 스트레스는 그 이상으로 컸던 겁니다.

이브 생 로랑은 천재적 디자인으로 레지옹 도뇌르 훈장 등 수많은 상과 찬사, 명예를 안았던 당대 최고의 디자이너였습니다. 하지만 분명히 말해서 이브 생 로랑은 뛰어난 디자이너 그 이상이었습니다. 그는 비범한 재능을 타고난 천재이기 전에 자신의 재능과 능력을 극한까지 끌어올리기 위해 한평생 스스로 고독한 사투를 벌이다 간 투사였고, 여성의 옷 입는 방식과 패션을 둘러싼 고정관념을 변화시킨 일상의 혁명가였습니다. 그는 젊음과 우아함, 길거리 패션과 오뜨 꾸뛰르, 자유와 정숙함, 그리고 패션과 예술이 각기 서로를 배척하는 요소가 아니고 성공적으로 결합할 수 있음을 보여준 진정한 통합과 창조의 인물이었던 겁니다. 정말이지 그를 통해 패션은 더욱 젊어지고 자유스러워졌으며 예술이 되었습니다. 이브 생 로랑은 그 자체로 패션의 기적이었던 겁니다.

닫히면 죽고 열리면 산다

전통적인 대륙국가 중국이 해양국가로 변신한다면 어떻게 될까요? 아마도 중국의 잠재력에 비춰볼 때 그 자체로 세계사적인 변화가 일지 않을까 생각됩니다. 중국은 수 천년 동안 대륙 안에 갇힌 국가였습니다. 하지만 중국 역사에서 아주 예외적으로 해양으로 나섰던 시기가 있으니 바로 환관 정화(鄭和)가 명나라 초기에 영락제(永樂帝)의 명을 좇아 1405년부터 1433년까지 28년 동안 7회에 걸쳐 대선단을 이끌고 동남아시아에서 동아프리카에 이르는 30여 개국을 찾아나섰던 남해대원정이 바로 그것입니다.

중국 국무원은 2005년 7월 11일(음력 6월 15일)을 '정화의 남해대원정 600주년 기념일'로 선포하고 베이징 인민대회당에서 대대적인 기념식을 가졌습니다. 이날 황쥐 부총리는 경축사를 통해 "중국은 육상대국이자 해양대국"이라고 천명했습니다. 베이징 국가박물관에서는 4개월에 걸쳐 '대원정 전시회'를 열었고, 상하이에서는 국제해양박람회를 펼쳤습니다. 또 정화의 대함대가 출항의 닻을 올렸던 장쑤(江蘇)성 타이창(太倉)에선 '정화, 항해의 날' 행사가 열렸습니다. 아울러 전4권의 《정화 남해원정 기념총서》를 발간하고 정화 기념우표도 발행했습니다. 이처럼 중국이 정화를 대대적으로 기념하고 나선 데는 해양강국으로 발돋움하려는 중국 정부의 의지가 담겨 있습니다.

기록에 따르면 정화는 이슬람계 후손인 윈난성 사람으로 키가 7자(약 2.1미터)의 거구였다고 합니다. 명나라의 3대 황제인 영락제가 즉위하기 전 그의 환관으로 들어간 정화는 영락제의 황위

쟁탈전을 도와 그의 신임을 얻었습니다. 그런데 당시 중앙아시아 지역에는 이슬람교를 신봉하는 투르크족들이 세운 티무르제국이 강성해져 육로 비단길을 차단하고 있었기 때문에 영락제는 정화에게 서역으로 가는 바닷길을 새로 개척하도록 명했던 겁니다. 물론 혹자는 조카를 내쫓고 쿠데타로 황제에 오른 영락제가 축출된 건문제(建文帝)의 행방을 쫓기 위해서 시작한 것이 정화의 대원정이라는 견해를 펼치기도 합니다. 건문제가 죽지 않고 중국 남해안으로 도주했다는 속설을 믿고 영락제가 환관 정화를 시켜 그를 찾도록 명했다는 겁니다. 하지만 "세상 끝의 국가도 조공을 바치게 하라"는 영락제의 지시에 따라 정화의 남해대원정이 이뤄졌다는 주장이 보다 일반적인 견해입니다.

그 출발 배경이 어찌되었든, 정화는 62척의 배로 선단을 구성해 2만 7000여 명의 선원, 군인, 상인, 통역, 의사 등을 태우고 1405년 남해 원정에 나섰습니다. 이후 1433년까지 28년 동안 그는 모두 일곱 차례에 걸쳐 대항해를 하면서 '바다의 비단길'을 개척했던 겁니다. 1차 원정에서 3차 원정 때까지는 말라카해협을 거쳐 인도의 캘리컷까지 항해했고, 4차 원정에서 7차 원정 때는 페르시아만에 연한 호르무즈에 본대를 진주시킨 뒤 별동대를 더 서쪽으로 보내 아프리카 동부 해안까지 탐사하고 돌아왔습니다. 결국 정화의 남해원정대는 베트남, 타이, 인도네시아, 인도, 페르시아, 아프리카 일대의 30여 지역과 국가를 방문한 뒤 명나라와 '조공 무역' 관계를 맺도록 설득했고 귀국하는 길에는 이들 나라들의 사신들의 배와 동행하기도 했습니다.

이런 남해대원정의 결과, 명나라의 국위는 크게 선양되었고 무역상의 실리도 적지 않았습니다. 더불어 화교들이 동남아시아에 퍼지는 계기가 되었습니다. 더구나 이 원정은 1498년 포르투갈의 바스코 다 가마가 희망봉을 감아돌아 인도양에 진출한 것보다 90여 년 앞선 것이었습니다.

심지어 영국 해군의 퇴역 장교 출신인 개빈 멘지스는 지난 2002년 출판한 《1421년, 중국이 세계를 발견한 해》라는 저서를 통해 정화가 콜럼버스에 앞서 1421년에 이미 아메리카 대륙을 발견했다고 주장해 세간의 화제를 모았습니다. 이 주장이 사실이라면 콜럼버스의 아메리카 발견이 1492년이니 이보다 70여 년 빠른 셈입니다. 멘지스는 14년간의 조사를 통해 콜럼버스의 항해 이전에 아메리카 대륙의 존재를 확인해주는 항해 지도가 있었고 아메리카 대륙에서 중국 선박의 잔해가 존재한다는 등의 이유를 들었고 심지어 정화가 사상 처음으로 세계일주 항해를 했다고 말하기까지 합니다.

하지만 정작 중국인들에게서 정화는 지난 600년 동안 잊혀진 존재였습니다. 그나마 청말의 개혁가였던 량치차오(梁啓超)가 정화를 역사 속 박제상태에서 현실로 끌어내었고 1980년대엔 덩샤오핑이 개혁개방에 힘을 불어넣기 위해 바다로, 세계로 나아갔던 정화를 되살려보려 했지만 모두 일시적이었습니다. 그러나 오늘의 중국은 다릅니다. "한 조각의 널빤지도 바다에 들어가서는 안 된다"던 명ㆍ청시대의 엄격한 해금(海禁) 정책이 중국을 망하게 했다면, "중국의 미래는 세계로 나아가고 바다로 나아가는 데 있다"

는 후진타오 시대의 중국은 무서운 속도로 일어나서 달리고 있습니다. 그 질풍노도와 같은 전진의 한가운데 서 있는 상징적 인물이 바로 정화입니다.

600여 년 전 대선단을 이끌고 남해대원정을 30여 년 동안 일곱 차례나 수행했던 환관 정화. 그야말로 중국을 넘어서서 세계로 미래로 나아간 해양영웅 정화. 다시 부활한 정화야말로 "닫힌 것은 죽지만 열린 것은 산다"는 진리를 역사 속에서 웅변해주고 있는 해양영웅 아니겠습니까? 결국 정화의 대항해·대원정은 세계의 실체를 드러낸 '기적의 항해'였던 겁니다.

삶을 '차이'의 전설로 만들다

"어디, 엽전 맛 좀 봐라"

"한국 '록의 전설' 신중현이 대철·윤철·석철 세 아들과 함께 음반 작업을 하고 있다." 지난 2006년 은퇴공연을 갖고 무대를 떠났던 신중현 씨가 당시 70세를 앞둔 나이에 그의 세 아들과 함께 자신의 히트곡을 직접 노래하며 음반작업을 새로 하고 있다는 신문기사를 접했을 때 왠지 모를 전율 같은 것을 느꼈습니다. 그것은 "노병은 사라질 뿐 결코 죽지 않는다"는 맥아더의 퇴임연설이 던지는 느낌과 다를 바 없었던 겁니다.

지난 2006년 11월 4일자 〈뉴욕타임스〉는 한 면 전체를 할애해 "한국 록의 대부, 돌아오다"라는 기사를 실었습니다. 당시 〈뉴욕타임스〉는 신중현을 비틀스나 지미 헨드릭스와 같은 반열에 오르기에 충분한 대중음악의 거장으로 소개했습니다. 그도 그럴 것이 비틀스가 미국에서 첫 히트앨범을 냈던 1964년에 신중현 역시 한국 최초의 록 밴드인 '애드 포(Add 4)'를 결성했고 그의 음악성 역시 놀랍게도 당대의 세계 어디에 내놓아도 꿇릴 것 없을 정도로 탁월했기 때문입니다.

신중현은 1938년 11월 4일 서울에서 태어났습니다. 11세 때 부모를 잃은 그였지만 온갖 굳은 일을 마다하지 않으면서 모은 돈으로 바이올린을 구입해 연습했습니다. 하지만 오래가지 않아 포기하고 말았습니다. 자신에게 맞지 않았던 겁니다. 그 후 우연히 친구의 도움으로 전자기타를 손에 넣은 신중현은 기타교본을 하나 놓고 순전히 독학으로 기타를 공부하기 시작했습니다. 이번에는 포기하기는커녕 신이 났습니다. 16세 때 일이었습니다.

전자기타에 미치기 시작한 신중현은 17세 되던 1955년 '재키 신'이란 이름으로 미 8군 무대에 처음 서게 되었습니다. 여기에서 그는 미군들의 기호에 맞추어 재즈, 스탠더드 팝, 록 음악 등을 연주하며 이후 5년간 미 8군의 톱스타로 큰 인기를 누렸습니다. 아울러 그 시절 역시 미 8군 무대에서 최초의 여성 드러머로 활약한 명정강 씨와 만나 결혼하게 되었습니다.

그 후 신중현은 1963년경 한국 최초의 로큰롤 밴드인 '애드 포'를 결성했는데, 이 그룹은 기타 · 보컬 · 베이스 · 드럼이라는 로큰롤 밴드의 전형적인 구성을 갖추고 있었습니다. 그 뒤 신중현은 1964년 '빗속의 여인', '커피 한 잔' 등 새롭고 전위적인 사운드의 노래들이 실린 데뷔앨범을 발표했습니다. 그것은 트로트 일색이던 당시 우리 대중음악계에 새롭고도 신선한 충격이 아닐 수 없었습니다.

애드 포에 이어 신중현은 계속해서 조커스, 덩키스, 퀘스천스 등의 그룹을 조직해 활동하면서 '그룹사운드'를 우리 땅에 정착시키고 로큰롤의 리듬과 한국적인 리듬을 결합시킨 독특한 사운드를 개척해 나갔습니다.

한편, 1968년에는 펄시스터스에게 '님아', '떠나야 할 그 사람' 등의 곡을 주고, 김추자에게 '월남에서 돌아온 김상사'를 작곡해주면서 이후 장미화·장현·박인수 등 여러 가수들에게도 노래를 만들어주었습니다. 1960년대 말에는 당시 세계적으로 유행했던 사이키델릭 록에 심취하여, '봄비', '꽃잎' 등 사이키델릭 스타일의 곡들을 선보이기도 했습니다.

1973년에는 신중현(기타, 보컬), 이남이(베이스), 권용남(드럼)으로 구성된 3인조 밴드 '신중현과 엽전들'을 결성하여 넉 장의 앨범을 발표하면서 한국적 록 사운드가 담긴 대표작들을 남겼습니다. 이 중에서도 '미인'이라는 노래가 실려 있는 1집은 명반으로 꼽힙니다. '신중현과 엽전들'이란 밴드 이름은 일부러 한국적이고 토속적인 맛을 내기 위해 붙였습니다만 당시 '엽전'이란 말은 대개 한국사람을 비하해서 이를 때 쓰는 은어였습니다. "엽전이 다 그렇지 뭐" 하는 식으로 말입니다. 하지만 신중현은 속으로 생각했습니다. "그래 좋다. 내가 엽전이다. 하지만 어디 엽전 맛 좀 봐라" 하는 식으로 말이죠.

신중현은 한국적인 가락만으로 한국적 록을 제대로 만들어보자고 결심했습니다. 그 결과 나온 '엽전들 1집'은 한국식 록 음악의 전형을 보여준 야심작이었습니다. 그러나 안타깝게도 신중현은 1974년에 대마초 사건에 연루되어 징역 4개월에 처해지고 그가 만든 100여 곡이 금지곡으로 묶여버리고 말았습니다. 이때 금지된 곡들은 13년 후인 1987년에야 풀릴 수 있었습니다.

10년이 넘는 침묵을 깨고 신중현의 음악을 다시 접할 수 있었던 것은 신중현이 자신의 개인 스튜디오이자 카페인 '우드스톡(Woodstock)'을 차리고 1986년에 라이브 클럽 '락월드(Rock World)'를 개관하면서부터였습니다. 그곳은 신중현을 따르는 록 뮤지션들의 연주공간이기도 했습니다. 다시 활동을 재개한 신중현은 한국적 록의 완성을 위한 작업에 매진했습니다. 그 결과 전기 기타 산조 '무위자연'(1994)과 '김삿갓'(1997) 등을 발표할 수 있었습니다. 17세에 서울 용산의 미 8군 무대에서 기타리스트로 활동을 시작해 70세가 되도록 음악활동을 쉬지 않은 신중현. 비록 공식은퇴는 했지만 그의 숨이 다할 때까지 신중현은 그의 기타를 놓지 못할 겁니다. 그것은 그와 그의 굴곡 많았던 삶이 곧 음악이기 때문입니다.

"지금 생각하면 참 험난한 과정이었지만 어려웠던 시절이 지금의 나를 만들었습니다." '록의 대부 혹은 록의 전설'로 불리는 뮤지션 신중현이 자신의 음악인생 45년을 마감하며 남긴 말입니다. 하지만 그의 막내아들 석철이 "더 하셔도 될 것 같은데……"라며 아쉬움을 나타낼 만큼 신중현은 아직 건재합니다. 그리고 한 시절을 풍미했던 그의 음악은 그가 그토록 완벽에 완벽을 기해 만드는 음반에 남아 세월을 관통하며 역사 속에 남을 겁니다. 그는 우리 시대 '음악의 기적'이었던 겁니다.

내일 할 수 있는 것을 오늘 하다

'컬러-열정-젊음(Colour-Passion-Young)!' 베네통의 창립자 루치아노 베네통(Luciano Benetton) 회장이 "베네통이 어떤 회사냐?"는 물음에 대해 답한 내용의 전부입니다. 아무리 자기가 세운 자기 회사라지만 그 회사의 특징과 핵심가치 그리고 비전의 에센스를 이처럼 단호하고 명확하게 말할 수 있다는 것 자체가 베네통의 힘이 아닐까 싶습니다. 그리고 여기에 덧붙여 "베네통이 그처럼 성장할 수 있었던 원동력이 뭐냐?"는 물음에 루치아노 베네통 회장은 역시 단 한마디로 '호기심'이라고 답했습니다.

호기심! 르네상스를 상징하는 인물 레오나르도 다빈치는 말 그대로 호기심의 달인이었습니다. 그래서 마이클 갤브(Michael Gelb)는 레오나르도 다빈치처럼 생각하는 첫 번째 방법으로 '호기심의 발동'을 들었던 겁니다. 바로 그 호기심이 성장의 동력이었다고 단호하게 말하는 루치아노 베네통 회장 역시 호기심의 달인임에 틀림없어 보입니다. 또 저명한 심리학자이자 창의성 이론의 대가인 미하이 칙센트미하이는 호기심이야말로 모든 창의성의 씨앗이라고 말했습니다. 그만큼 베네통은 호기심이 원동력되어 창의성 넘치는 기업으로 우리에게 깊이 각인되어 있습니다.

1935년 이탈리아 베네토 주의 트레비소에서 태어난 루치아노 베네통은 15세 때부터 직조공장에서 일했습니다. 20세 때 부친이 사망하자, 막내 동생 카를로의 자전거와 자신의 아코디언을 판 돈으로 낡은 직조기 한 대를 구입해 여동생 줄리아나가 직접 짠 다양한 색상의 스웨터를 도매상에게 내다팔기 시작했습니다. 이것이 베네통의 시작이었습니다. 그 후 컬러 스웨터로 대중의 인지도를 넓혀나가는 한편, 1960년대 초반까지 선염가공공정에만 의존하던 당시의 염색기술에서 벗어나, 염색하지 않은 한 가지 실을 가지고 옷을 생산한 뒤 나중에 염색하는 후염가공공정 기술을 개발해 베네통을 일약 세계적인 의류 메이커로 성장시킬 발판을 마련했습니다.

이 기술을 통해 베네통은 원가 절감은 물론 고객의 욕구에 신속하게 대처할 수 있는 생산 및 판매 시스템을 구축했고, 나아가 20시간 동안에 1만 5000여 박스를 입출고할 수 있는 최첨단 물류 센터를 갖추고 항공편을 이용해 전 세계 어디든지 20시간 안에 배달할 수 있는 물류체계를 완비했던 겁니다. 이로써 오늘날 베네통은 전 세계 120개국에 7000여 매장을 거느린 채 연간 약 1억 1500만 점, 연간 매출 17억 6500만 유로에 이르는 거대기업으로 성장했습니다.

하지만 베네통이 단지 상품으로만 알려졌다면 그 짧은 시간에 그토록 인구에 회자되기란 불가능했을 것입니다. 루치아노 베네통은 1984년 패션 사진작가 올리비에르 토스카나를 광고 책임자로 전격 발탁해 '수녀와 신부의 입맞춤'과 같은 파격적 이미지의 광고를 만들어 세인의 관심을 집중시켰습니다. 이런 도발적인 광고는 베네통에 변화와 혁신의 이미지를 입혀주었고, 전 세계에 베네통만의 독특한 기업 이미지를 각인시켰습니다. 물론 루치아노 베네통 회장은 이런 파격적 이미지 광고에 대해 단순히 제품을 광고하는 것이 아니라 에이즈, 전쟁, 인종차별 같은 세상의 관심사를 전하고 그런 사회적 논쟁에 대해 자기 목소리를 내고 싶었다고 말합니다.

하지만 사회는 빠르게 변했고 예전의 '도발적 광고'의 소재들이 더 이상 논쟁거리가 아니게 되었습니다. 그러자 루치아노 베네통 회장은 자신이 세운 디자인 커뮤니케이션의 실험메카 '파브리카(Fabrica)'를 통해 자신만의 컬러와 목소리를 또 다른 형태로 드러내기 시작했습니다. 다양한 분야에서 인터랙티브하고 비주얼한 커뮤니케이션을 활용해 새로운 이슈와 시각 언어 그리고 스타일을 생산하도록 고무하고 권장하는 거대한 놀이터요 실험실인 파브리카는 이제 명실상부한 상상력과 창의성의 보고가 되었습니다.

베네통은 디자인을 생명으로 여기는 회사입니다. 가히 마술적인 컬러를 선보이는 베네통의 상상력과 창의성은 디자인을 통해 구현됩니다. 그래서 제품생산은 세계 각지에서 아웃소싱 형식으로 이뤄진다 하더라도 디자인만은 본사에서 전적으로 규제하고 책임집니다. 베네통은 본사에 150여 명 규모로 구성된 대규모 디자인팀을 운영하고 있습니다. 하지만 베네통 본사의 디자인팀은 지금 당장 만들어낼 것들의 디자인에 집중하기 때문에 지속적인 미래의 디자인 영역까지 담보해내지는 못합니다. 그 미래의 것은 '파브리카'의 몫입니다. 따라서 파브리카는 루치아노 베네통이 미래를 내다보고 세운 디자인 커뮤니케이션의 진정으로 새로운 허브인 셈입니다.

베네통 회장의 좌우명은 "내일 할 수 있는 것을 오늘 하라(Do today what you could do tomorrow)"입니다. 우리말 경구에 "오늘 할 일을 내일로 미루지 마라"는 이야기가 있습니다만 베네통 회장은 거꾸로, 아니 이것을 물구나무세워 "내일 할 수 있는 것을 오늘 하라"고 말합니다. 이처럼 지금도 끊임없이 '생각의 물구나무'를 서며 그 누구도 흉내낼 수 없는 독특한 컬러와 열정 그리고 젊음이 숨쉬는 변화와 혁신의 파브리카와 베네통을 이끌고 있는 루치아노 베네통. 그야말로 어제와 다른 오늘, 오늘과 다른 내일이 곧 기적의 나날임을 알고 있는 것 아닐까요?

열정이 들끓는 장사 사관학교

'젊은 이곳에……자연의 모든 것'이라는 약간은 특이한 이름의 야채과일가게가 있습니다. 일명 '총각네 야채가게'라고도 불리는 이 가게는 서울 대치동에서 18평 매장으로 시작해 현재는 전국적 체인망을 거느린 기업으로 발전했습니다. 각 매장당 연평균 매출액이 30억 원 이상 되는 대한민국 최고수준의 평당 매출액을 올리고 있는 총각네 야채가게는 상품재고율 0퍼센트, 왠만한 대기업 수준을 훨씬 넘어선 직원 봉급, 입사 후 2년이면 시작되는 해외연수 프로그램 등 어지간한 기업들이 흉내내기 힘든 일들을 너끈히 해내고 있습니다. 더구나 총각네 야채가게는 직원들의 일에 대한 열정과 에너지에 있어서 대한민국 최고가 아닐까 싶을 정도입니다.

　이런 총각네 야채가게를 만들고 이끄는 사람이 궁금하지 않으십니까? 바로 이영석 사장입니다. 그는 대학에서 레크리에이션을 전공하고서 한때 기획사에서 일했습니다. 아이디어는 많았지만 학연, 지연 등의 벽을 느낀 그는 미련 없이 사표를 던진 후 장사에 나섰습니다. 이 사장은 한강변에서 우연히 만난 오징어 장수를 1년 동안이나 따라다니며 장사를 배웠습니다. 그리고 1톤짜리 트럭행상으로 독립을 했습니다. 오징어장사부터 시작해 자그마치 50여 가지가 넘는 물품들을 두루 다뤄본 후 결국엔 야채와 과일로 종목을 정했습니다.

지난 98년 우리 사회 전체가 IMF로 수렁에 빠져들었던 시기에 그는 그동안 어렵게 모은 돈 1억을 고스란히 쏟아부어 총각네 야채가게를 시작했습니다. 이영석 사장은 새벽마다 가락시장에 나가 과일 박스의 밑바닥을 칼로 갈라본 후 박스 안 위아래 과일이 같은 품질인지 확인할 정도로 정성들여 상품을 골랐습니다. 그래서 붙은 별명이 칼잡이고 이제는 도매상인들이 알아서 먼저 최상품만을 건네줄 정도가 되었다고 합니다. 게다가 과일과 야채 맛을 제대로 짚어내기 위해 이 사장은 술과 담배는 물론 커피까지 마시지 않는다고 합니다. 최상의 상품을 확보하는 것이 장사의 기본이라는 것이 이 사장의 철학이기 때문입니다.

이 사장은 이렇게 확보한 질 좋은 상품들을 상대적으로 싸게 팔았습니다. 특히 오렌지 같은 경우 낱개로 팔지 않고 박스 단위로 팔았다고 합니다. 질 좋은 오렌지가 값은 상대적으로 싼데 양이 많다고 느끼면 고객들이 이웃 친구를 데려와 한 박스를 산 뒤, 반씩 나눠 갖도록 유도한 것이죠. 이렇게 하면 매출도 늘지만 그만큼 새 고객이 생기게 되는 셈입니다. 또 반상회가 열리면 과일을 무료로 나눠주어 주부들 사이에서 자연스레 "이 과일이 어디 것이냐?"는 말이 나오게 만들어 '구전효과' 재미도 톡톡히 봤다고 합니다.

하지만 마케팅에서 더 주효했던 것은 총각네 야채가게만의 가족적인 분위기를 자아내는 친밀한 커뮤니케이션 전략이었습니다. 전 직원들이 여자 손님에게는 '어머님', 남자 손님에게는 '아버님'이라고 부르며 친밀감을 형성하고 고객의 특징과 가족 근황 등을 기억해뒀다가 다음에 다시 찾는 고객에게 먼저 말을 건네는 것도 잊지 않았습니다. "오늘은 머리 모양이 바뀌셨네요. 집안 혼사는 잘 치르셨나요" 등 친근감 있는 이야기를 나누며 손님들을 대한 것이죠. 게다가 '사장 총각 맞선 기념 대박세일' 등 재밌는 바겐세일도 곁들였습니다. 그래서 가게 안은 항상 이야기꽃이 만발하고 웃음이 가시지 않는답니다. 결국 '총각네 야채가게'의 성공 비결은 단지 상품을 파는 것이 아니라 좋은 물건과 더불어 친밀감과 즐거움을 함께 파는 것이었습니다.

'총각네 야채가게'는 장사에 관한 한 일종의 사관학교 같은 곳입니다. 이영석 사장은 직원들에게 값으로 치면 억대의 권리금이 붙을 만한 목 좋은 자리도 서슴없이 알려주고 점포 얻는 비용이며 기타 필요한 것들까지 모두 지원하면서 독립을 시켜주었습니다. 이렇게 해서 청담, 논현, 도곡, 신사, 개포, 광장 지점 등에서 후배들이 독립할 수 있었던 겁니다. 총각네 야채가게 직원들은 모두 언젠가는 나도 독립할 수 있다는 그런 꿈을 갖고 있습니다. 그것이 직원들을 새벽부터 자기 일처럼 나서서 일하게 만든 원동력임은 물론이지요. 겉과 속이 같은 질 좋은 상품과 가족 같은 친밀감, 그리고 다양한 감성 마케팅전략으로 까다롭기로 소문난 강남 아줌마들을 사로잡은 총각네 야채가게. 단골손님이 자기 자식을

점원으로 입사시킬 정도로 직원들이 꿈을 갖고 일에 몰두하면서
서로에게 열정과 즐거움을 전염시키는 행복한 야채가게. 그 총각
네 야채가게야말로 '일상의 기적'이 아니겠습니까?

혁신의 힘, 그것은 사랑과 열정

진정한 삶의 쉼표를 찍다

언젠가 세계 굴지의 반도체 기업 인텔사의 전 회장 크레이그 배럿
(Craig Barrett)이 은퇴 후 휴대전화도 잘 터지지 않는 미국 서북부
몬태나 주의 외딴 시골에서 여관 주인으로 새로운 인생에 도전하
고 나섰다는 미 경제전문지 〈포춘〉의 기사를 접했습니다. 순간 기
사에서 눈을 뗄 수 없었습니다. 평생을 반도체와 디지털 그리고 속
도에 매달려온 그가 한가하다 못해 적막하기까지 한 몬태나 주의
숲속에서 자연과 생태 그리고 느림의 삶에 도전하듯 다가간 것이
자못 흥미로웠기 때문입니다.

크레이그 배럿은 1998년부터 2005년까지 인텔사의 CEO를
역임했습니다. 그리고 폴 오텔리니에게 CEO자리를 넘겨주면서
다시 배럿은 2005년부터 2009년까지 인텔사의 회장을 역임하기
까지 35년간 초일류 거대 기업 인텔을 일구고 이끌었던 인물입니

다. 특히 그는 닷컴버블 붕괴로 IT산업이 전반적으로 침체됐던 시기에 인텔을 맡아 탁월한 위기관리 능력을 보여주기도 했습니다.

배럿 전 회장이 35여 년간 몸담았던 인텔사를 떠난 것은 2009년 5월 20일이었습니다. 그런데 인텔사 회장직을 물러나고 그가 자연스럽게 얻은 새 직함은 다름 아닌 여관 주인(Innkeeper)이었습니다. 자신이 소유한 몬태나 주의 한적한 목장인 '트리플 크리크 랜치'에 자리한 여관을 직접 운영하고 있기 때문에 얻게 된 직함이었습니다. 그것은 배럿 전 회장의 말처럼 '평생 일에만 매진했던 삶과는 결코 어울리지 않는, 아니 정반대된 인생'을 다시 시작한다는 출발신호와도 같은 일이었습니다.

하지만 모든 일에는 내력이 있기 마련입니다. 그리고 남들 눈에는 갑작스런 변화와 변신처럼 보이지만 실은 오랫동안 준비되고 축적되어온 일인 경우가 더 많습니다. 배럿의 변신도 예외가 아닙니다. 사실 배럿 전 회장의 젊은 시절 꿈은 산림경비원이었습니다. 그는 서부의 명문 스탠퍼드대학을 다녔는데 입학 당시 산림학 과정이 없어 어쩔 수 없이 재료공학을 전공했다고 말합니다. 배럿 자신뿐만 아니라 핀란드 주재 미국 대사를 지낸 부인 바버라 배럿 역시 깡촌의 농장에서 자랐습니다. 그리고 그녀 역시 새로운 일에 도전하길 좋아합니다. 바버라 배럿은 남편과 함께 시골여관 일을 도우면서 아울러 '우주 관광객' 훈련 과정을 이수하고 있다고 할 정도입니다.

사실 배럿 부부가 한적한 시골 여관과 인연을 맺은 것은 25년이 넘은 일이었습니다. 배럿 부부는 1988년 처음 이 시골 여관과 인연을 맺었는데 당시 뭐라고 말로 다 표현할 수 없을 만큼 경이로운 자연과 친절한 서비스에 감동받아 이들 부부는 1993년 아예 이 시골여관이 터잡고 있는 목장 자체를 인수했던 겁니다. 그 후 배릿 부부는 크레이그 배릿이 인텔사의 회장으로 재임할 시절에도 회사 임원들을 자주 시골여관으로 초대해 파티를 열곤 했습니다. 하지만 그것은 자신이 소유한 것에 대한 과시가 아니라 "우리가 처음 묵었을 때 느꼈던, 가족 품에 안긴 듯 편안하고 뭐든지 가능할 것 같은 분위기를 그들도 체험하고 느끼길 바라는 마음의 표시"였던 겁니다.

물론 여관이라고 해서 배릿의 여관을 뻔한 시골 모텔 정도로 상상하면 정말 곤란합니다. 단적으로 가격면에서 곧 배반감을 느끼게 되기 때문이죠. 일본의 고급 료칸이 웬만한 특급호텔들보다도 훨씬 비싼 것처럼 배릿의 시골여관은 하룻밤 묵는 데 650~2500달러(79만~303만 원) 정도가 듭니다. 그도 그럴 것이 트리플 크리크 랜치에 자리한 배릿의 시골여관은 1999년 배릿 전 회장이 인근 땅 2만 5000에이커를 사들여 투숙객은 어떤 방해도 받지 않고 자연 속에서 레저를 즐길 수 있도록 했기에 그 가치가 더 큽니다. 그래서 실제로 트리플 크리크 랜치에 자리한 배릿의 시골여관은 미 레저업계에서 뽑는 '베스트 10' 숙박시설로 선정되기도 했습니다.

그런데 이제는 시골여관의 주인장이 된 배릿 전 회장은 인텔사를 경영하던 노하우를 시골여관 운영에도 적용하고 있는 것 같습니다. 이를테면 부탁도 하지 않았는데 투숙객의 차를 티끌 하나

없이 세차해주는 서비스라든지, 여관을 다시 찾은 손님의 식습관과 즐겨 먹는 샐러드의 채소 종류를 정확히 기억해 상기시켜준다든지 하는 언뜻 사소해 보이지만 고객들의 감동을 끌어내기엔 더없이 좋은 아이템들을 적극 발굴해 여관운영에 적용하고 있는 겁니다. 그러니 비싼 가격에도 불구하고 투숙객들의 반응은 좋을 수밖에 없습니다. 아니 좋은 정도에 그치는 것이 아니라 감동과 찬사를 불러일으키기까지 합니다.

배럿은 "우리 여관에 머물면 무엇이든 가능하다"고 말합니다. 하지만 그것은 최첨단 설비가 마련되어 있기 때문이 아니라 고객들이 대자연 속에서 가족의 품에 안겨 있는 것처럼 편안하게 느끼도록 분위기를 만들어주고 있기 때문에 가능한 겁니다. 아울러 배럿은 "나는 일할 땐 열심히 일하고 놀 땐 열심히 노는 것을 추구해온 사람"이라면서 "이곳 '트리플 크리크 랜치'의 시골여관은 일을 잠시 동안이나마 확실하게 잊어버릴 수 있는 장소"라고 말하면서 그 확실한 일의 망각이 더 큰 일의 확장을 가져다줄 것이라고 장담하듯 말합니다.

그렇습니다. 무엇이든 가능하다는 것을 가슴 벅찰 만큼 꿈꾸게 하면서 동시에 잠시나마 확실하게 일을 잊게 만듦으로써 더 큰 미래의 비전을 펼치게 만드는 배럿의 시골여관! 한마디로 느림의 시공간 속에서 놀라운 가치의 미래를 창출하는 그 시골여관을 통해 우리는 진정한 삶의 쉼표가 어떤 것이어야 하는가를 새삼 되새기게 됩니다. 그리고 그 '삶의 쉼표'가 '삶의 기적'을 잉태하는 자궁이 됨을 재차 확인하게 되는 겁니다.

영혼의 깊이만큼 나누는 것

'투자의 달인', '오마하의 현인' 등으로 불리던 워렌 버핏(Warren Buffett)이 당시 자기 재산 440억 달러 중 85퍼센트에 해당하는 374억 달러, 한화로 약 42조 원을 아무 조건 없이 기부하며 사회에 환원하기로 해서 화제가 된 적이 있습니다.

374억 달러! 역사상 자선기부액 중 최고기록입니다. 강철왕 앤드류 카네기가 3억 5000만 달러, 현재 화폐가치로 약 72억 달러를 내놓았고, 석유왕 존 록펠러가 5억 3000만 달러, 현재 화폐가치로 약 71억 달러를 내놓았으며, 그 아들인 존 록펠러 주니어가 4억 7500만 달러, 현재 화폐가치로 약 55억 달러를 내놓은 바 있지만 이들이 내놓았던 기부액 총액의 2배 가까운 천문학적 액수를 워렌 버핏 혼자 내놓은 것입니다.

워렌 버핏은 자신의 기부액 중 310억 달러를 빌&멜린다 게이츠 재단에 기부하고 나머지 64억 달러는 세 자녀들이 운영하는 3개 재단과 먼저 세상을 떠난 아내 수잔 톰슨 버핏의 이름을 딴 재단에 기부하되 약정기부액을 한꺼번에 다 내놓지 않고 현재 자신이 갖고 있는 버크셔 헤더웨이 지분 31퍼센트가 5퍼센트로 축소될 때까지 향후 5년간 순차적으로 기부하겠다고 밝혔습니다.

워렌 버핏은 먼저 세상을 떠난 아내 수전과 생전에 "돈 버는 능력에서는 워렌이 더 낫지만 돈쓰는 능력에서는 수전이 더 뛰어나다는 데 서로가 공감해왔다"고 밝혔습니다. 그런데 정작 자선사업에 앞장설 아내가 먼저 떠나 기부결정을 서두르게 되었다고 말했습니다. 더구나 세 자녀와 먼저 세상을 뜬 아내 이름의 재단이 건재함에도 불구하고 게이츠 재단에 거액을 기부한 이유에 대해 워렌 버핏은 게이츠 재단이 가장 효율적으로 자선활동을 벌이기 때문이라고 〈포춘〉 캐럴 루미스 주필과의 인터뷰에서 밝혔습니다.

게이츠 재단은 그동안 저개발국가 의료지원, 후천성면역결핍증과 결핵, 말라리아 퇴치, 미국 내 소수민족을 위한 공교육 개선 등에 중점적으로 지원을 해왔습니다. 더구나 빌 게이츠 역시 2008년 마이크로소프트사에서 은퇴한 후 게이츠 재단에서 자선사업에만 몰두하고 있습니다. 워렌 버핏이 게이츠 재단에 기부한 것을 두고, 워렌 버핏의 전기 《영원한 가치, 워렌 버핏 스토리(Permanant Value, the Story of Warren Buffett)》를 썼던 앤디 킬패트릭은 "세계 1, 2위 갑부가 자선사업에서 합병을 시도한 셈"이라고 말할 만큼 두 사람의 의기투합은 참으로 용기 있고 아름다운 것이었습니다.

지난 2004년 워렌 버핏이 빌 게이츠와 함께 워싱턴대학의 대학원생들 앞에서 나눈 대화를 엮어 만든 《빌 게이츠와 워렌 버핏, 성공을 말하다(Buffett & Gates on Success)》라는 책에서 버핏은 열정과 나눔이 성공의 요체임을 강조한 바 있습니다.

워렌 버핏은 "설령 빌이 컴퓨터 대신 핫도그 파는 일을 했더라도 그는 전 세계 핫도그왕이 되었을 것"이라며 열정이야말로 진짜 성공의 열쇠임을 강조했습니다. 아울러 워렌 버핏은 진정한 성공의 완성은 나눔에 있음을 우리에게 깊이 일깨워주었습니다. 그는 "그동안 살아오면서 즐거웠던 기억들만 남기고 나머지 모든 것은 사회에 돌려주라"고 말했고 그 스스로 그것을 실행에 옮겼습니다. 그는 늘 "내가 이 자리에 서게 된 것은 나를 존재하게끔 해준 사회 덕분"이라고 말하며 지금의 나를 있게 해준 이 사회에 재산의 99퍼센트를 환원할 것이라고 약속했던 겁니다.

또한 버핏은 평소 "자식들에게 너무 많은 유산을 남겨주는 것은 오히려 독이 된다"고 말해왔습니다. 그리고 그는 비유적으로 22년 전에 네브래스카 풋볼팀의 쿼터백을 지낸 사람의 맏아들을 내년에 그 팀의 쿼터백에 임명하는 건 결코 현명한 발상이 아니라고도 말했습니다. 부자인 부모를 만났다는 이유만으로 평생 공짜 식권을 받아쥐는 일은 반사회적일 뿐만 아니라 오히려 자녀의 성취감을 빼앗아 자식들의 미래를 제한할 수 있다고 봤던 겁니다.

워렌 버핏은 증권세일즈맨의 아들로 태어나 컬럼비아대학 경영대학원을 나온 뒤 1956년 단돈 100달러로 주식투자를 시작해 오직 주식투자만으로 440억 달러의 부를 이룬 인물입니다. 하지만 워렌 버핏은 1958년 이후 고향인 네브래스카 주 오마하에서 3만 1500달러를 주고 산 집에서 반세기 가깝게 살고 있고 12달러짜리 이발소에서 머리를 깎으며, 20달러짜리 스테이크 하우스를 즐겨 찾을 만큼 검약이 몸에 밴 사람입니다. 심지어 그가 몰고 다니는 2001년식 중고 링컨 타운카의 번호판에는 '검약(Thrift)'이라고 적혀 있을 정도랍니다.

돈이 많다고 해서 모두 나눌 수 있는 것은 결코 아닙니다. 그 사람의 영혼의 깊이만큼 나눌 수 있는 겁니다. 워렌 버핏은 그가 아낌없이 나눈 만큼의 영혼의 깊이를 가진 사람임에 틀림없습니다. 그리고 그가 이룬 진짜 기적은 100달러를 440억 달러로 불린 것이 아니라 그것을 아낌없이 내놓아 나눈다는 사실에 있습니다. 나눔이 곧 기적인 것이죠.

'석호필'의 뜨거운 한국 사랑

요즘 케이블과 공중파 TV를 막론하고 거세게 불고 있는 '미드' 즉 미국 드라마의 열풍은 대단합니다. 그래서 세간에서는 미국 드라마 시청에 '쏙' 빠진 사람들을 가리켜 '미드폐인'이라고 부를 정도입니다. 그런데 그 미드 열풍의 견인차 역을 한 드라마는 다름 아닌 폭스TV의 시리즈물인 '프리즌 브레이크'입니다. 형을 구출하기 위해 자진해서 감옥행을 자청한 이 드라마의 주인공 마이클 스코필드는 우리나라 시청자들에게도 강렬한 인상을 각인시켜 세간에서는 그를 '석호필'이라는 우리말 애칭으로 부르고 있습니다. 스코필드를 우리말로 음차해서 '석호필'이라는 한국식 이름으로 부르는 겁니다.

하지만 정작 원조 '석호필'은 따로 있습니다. 바로 근 한 세기 전인 1916년 우리나라에 와서 세브란스의전 세균학 교수 겸 선교사로 일했던 영국 태생의 캐나다인 프랭크 윌리엄 스코필드(Frank W. Schofield) 박사가 그입니다. 그의 한국식 이름이 바로 석호필(石虎弼)이었던 것이죠. 원조 석호필, 프랭크 윌리엄 스코필드 박사! 그런데 석호필 즉 스코필드 박사는 3·1운동 당시 33인의 민족대표에 견주어 '34번째 민족대표'로 불립니다. 그 까닭은 무엇일까요? 그것은 그가 3·1운동의 실상을 전 세계에 알렸기 때문입니다. 1919년 기미년 3월 1일 스코필드 박사는 어깨에 카메라를 메고 탑골공원 안을 거닐었습니다. 이윽고 공원 안으로부터 우렁찬 함성이 터져나왔습니다. 그는 태극기 물결과 '대한독립 만세'라는 함성의 대열을 향해 쉴 새 없이 카메라의 셔터를 눌렀습니다. 그는 이 사진들에 자세한 설명을 곁들여 전 세계에 3 · 1운동의 참 모습을 알렸습니다.

그뿐만이 아닙니다. 1919년 4월 15일 일어난 제암리 사건의 참혹한 현장도 직접 사진에 담고 그에 관한 자세한 리포트까지 써서 온 세상에 알렸던 겁니다. 제암리 사건이란 아리타 도시오(有田俊夫) 일본 육군 중위가 이끄는 한 무리의 일본 군경들이 당시엔 수원군으로 편입되어 있던 지금의 경기도 화성시 향남면 제암리교회 안에 교회신도들을 모아놓고 그들이 4월 5일 발안 장날 장터에서 만세운동에 동참했다는 혐의를 씌워 교회 출입문에 못질을 한 뒤 총을 쏘고 불을 지른 일제의 만행을 가리킵니다.

이 일로 스코필드 박사는 일제 고등계 형사의 밀착감시를 받게 되었고 심지어 비록 미수에 그쳤지만 암살당할 뻔한 위기에까지 처하기도 했습니다. 그러면서도 스코필드 박사는 이상재, 오세창, 이갑성 등 독립지사 33인은 물론 만세운동으로 서대문형무소에 수감된 유관순, 어윤희 등의 수형생활도 물신양면으로 도왔습니다. 결국 일제는 1920년 석호필 즉 스코필드 박사를 반강제로 추방했습니다. 캐나다로 돌아간 스코필드 박사는 토론토병원에 근무하면서 지속적으로 미국과 유럽 등지에 식민지 조선의 실상과 3 · 1운동의 진상을 알렸습니다. 아울러 그는 3 · 1운동 당시의 목격담인 《끌 수 없는 불꽃》을 해외에서 출판하기도 했습니다. 그 후에도 스코필드 박사는 30여 년 동안 한결같이 한국의 독립을 지지하고 후원했습니다. 그리고 독립을 되찾자마자 동족상잔의 전쟁을 치른 신생 국가 대한민국의 현실을 자기 나라처럼 걱정했습니다. 드디어 1958년 대한민국 정부수립 10주년 경축식전에 초청받아 다시 한국땅을 밟은 스코필드 박사는 그 후 아예 한국에 영구 정착해 서울대 수의학대학, 연세대 의과대학, 중앙대 약학대학 등에서 세균학을 강의했습니다. 그런 가운데서도 그는 보육원 후원, 중고등학생들을 대상으로 한 영어성경반 주관 등을 하면서 가난하고 피폐했던 나라에 작지만 옹골찬 희망의 씨앗을 뿌렸습니다.

그때 그 시절 스코필드 박사가 주관한 모임에서 영어성경공부를 했던 정운찬 전 서울대 총장의 회고에 따르면 스코필드 박사는 "약자에게는 비둘기 같은 자애로움으로, 강자에게는 호랑이 같은 엄격함으로" 대할 것을 강조하며 항상 '정의로운 사람'이 되고 건설적인 비판정신을 기르라고 가르쳤다고 합니다.

스코필드 박사는 점점 독재화해간 이승만 정권을 비판해 대학에서 강의마저 할 수 없는 처지에 몰리기도 했습니다. 그 후 4·19혁명으로 다시 자유롭게 된 스코필드 박사는 1970년 세상을 뜰 때까지 10여 년 동안 보육원 후원과 젊은 지도자들의 양성에 온 힘을 쏟았습니다. 우리 정부는 그런 그에게 대한민국 문화훈장(1960)과 건국훈장 독립장(1968)을 수여했습니다.

1970년 4월 12일 오후, 스코필드 박사는 지금의 국립의료원 별관 32병동 5호실 병상에서 마지막 숨을 거두었습니다. 임종 직전까지도 그는 어려운 이웃들과 함께하고자 했습니다. 그래서 마지막 책 한 권, 구두 한 켤레까지 주위 사람들에게 나눠주었고, 자신의 남은 재산마저 모두 보육원과 YMCA에 헌납했습니다. 그리고 빈 몸으로 국립묘지에 안장됐습니다. 스코필드 박사는 서울 동작동 국립현충원에 묻힌 유일한 외국인입니다. 하지만 실은 그야말로 영원한 한국인이었던 겁니다.

석호필, 스코필드 박사! 그가 그토록 사랑했던 대한민국은 그의 사후 눈부신 성장을 거듭해 '한강의 기적'이라 불릴 만큼 변화했습니다. 하지만 우리는 잊지 말아야 합니다. 그 기적의 바탕에는 석호필 아니 스코필드 박사처럼 자기의 모국 이상으로 이 나라를 사랑했던 이의 헌신과 후원이 있었다는 사실을 말입니다.

꿈의 정상에서 나를 만나다

고집쟁이 열정, 희망의 괴짜

요즘은 컴퓨터 때문에 타자 칠 일이 별반 없지만 이전에는 웬만한 사무실엔 타자기 한 대씩이 꼭 있었습니다. 그리고 으레 박자에 맞춘 듯한 경쾌한 타자기 소리가 들려야 사무실이 돌아가는 것 같았습니다. 그런데 그 타자기 중에 '공병우타자기'라는 것이 있었던 것을 기억하실 겁니다. 이른바 3벌식 타자기였던 '공병우타자기'는 한때 한글타자기 시장의 약 65퍼센트 이상을 점유할 만큼 당대의 히트상품이었습니다. 하지만 정작 공병우타자기를 만든 사람은 기계 기술자가 아니라 안과 의사였습니다. 바로 공병우 박사입니다.

1443년 세종대왕과 집현전 학자들에 의해 한글이 만들어졌지만 한글의 우수한 과학성을 다시 한 번 입증하며 한글을 기계화한 사람은 다름 아닌 공병우 박사였습니다. 1949년 공병우 박사가

3벌식 한글타자기를 개발한 것이 한글 기계화의 시초이기 때문입니다. '한국 최초의 안과 의사'이자 '한글 기계화의 아버지' 공병우 박사는 1907년 1월 24일 평안북도 벽동에서 팔삭둥이로 태어났습니다. 1926년 평양의학교습소를 마친 뒤, 1936년 일본 나고야대학에서 의학박사 학위를 받고 한국 최초의 안과 의사가 된 공병우 선생은 1938년 드디어 국내 첫 안과 전문병원인 '공안과'를 개업했습니다.

그런데 공병우 박사가 안과의로 막 개업했던 30대 초반에 우연히 병원에 눈병 치료를 받으러 왔던 한글학자 이극로 선생을 만난 것이 그의 인생에서 극적인 전환점이 됐습니다. 한마디로 한글에 미쳐 한글 기계화 운동에 헌신하게 된 것이죠. 그 후 그는 한글 시력표를 만들고 '최초의 실용 한글 타자기'를 발명하기 위해 진력했습니다. 마침내 1949년 공병우 박사는 3벌식 한글타자기를 발명해 한국 최초의 미국특허를 받아내기에 이르렀습니다. 그 후에도 40년 가까이 그는 한글 텔레타이프, 한영(韓英) 겸용타자기, 점자타자기, 중국주음부호타자기, 한글 모노타이프 등을 개발해 한글의 기계화에 매진했습니다. 공병우 박사에 의한 한글의 기계화는 한글 세계화의 초석이 되었음은 물론입니다.

공병우 박사는 살아 계실 때 "나는 80평생 중국 한자도 배워 써봤고, 일본 가나도 배워 써봤다. 그러나 한글이 으뜸이다. 한글은 금이고, 로마자는 은이며, 가나는 구리이고, 한자는 떡쇠다. 세계에서 가장 으뜸가는 한글로 가장 빛나는 한글 문화권을 만들어, 세계 젊은이들이 오늘의 영어를 배우듯이 한글을 배우는 바람이 일어나는 날이 하루바삐 오도록 하는 길이 애국이고 희망을 주는 일이라고 생각한다"고 썼습니다. 이처럼 공병우 박사가 한글 기계화 연구에 매진했던 이유는 그 어느 나라 언어보다도 과학적이고 쓰기 쉬운 한글을 세계어로 만들고 싶었기 때문입니다. 그리고 그런 바람이 일어날 바탕을 마련하려고 몸과 마음과 돈과 시간을 다 바쳐 한글타자기를 만들고 그것을 개량하고 보급하기 위해 평생을 바쳤던 것입니다.

공병우 박사는 사실 대단한 괴짜였습니다. 그는 평생 생일잔치 같은 걸 해본 적이 없었고 일제 말기엔 '창씨개명'을 거부하며 '공병우 사망'을 선언하기도 했습니다. 1950년대엔 '나라의 미래를 위해서'라는 명분으로 미국에서 콘돔을 대량으로 들여오다가 세관에서 '풍기문란용 기구'로 판정받아 적발되기도 했습니다. 게다가 남들보다 두 달 빨리 태어난 팔삭둥이였던 탓인지, 그는 일생동안 '빨리빨리'를 생활신조로 삼으며 수많은 일화를 남겼습니다.

그는 "못사는 나라 사람들이 옷치장에 시간을 써서야 되겠느냐"며 아예 한복을 입지 않았고 이발소에선 5분 만에 머리를 깎았습니다. 또 드나들 때 불편하다며 집안 문지방을 모두 톱으로 썰어버렸고 뒷간 가는 시간을 줄이려고 그 당시에 선구적으로 방 안에 양변기를 들여놓았습니다. 한마디로 분초를 다투며 살았던 겁니다. 그러면서도 타자기 얘기만 나오면 두세 시간을 쉬지 않고 열변을 토하기 일쑤였고, 혹 한자로 도배된 명함을 받기라도 하면 냅다 호통을 치며 내던지기 일쑤였답니다.

그런 덕분인지 공병우 박사는 1965년 당시 〈한국일보〉에서 선정한 한국의 고집쟁이 열 명 중 제6위에 뽑히기도 했습니다. 그런 공병우 박사의 유언 또한 특이합니다. 요약하면 다음과 같습니다. 첫째, 내 장기는 전부 기증하고 시체는 해부학교실에서 사용할 수 있도록 대학에 제공한다. 둘째, 위와 같이 할 수 없을 때는 화장 또는 수장을 한다. 만약 이것도 여의치 않을 때엔 가장 가까운 공동묘지에 매장하되 새 옷으로 갈아입히지 말고 입었던 옷 그대로 값이 싼 널에 넣어 최소면적의 땅에 매장한다. 셋째, 죽은 지 1개월 후에나 친척, 친구에게 사망 사실을 점차 알리되 매장이 되었을 경우엔 누구에게나 묘지의 소재지를 알리지 마라.

하지만 이런 고집불통, 괴짜였기에 공병우 박사는 우리나라 최초의 안과의사이면서 동시에 우리나라 최초의 상용타자기 개발자가 될 수 있었던 것인지 모릅니다. 그리고 비록 그가 그토록 열정을 다해 개발했던 한글 타자기는 세상의 뒤켠으로 밀려난 지 오래지만 정작 한글은 이렇게 세계인이 함께 배우는 언어가 되지 않았습니까? 공병우 박사의 열정이 빚은 또 하나의 기적이 아닐 수 없습니다.

역경을 울림통으로 만든 '최고의 소리'

"역경이야말로 사람을 움직이는 원동력입니다", "꿈을 포기하는 순간, 우리는 인생의 영원한 패배자가 됩니다", "세상을 원망만 하며 도전하지 않는 사람은 절대로 그 틀에서 벗어날 수 없습니다." 이것은 '동양의 스트라디바리'로 불리는 진창현 선생의 말입니다. 그는 세계에서 다섯 명밖에 없는 '무감사(無鑑査) 마스터메이커'로 성공할 수 있기까지 자신을 키운 건 '8할이 역경'이었다고 말합니다. 재일교포로 온갖 차별을 받으며 독학으로 바이올린 제작 기술을 익힌 뒤 일본 최고의 악기 명인(名人)에 오른 사람이기에 이 말에 힘이 실립니다.

1929년 경북 김천에서 태어난 진창현 선생은 초등학교 4학년 때 자기 집에서 하숙을 한 일본인 교사 아이카와 선생을 통해 처음으로 바이올린 켜는 법을 배우게 됩니다. 그 후 고향에서 중학교를 졸업한 진창현 선생은 아버지가 돌아가시고 집안 가세가 기울자 14세 나이에 일본으로 건너갔습니다. 낮에는 일하면서 밤에는 야간중학교를 다녔습니다. 막노동은 말할 것도 없고 똥지게를 지고 인력거를 끌며 안 해본 일이 없을 만큼 닥치는 대로 일했습니다. 그 와중에 배움의 끈을 놓지 않고 메이지대학 야간부 영문과에 진학해 어렵게 공부를 마치고 교사자격증도 취득했습니다. 하지만 정작 재일조선인에 대한 차별 때문에 교사의 꿈은 이룰 수 없었습니다. 어려서 자신에게 바이올린 켜는 법을 가르쳐주셨던 아이카와 선생님처럼 훌륭한 교사가 되어 아이들을 가르치겠다는 꿈을 키워왔던 청년 진창현에게 교사가 될 수 없다는 것은 절망 그 자체였습니다.

그렇게 해서 나아갈 길을 몰라 방황할 때, 그의 인생을 송두리째 뒤바꾸는 일이 일어났습니다. 우연히 도쿄대학 생산기술연구소장인 이토카와 히데오 교수의 '스트라디바리우스의 소리'라는 제목의 강연을 듣고 엉뚱하게도 바이올린을 만들기로 결심한 겁니다. 특히 "스트라디바리우스의 소리를 재생하는 것은 불가능하다"는 말이 그 자신의 삶을 송두리째 건 도전의 극적인 계기가 되었습니다. 청년 진창현은 현악기 제작을 본격적으로 배우기로 결심했습니다. 그러나 현악기 공장이나 공방에서는 재일조선인이 라는 이유로 진창현에게 기술을 가르쳐주지 않았습니다. 그래서 진창현은 바이올린 공장 근처 토목 공사장 주변에 판잣집을 짓고 막노동을 하면서 악기 제작법을 독학했습니다. 1957년의 일이었 습니다.

진창현은 일이 없는 날이면 바이올린 공장 창가에 서서 제작 과정을 훔쳐보기도 하고, 퇴근하는 기술자를 쫓아가 악기 제작에 대해 물어보며 배웠습니다. 그 후 낮에는 건설공사에 쓰이는 자갈 을 채취하고, 밤에는 공사장 근처에 지은 판잣집에서 바이올린을 만들었습니다. 그렇게 20년 가깝게 현악기 제작에 몰두한 끝에 진 창현은 1976년 미국 필라델피아에서 열린 국제 악기제작 콩쿠르 에서 6개 부문 가운데 5개 부문을 석권하며 금메달을 받았습니다. 말 그대로 각고의 노력이 낳은 결실이었습니다. 그 후 진창현 선생 은 1984년 미국 바이올린 제작자협회로부터 세계에 다섯 명밖에 없는 '무감사 마스터메이커'라는 최고의 영예를 얻었습니다. 그렇 다면 그는 어떻게 독학으로 최고명인의 경지에 이르렀을까요?

그에게는 무엇보다도 "최고의 소리를 내는 바이올린을 만들 고 싶다"는 꺾일 줄 모르는 집념과 식을 줄 모르는 열정이 있었습 니다. 17~18세기의 현악기 제작의 최고거장 안토니오 스트라디 바리가 만든 명기(名器) '스트라디바리우스'에 맞먹을 정도의 현악 기를 만들고 싶다는 욕망이 진창현의 삶을 가득 채우고 있었던 겁니다. 진창현 선생은 초기 기술연마 단계에서 '다작'을 했습니다. 다른 사람들이 보통 일주일에 한 대씩 만드는 바이올린을 그는 여섯 대씩이나 만들었습니다. 그는 "일단 많이 만들어보는 게 중요하다. 기술은 머리가 아니라 손가락의 감촉에서 나오고 그것을 몸이 기억하는 것"이라며 스스로를 다그쳤습니다. 그런 덕분에 지금까지 그가 만든 현악기는 모두 600여 대입니다. 비슷한 연배의 일본인 장인이 150대 정도의 현악기를 만들었다니, 네 배 정도 많은 셈입니다.

이렇게 분투 노력한 덕분에 진창현 선생은 스스로 "스트라디바리우스의 비밀에 80퍼센트 정도는 다가섰다"고 말할 정도가 되었습니다. 그리고 나머지 20퍼센트의 비밀을 풀기 위해 그가 선택한 방법은 세계 구석구석을 여행하는 것이었습니다. 여러 나라를 다니면서 그곳의 문화와 전통을 접하면 감성이 풍부해지고 그것은 곧 새로운 제작기법으로 이어진다는 것이 진창현 선생의 설명이었습니다. 실제로 진창현 선생은 남극을 포함해 세계 119여 개국을 혼자서 여행했습니다.

그는 이렇게 말합니다. "나에게 스승은 대자연밖에 없었어요. 특히 바이올린에는 물소리, 바람소리 같은 자연의 선율이 실려야 하기에 지구촌 곳곳을 유랑하면서 감성과 감각을 연마하고 시야를 넓혔습니다. 나무 한 그루, 풀 한 포기를 보면서도 영감을 얻었습니다. 결국 악기 제작에서 가장 중요한 건 차가운 논리나 이성이 아니라 따뜻한 감수성과 직감이기 때문입니다."

그는 여행을 통해 멕시코와 페루의 인디오 마을에서는 바이올린 제작에 쓰이는 천연식물성 염료를 구했고 포르투갈의 나자레 해안의 석양에선 명기 '과르넬리'의 색을, 아프리카 킬리만자로의 해돋이에서는 '스트라디바리우스'의 매혹적인 색을 되찾아보았던 겁니다.

그런 그에게 사람들은 '동양의 스트라디바리'라는 별명을 선사했습니다. 이런 진창현 선생의 인생 스토리를 담은 만화 〈정상의 현〉은 높은 인기를 얻었고 이후 후지TV에서 '해협을 건너는 바이올린'이라는 제목의 드라마로 제작되어 방영되기도 했습니다. "진정한 명기란 음이 맑고 약간 높은 듯한 소리를 내며 가볍고 탄력감이 느껴지는 악기"라며 그런 명기를 만들기 위해 온 삶을 아낌없이 바쳐온 이 시대의 장인 진창현 선생. "아무리 끝이 보이지 않는 터널일지라도 열정을 갖고 도전해 끈기 있게 지속한다면 언젠가 반드시 새 길이 열린다"고 말하는 명기 창조의 달인, 진창현 선생. 그는 열정과 집념이야말로 모든 기적의 모태임을 웅변하고 있는 겁니다.

틀을 뛰어넘어, 늘 탁월하게

세계에서 가장 많은 연봉을 받는 지도자가 누군 줄 아십니까? 미국 대통령일까요? 일본 총리일까요? 러시아 대통령일까요? 모두 아닙니다. 싱가포르 총리입니다. 싱가포르 총리의 연봉은 미국 대통령의 다섯 배, 일본 총리에 비해 여섯 배나 많습니다. 물론 싱가포르는 총리만 연봉이 높은 것이 아닙니다. 각료들도 마찬가지입니다. 그동안 싱가포르 각료의 연봉은 1994년 이후 은행가, 변호사, 엔지니어, 다국적 기업의 최고경영자 등 고액 소득자 48명을 기준으로 삼아 이들 연봉 평균치의 3분의 2 정도로 책정해왔습니다. 게다가 각료들은 봉급 이외에 총리의 수행평가와 경제성장률에 따라 보너스를 지급받게 됩니다. 예를 들어 싱가포르 연간 경제성장률이 8퍼센트 이상 오를 경우 각료들은 연봉의 4개월분을 보너스로 받게 됩니다.

이런 초특급 각료대우에 대해 싱가포르 국내의 비판여론이 적잖은 것도 사실이지만 유능한 인력을 공공부문으로 끌어들이고 부패를 방지하기 위해 국가경영 각료의 연봉을 민간부문과 맞추어야 한다는 것이 싱가포르 정부의 생각인 것 같습니다. 사실 우리 상황에서도 대통령과 각료들의 연봉을 갑절로 치더라도 일만 제대로 잘했으면 하는 생각이 지배적일지 모르겠습니다. 그렇다면 세계에서 가장 많은 연봉을 받는 싱가포르 총리는 과연 어떤 사람이며 도대체 국가경영에서 어떤 남다른 생각과 비전을 갖고 있는 것일까요? 현재 싱가포르의 총리는 리센룽(李顯龍)입니다.

1952년 2월 10일 싱가포르에서 태어난 리센룽은 1965년부터 26년간 싱가포르 총리를 지낸 리콴유(李光耀)의 아들입니다. 1974년 영국 케임브리지대학교 수학과를 최우수 성적으로 졸업한 뒤, 1979년 미국 하버드대학교 케네디스쿨에서 행정학을 공부했습니다. 그 후 그는 싱가포르군에 입대해 1984년 공군준장으로 예편한 뒤, 국민행동당(PAP)에 입당했습니다. 같은 해 싱가포르 의회 의원으로 당선되어 정치에 첫발을 내디딘 후, 2001년까지 내리 여섯 번이나 당선되어 20년간 국회의원을 지냈습니다.

1990년 부총리를 맡을 때부터 리콴유의 차기 후계자로 지목된 리센룽은 2003년 8월 고촉통(吳作棟) 총리에 의해 차기 지도자로 사실상 천명되었고, 마침내 2004년 8월 12일 총리로 취임했습니다. 리콴유에 이어 사실상 권력세습 아니냐는 비판이 없지 않았지만 리센룽은 더 잘사는 싱가포르를 만들겠다는 승부수로 정면 돌파를 시도했습니다.

리센룽은 더 잘사는 싱가포르를 향한 몸부림이 곧 싱가포르를 유지하는 힘이라고 강조하며 이렇게 말합니다. "싱가포르는 1965년 말레이시아에서 독립했습니다. 우리는 역사가 짧고, 인구도 중국계·말레이계·인도계 등 3개 민족이 공존합니다. 따라서 계속 나라로서 살아남아 성공하려면 싱가포르에 대한 강한 자부심이 있어야 합니다. 그 자부심은 앞으로도 계속 성공할 수 있다는 확신, 그리고 아이들을 계속 싱가포르인으로서 키우고 싶다는 생각이 들게끔 해야 하는 겁니다."

그래서 리센룽은 성장과 분배 중 어느 것이 우선돼야 하느냐고 묻는다면 단호히 성장이 우선이라고 말합니다. 성장하지 않으면 '공평한 궁핍(equal misery)'을 맞게 될 수밖에 없기 때문입니다. 그는 공평한 궁핍 속에서는 아이들을 계속해서 싱가포르인으로 키우고 싶다는 생각을 이어갈 수 없음을 자각한 리더입니다. 따라서 싱가포르가 존재하려면 끊임없이 성장하고 성공할 수 있다는 확신을 전 싱가포르 국민에게 주지 않으면 안 된다는 것을 그는 분명하게 인식하고 있는 겁니다.

리센룽은 싱가포르의 진짜 동력(動力)은 이런 위기의식 그 자체이며 싱가포르가 지닌 환경적 약점을 극복하려면 늘 탁월해야 (outstanding) 한다고 강조합니다. 따라서 그는 이렇게 싱가포르의 비전을 말합니다. "불확실성이 도처에 널린 글로벌라이제이션의 시대에 계속 성공할 수 있다는 확신을 국민들과 공유하고, 지도층 뿐 아니라 국민 대부분이 '기존 틀을 벗어나 생각하는(think out of box)' 사회를 만들려고 노력하겠습니다."

불확실성을 뚫고 계속 성공하며, 지속적인 성장을 할 수 있다는 확신을 국민 전체와 공유하며 국민 대다수가 '기존 틀을 벗어나 생각하는' 사회를 만들겠다는 리셴룽의 국가비전은 그 자체가 파격이 아닐 수 없습니다. 막연히 선진국가, 부강국가, 세계 몇 등 국가를 지향하겠다는 슬로건과는 차원과 격을 달리한다고 말하지 않을 수 없습니다.

아울러 리셴룽은 자신의 비전을 싱가포르 국민들, 특히 젊은 국민들과 공유해 나가는 것이 국가운명의 결정적 요건임을 명확히 인식하고 있습니다. 그래서 그는 이렇게 말합니다. "싱가포르인의 평균 나이는 37세입니다. 인구의 절반 이상은 1965년 8월 독립 이후에 태어났습니다. 따라서 내가 얘기하는 것이 이 젊은 세대에게 공감이 돼야 합니다. 아울러 무슨 문제든 대처할 수 있다는 확신을 이들 젊은 사람들과 공유하려고 합니다."

리셴룽은 이제까지의 성공방식을 답습하지 않아야 새로운 미래를 열어갈 수 있음을 분명히 인식하는 리더입니다. 그는 이렇게 말합니다. "지금까지 우리는 교통체증 해소든, 식수 공급이든 문제 해결에 능했습니다. 그러나 이제는 지금까지의 모든 해법이 결코 내일의 문제에 대한 최상의 해법이 될 수 없다는 냉엄한 현실에 대비해야 합니다. 이런 사회에선 국민의 상당수가 스스로 내일이후를 생각하고, 위험을 감수하고라도 과감하게 지금과 다른 방식으로 일을 처리하려고 해야 합니다. 그러려면 실패에 대한 관용이 있어야 하고 '의미 있는 실패'를 격려하는 사회가 돼야 합니다. 그것이 '틀을 뛰어넘어 생각하는' 사회의 모습입니다."

그렇습니다. 쉼 없이 새롭게 도전하는 사회, 실패에 대한 관용이 있는 사회, 성공만이 아니라 의미 있는 실패를 격려할 줄 아는 사회, 그것이 틀을 뛰어넘어 생각하는 사회임을 리센룽 총리는 분명히 하고 있는 겁니다. 바로 그렇게 틀을 깨고 그것을 뛰어넘어 생각하고 행동함으로써 우리는 기적을 만들 수 있습니다. 아니 그렇게 생각하고 행동하는 순간이야말로 삶이 기적이 되는 순간 아니겠습니까?

세상을 베는 마음의 검술,
후흑의 달인들

**후흑,
중국판
마키아
벨리즘의
정수**

'후흑학(厚黑學)'을 아십니까? 여기서 후는 '면후(面厚)'를 말합니다. 낯가죽이 두껍다는 뜻으로 염치없는 것을 말하며, 흑은 '심흑(心黑)'을 일컫는데 마음과 뱃속이 검어 모든 희로애락을 여간해선 드러내지 않는 것을 뜻합니다. 이렇듯 상황에 따라 굴욕을 참아낼 수 있을 정도로 강인하면서도 유연한 변신이 '면후'라면, 결단을 내릴 때 '인의(仁義)'나 상대 여건을 고려치 않고 냉혹하고 잔인하게 처리하는 것을 '심흑'이라고 합니다.

후흑학의 골자는 한마디로 "얼굴이 두껍고 뱃속이 시커먼 사람이 출세하고 성공한다"는 것입니다. 즉 낯가죽이 두껍고 뻔뻔할수록, 뱃속이 숯덩이처럼 시커멓고 음흉할수록 성공한다는 것이죠. "자고로 군자는 반드시 뻔뻔하고 음흉하지 않으면 안 된다. 뻔뻔한 것은 천하의 대본(大本)

이며 음흉한 것은 천하의 달도(達道)다. 지극한 후흑의 단계에 이르면 천하가 두려워하고 귀신도 무서워한다." 이것이 후흑학의 요지입니다. 전통적인 유교의 가르침과는 거의 상극이라 해야 할 것 같습니다.

'후흑학'은 청나라 말기에 태어나서 중일전쟁이 막바지에 이른 때에 죽은 리쭝우(李宗吾, 1879~1944)라는 사람이 창안한 것입니다. 1911년 신해혁명 직후 쓰촨성의 한 지방신문에 그 내용이 처음 연재될 때부터 논란을 일으킨 후흑학은 1936년 책으로도 출간됐지만 세간에선 한동안 잊힌 이름이었습니다. 그러다가 마오쩌둥이 이 책을 읽고 후흑의 원리를 대약진운동과 문화대혁명에 적용했다는 말이 떠돌면서 다시 '후흑학'은 부상하기에 이릅니다.

사실상 이제껏 리쭝우의 '후흑학'을 대략 '뻔뻔함과 음흉함을 토대로 한 처세학' 정도로 치부해왔지만 '후흑학'의 초점은 '뻔뻔함'과 '음흉함' 그 자체가 아니라 '면후심흑'을 통해 '난세를 평정'하고 '구국(救國)'을 하자는 데 있었습니다.

즉 후흑학은 처세학이 아닌 '통치학'이요 통치자의 득국(得國)과 치국(治國)의 원리를 담고 있는 것입니다. 이런 맥락에서 중국 전래의 통치실학을 집대성한 '후흑학'은 중국판 마키아벨리즘의 정수라고 해야 옳을지 모릅니다.

**지극한
경지에 오른
후흑의
달인들**

후흑학의 관점을 따르자면 중국의 전설적 군주 요(堯)임금은 형의 천하를 빼앗았고 순(舜)임금은 장인의 천하를 빼앗았습니다. 그리고 우(禹)임금은 원수의 천하를 빼앗았습니다. 탕왕과 문왕, 무왕은 신하의 몸으로 임금을 배반했고 주공은 형을 죽였습니다. 이렇듯 후흑학은 요순시대에도 적용됩니다.

리쭝우는 후흑학의 최고 경지에 이른 인물로 순과 우를 꼽으며 이렇게 말했습니다.

"두꺼우나 형체가 없고 검으나 색이 없으니 무색무취, 무형무색이로세. 어찌 범인이 그들의 상판이 두꺼운지 속이 시꺼먼지 알 수 있으리오."

후흑학에 따르면 천하를 자신의 아들이 아닌 타인에게 넘겨준 요임금의 도량은 유학자들이 입에 침이 마르도록 주장하는 그런 아름다운 선양이 아니었습니다. 치수를 잘한 순이 그의 세력을 기반으로 요임금을 압박해 섭정하면서 정권을 이양받은 것일 뿐입니다. 리쭝우의 안목으로 보자면 우임금 역시 처음에 친부모를 잊고 원수를 섬기다가 그의 천하를 빼앗고 결국 원수를 창오의 들녘으로 몰아 죽였으니 그야말로 '후흑학'의 주요인물이라는 것입니다.

또한 리쭝우는 후흑의 달인으로 월왕 구천(勾踐)을 말합니다. 면후한 월왕 구천 대 불흑한 오왕 부차(夫差)의 이야기를 봅시다.

기원전 496년 오(吳)나라 왕 합려(闔閭)는 월(越)나라로 쳐들어갔다가 월왕 구천에게 패합니다. 전투에서 패한 합려는 죽기 직전 그의 아들 부차를 불러 원수를 갚을 것을 유언으로 남깁니다. 부차는 가시가 많은 장작 위에 자리를 펴고 자며(와신臥薪) 매일 밤 아버지의 원한을 되새깁니다. 부차의 이와 같은 소식을 들은 월나라 왕 구천은 기선을 제압하기 위해 오나라를 먼저 쳐들어갔으나 오히려 포로가 되고 맙니다.

월왕 구천은 회계싸움에서 진 뒤 스스로 오왕 부차의 신하가 되겠으며 자신의 처를 부차의 첩이 되게 하겠다고 자청했습니다. 이때 오나라의 중신 오자서가 후환을 남기지 않으려면 지금 구천을 없애야 한다고 간언했으나 오왕 부차는 듣지 않았습니다. 월왕 구천은 '면후'했고 오왕 부차는 '심흑'하지 못했던 것입니다.

월왕 구천은 오왕 부차의 대변 맛을 보고 병 증세를 이야기해줘야 할 정도로 굴욕을 겪었지만 이를 꿋꿋이 견뎌냈습니다. 3년 동안 오왕 부차의 노복으로 일하며 갖은 고역과 모욕을 겪고 간신히 목숨만 건져 돌아온 월왕 구천은 잠자리 옆에 항상 쓸개를 매달아놓고 앉거나 눕거나 늘 이 쓸개를 핥아 쓴맛을 되씹으며(상담嘗膽) "너는 회계의 치욕(會稽之恥)을 잊었느냐!" 하며 자신을 채찍질했습니다.

20년 후 월왕 구천이 다시 거병해 오나라를 쳤습니다. 이번엔 오왕 부차가 통곡하며 거꾸로 자신은 월왕 구천의 신하가 되고 자신의 처는 첩이 되게 하겠다고 빌었습니다. 그러나 월왕 구천은 일말의 여지도 없이 오왕 부차를 자결케 합니다. 월왕 구천의 '심흑'에 오왕 부차의 뒤늦은 '면후'조차 소용이 없었습니다. 이 역시 '면후심흑'으로 생의 역전극을 펼친 것입니다.

**천하제패의
비밀,
후흑에
달렸다**

또 한 사람 후흑의 달인 유방(劉邦)을 봅시다. 보잘것없는 정장(亭長) 출신의 유방이 어떻게 그 힘이 산을 뽑고 그 기세가 세상을 덮는다는 '역발산기개세(力拔山氣蓋世)'의 초패왕 항우(項羽)를 제치고 천하를 얻었는지를 낯가죽의 두꺼움과 뱃속의 시커먼 정도의 차이 즉 후흑의 학설로 풀 수 있습니다.

유방의 얼굴 두께는 수레의 무게를 덜어 자기 생명을 부지하고자 자신의 친자식 효혜왕자와 노원공주를 마차에서 밀어 떨어뜨린 장면에서 이미 알 만합니다. 또한 항우가 자신의 부친을 잡아 항복을 종용하며 항복하지 않을 시에는 삶아 죽이겠다고 하자 되레 "다 삶거든 자신에게도 그 국 한 사발을 달라"는 말로 대응한 장면에서도 면후함이 확증됩니다.

반면 항우는 홍문(鴻門)의 연회에서 자신의 군사인 범증이 유방을 제거하도록 부추길 때 후세에 욕을 먹을까 두려워 유방의 목을 치길 주저해 결국 이를 눈치 챈 유방이 달아나게 했습니다. 그리고 결국 항우는 해하(垓下)의 싸움에서 패한 뒤 강동으로 돌아가 권토중래를 꾀하라는 오강

(烏江)의 정장(亭長)의 권고도 무시한 채 강동의 부형들 볼 면목이 없다며 끝내 강에 몸을 던집니다.

이렇듯 유방은 면후(面厚)했고 항우는 면박(面薄)했습니다. 결국 이것이 승패를 갈랐습니다. 항우는 힘과 재능, 출신가문 등에서 유방을 압도했지만 자신의 신분과 재능을 과신했고 염치를 따지느라 기회를 잃었던 반면, 유방은 항우에 비해 모든 면에서 밀렸지만 염치 따위는 깨끗이 버렸기 때문에 군웅을 능히 평정하고 천하를 거머쥘 수 있었습니다.

항우와의 천하쟁패에서 승리한 후 유방의 후흑은 한신(韓信)과 팽월(彭越) 등의 공신들을 숙청하는 과정에서도 적나라하게 드러납니다. 유방은 면후했을 뿐만 아니라 심흑하기까지 했습니다. 그는 냉혹한 후흑자였습니다. 유방의 심흑한 면은 '토사구팽(兎死狗烹)'에서 단적으로 드러납니다.

'토사구팽'이란 말을 처음 사용한 사람은 춘추전국시대 월나라 재상이었던 범려(范蠡)였지만 이 말이 세간에 더 널리 알려지게 된 것은 한신이 유방에게 숙청당하면서 다음과 같이 말한 것 때문입니다.

"과연 사람들의 말과 같도다. 교활한 토끼를 잡고 나면 사냥개도 잡혀 삶아지며, 높이 나는 새가 다 잡히고 나면 좋은 활도 광에 들어가며, 적국이 타파되면 모신(謀臣)도 망한다. 천하가 평정됐으니 나도 마땅히 팽당함이로다."

권세와 이득이라는 것은 상대방이 많이 차지하면 나는 조금밖에 차지할 수 없고 내가 많이 차지하면 상대방은 조금 차지해야 하기 때문에 서로 힘이 충돌하기 마련입니다. 때문에 유방은 천하를 평정한 후 공신들을 죽인 겁니다.

여기서 뻔뻔하기는 했지만 음흉하지 못해 실패한 사람이 한신이고 음흉하기는 했으나 뻔뻔하지 못해 역시 실패한 사람이 범증(范增)입니다.

애초에 한신은 '면후'한 인물이었습니다. 한신이 어릴 적, 회음땅 도살장 주변 아이들이 한신을 업신여겨 "네가 비록 몸이 크고 칼차기를 좋아하나 틀림없이 겁쟁이일 것이니 나를 죽일 수 없으면 내 가랑이 밑으로 빠져나가라"고 말했습니다. 한신이 몸을 구부려 지나가니 시장사람들이 모두 그를 겁쟁이라고 비웃었으나 이것은 분명 한신의 뻔뻔한 저력이었습니다. 그 면후함은 유방에 못지않았습니다.

한신이 제나라를 치고 나서 유방에게 자신을 제나라 왕으로 봉해달라고 청하자 유방은 심히 못마땅했지만 그것을 숨기고 한신을 제왕에 봉합니다. 이에 한신의 책사 괴통이 더 이상 머뭇거리지 말고 유방으로부터 독립해 항우와 더불어 천하를 셋으로 나눈 뒤 훗날 힘을 길러 천하를 거머쥐라고 권합니다. 그러자 한신은 자신에게 옷을 벗어 입혀주고 밥을 먹여준 유방의 은혜를 잊지 못한다며 괴통의 권유를 외면합니다. 결국 한신은 언젠가는 자신을 배신하고 모반할 것을 의심한 유방에게 토사구팽당해 장락궁 종루에서 참수당하고 구족이 몰살당했습니다. 면후했지만 불흑하지 못한 결과입니다.

반면 범증은 '심흑'하기만 했습니다. 역사는 "범증이 떠나지 않았으면 항우는 망하지 않았을 것"이라고 말합니다. 그만큼 범증은 범상치 않은 인물이었습니다. 그는 유방이 항우에 앞서 먼저 함양을 함락해 진나라의 항복을 받아내자 그를 제거하지 않으면 훗날 화가 미칠 것이라고 보고 유방의 함양 정벌을 축하한다는 명목으로 홍문의 연회를 열어 그를 죽이려 했습니다. 이런 점에서 범증은 '심흑'했습니다.

항우에게 범증은 가장 믿을 만한 책사였습니다. 그래서 유방의 책사였던 진평은 항우와 범증 사이를 갈라놓아야만 한다고 봤습니다. 진평은 반간계를 써서 범증이 비밀리에 항우에 대한 모반을 꾀하고 있다는 소문을 퍼뜨립니다. 항우가 범증을 의심하자 가뜩이나 홍문의 연회에서 항우가 보인 우유부단함에 실망한 범증은 버럭 화를 내며 더 이상 미련 없이 물러나겠다고 선언하고 고향인 팽성으로 가던 중 화를 참지 못한 채 등창이 나서 죽습니다. 화를 참지 못하는 것은 '면후'하지 못한 탓입니다. 결국 범증은 한 시대를 움직일 만한 책사였지만 '면후'하지 못해 좌절하고 죽음에 이른 것입니다.

**삼국지
영웅,
유비의 후흑**

《삼국지(三國志)》의 영웅들은 모두 물러서야 할 때 물러서
고 감출 것은 철저히 감추고 냉철해져야 할 때는 철저히 냉
철해졌다는 점에서 후흑의 대가들이었습니다.

진정한 후흑의 달인, 유비(劉備)를 봅시다. 유비의 특
출한 점은 낯가죽이 보통 두꺼운 게 아니라는 데 있습니다.
그는 의리와 지조가 없는 기회주의자처럼 항상 변신하는
데 주저함이 없었습니다. 여포를 의지하는가 하면 조조에
게 붙어 있고, 다시 원소의 품에 안기는가 하면 유표 쪽에
기울고, 끝내는 숙적인 손권과 결탁하는 등 자기에게 이익
이 되는 일이라면 조금도 부끄러운 줄 모르고 개의치 않았
습니다.

그런데 유비는 이렇게 이리저리 쫓겨다니고 남 밑에
얹혀살면서도 전혀 수치심을 갖지 않는 것은 물론 필요하
다면 아무 때나 눈물 흘리는 특기까지 가졌습니다. 진퇴양
난 최후의 순간에 이르면 그는 꼭 통곡했는데 그 통곡은 상
대의 감정을 부드럽게 녹일 수 있는 독특한 연민의 감정을
드러냈습니다. 그는 그만이 할 수 있는 특유의 통곡 덕분에
어려운 국면을 유리하게 바꾼 일이 여러 번 있었습니다.

'유비의 영토는 모두 그의 눈물 때문에 얻은 것'이며
"그는 해결할 수 없는 일에 봉착하면 사람들을 붙잡고 한
바탕 대성통곡해 즉시 패배를 성공으로 뒤바꿔놓았다"고
하는 말이 결코 과언이 아니었던 겁니다.

유비는 관우, 장비를 얻어 천하를 도모할 때 눈물로

자신의 심성을 포장해 순진하지만 용력은 초인적인 관우와 장비를 자신의 수하로 붙박아놨으며, 도겸 앞에서 눈물을 보임으로써 서주(徐州)를 얻었고, 여포 앞에서 눈물을 보임으로써 원술의 압박에서 벗어날 실마리를 찾았습니다. 또한 유표 앞에서 눈물을 보이며 형주 획득의 초석을 다지고, 제갈량 앞에서 눈물로 우국충정의 맹세를 보임으로써 삼고초려의 노력을 헛되이 하지 않았으며, 조조의 5000철기의 추격 속에서도 백성을 놓지 않고 함께 피난을 가면서 눈물을 흘린 끝에 백성들의 마음을 얻었습니다. 하지만 뭐니 뭐니 해도 유비 후흑의 백미는 백제성(白帝城)에서 하늘을 향해 눈물 흘림으로써 아들 유선의 승계작업을 마무리한 점입니다.

이렇듯 유비의 후흑 공력은 그야말로 타의 추종을 불허했는데, 그 공력이 최고조에 달한 장면으로 사람들 마음을 얻고자 자신의 어린 자식을 땅바닥에 던진 사건을 꼽을 수 있습니다. 유비가 신야성 전투 후 강하(江夏)로 피난하다가 두 부인과 아두(阿斗, 유선의 아명)를 잃었을 때 조운(조자룡)이 일기당천의 용맹으로 적진을 뚫고 극적으로 아두를 데려오자 유비는 자식 아두를 받아든 후 땅바닥에 내던지며 말했습니다. "이 아이 하나 때문에 천하의 조 장군을 잃을 뻔했다!" 이 대목에서 유비의 후흑 공력은 그야말로 절정을 이루며 이로써 자식보다 부하를 더 생각하는 인물로 사람들의 마음을 사로잡습니다. 대단한 후흑 공력이 아닐 수 없습니다.

이런 유비의 후흑 공력은 조조(曹操)도 어찌할 수 없는 것이었습니다. 한번은 조조가 유비에게 말했습니다. "오늘날 천하의 영웅은 당신과 나, 둘뿐입니다." 이에 유비는 깜짝 놀랍니다. 당시 그는 조조에게 몸을 의지하고 있는 비루한 신세였으나 마음속으로는 한 국가를 창건하고자 하는 웅대한 야망을 품고 있던 터였습니다. 그때 마침 천둥소리가 크게 울렸습니다. 유비는 들고 있던 젓가락을 슬쩍 떨어뜨렸습니다. 그러고 나서 허둥지둥 허리를 굽혀 젓가락을 집어들고는 잔뜩 겁먹은 음성으로 말했습니다. "천둥소리에 놀라서 그만 추태를 보였습니다."

눈치 빠른 조조였지만 그렇게 작은 일에 두려워하는 유비를 보고는 그만 긴장을 풀어버렸습니다. 만일 조조가 유비의 속마음을 읽었다면 틀림없이 그를 제거했을 터입니다. 살아남은 유비는 후에 조조, 손권과 당당히 맞서 삼국 가운데 하나인 촉나라를 세웁니다. 그 누구와도 겨뤄 이길 자질이 충분한 영웅일지라도 일단 겉으로 내색하면 결국 지고 마는 법입니다.

**정녕
후흑학으로
무장하길**

중국에서 발명된 바둑은 씨줄과 날줄 각 19개로 이뤄진 361개 칸에서 벌어지는 싸움입니다. 바둑은 생각으로 싸우는 전쟁입니다. 상대에게 수가 읽혀서는 안 됩니다. 동시에 상대의 허를 찔러 제압하는 묘수가 있어야 합니다. 한

마디로 바둑은 후흑의 게임입니다. 프로기사 이창호가 바둑 실전에서 강한 까닭은 그의 얼굴이 두껍고 그 속이 읽히지 않기 때문입니다.

홍콩의 결혼 청첩장에는 참석 시간이 두 가지로 병기된 경우가 있습니다. 이를테면 오후 5시와 9시, 이런 식입니다. 물론 결혼식을 두 번 하는 것은 아닙니다. 오후 5시는 하객들을 즐겁게 하기 위해 신랑 신부 측에서 거대한 마작(麻雀)판을 여는 시간이고 결혼식 자체는 오후 9시인 것입니다.

마작은 화투처럼 4개씩 34개 조합을 이루는 136개 패를 이용해 승부를 가르는 중국인이 가장 즐기는 게임입니다. 중국인들은 마작을 권모유희(權謀遊戲), 즉 권모의 게임이라고 말합니다. 나를 감추고 상대를 빨리 읽어야 이길 수 있기 때문입니다. 권모의 세계는 중국인의 정신을 이루는 중요한 부분입니다. 아마도 중국인이 마작과 같은 게임을 즐기며 살아왔기에 이런 기질이 발달했을 것입니다. 그래서 중국인은 타인과의 협상 시 권모와 술수를 바탕으로 탁월한 협상기질을 발휘합니다.

결국 생존하려면 '후흑'의 원리를 배우고 익혀야 합니다. 모름지기 진정한 리더라면 후흑학의 달인이 돼야 합니다. 굴욕을 참아내기 위해서는 '면후'해야 하고 결단을 내릴 때는 인정(人精)을 돌아보지 않는 냉혹함과 더불어 그 속마음을 들키지 않는 '심흑'이 있어야 합니다.

리더를 꿈꾸는 이들에게 은밀하고도 간곡히 권하는 바입니다. 서재에는 《논어》 등 사서삼경을 두고 침상에는 《후흑학》을 두십시오. 후흑학으로 무장해 세상의 파고를 넘으십시오. 그것은 단순한 처세의 논리가 아닙니다. 역발상으로 상대의 허를 찌르는 고도의 삶의 전략인 겁니다.

삶의 기적은 도처에 있습니다. 하지만 그 기적은 너무 착하고 여립니다. 그래서 쉽게 부서지고 무너집니다. 아주 역설적인 얘기지만 그 연약한 기적을 강고하게 지켜줄 것이 바로 다름 아닌 '후흑'입니다. 후흑이야말로 기적을 지켜줄 단 하나의 방패가 아닐까 싶습니다.

KI신서 4328

사람이 기적이 되는 순간

1판 1쇄 발행 2012년 3월 27일
2판 1쇄 발행 2012년 10월 12일
2판 2쇄 발행 2013년 5월 22일

지은이 정진홍
펴낸이 김영곤 **펴낸곳** (주)북이십일 21세기북스
부사장 임병주
미디어콘텐츠기획실장 윤군석
기획 심지혜 장보라 양으녕 조유진 백은혜 **디자인 본문** 씨디자인 **표지** DOT†
마케팅영업본부장 이희영 **영업** 이경희 정경원 정병철
광고제휴 김현섭 강서영 우중민 **프로모션** 민안기 최혜령 이은혜
출판등록 2000년 5월 6일 제10-1965호
주소 (우413-120) 경기도 파주시 회동길 201(문발동)
대표전화 031-955-2100 **팩스** 031-955-2122 **이메일** book21@book21.co.kr
홈페이지 www.book21.com **트위터** @21cbook **블로그** b.book21.com

ⓒ 정진홍, 2012

ISBN 978-89-509-4085-0 03320
책값은 뒤표지에 있습니다.